KB078937

습관의 경제학

습관의 경제학

THE POWER OF FIFTY BITS

밥 니스 지음 | **김인수** 옮김

라이팅하우스

행동경제학과 응용과학의 환상적인 만남

인간은 실수투성이에다가 일을 엉망으로 만들기 일쑤인 존재다. 인간관계나 건강, 사업이나 재정 상태는 말할 것도 없고, 이제 지구 환경 전체를 망치고 있지 않은가. 아예 모른다거나 관심을 끊고 살면 그리 문제랄 것도 없다. 하지만 그래서는 안 된다는 사실을 아는 이상 신경이 쓰일 수밖에 없다. 사람들은 행복한 결혼 생활을 원하며, 바람을 피우면 행복한 결혼 생활이 불가능하다는 것도 안다. 그러면서도 바람을 피우고야 만다. 은퇴 후의 근심 걱정 없는 생활을 원하고, 현재를 희생해서 미리 절약해야만 원하는 미래 생활이 가능하다는 걸 알면서도 그러지 못한다. 또 가치 있고 이익이 되는 쪽보다는 전혀 쓸모없고 중요하지 않은 일을 선택하고는 한다. 대체 왜 이러는 것일까?

인간의 이런 아리송한 성향을 설명하기 위해 철학자와 심리학자, 경제학자들은 지난 수 세기 동안 수많은 이론을 내놓았다. 다행히도 밥

니스는 이런 사람들과 다른 부류이다. 밥은 엔지니어다. 현재는 일을 그만두고 아내와 함께 이탈리아로 건너가 와인 제조에 열정을 바치고 있지만, 얼마 전까지 미국 최대의 제약혜택 관리업체Pharmacy benefits management Company에서 수석과학자로 일했다. 그 회사에는 자신이 선택한 방식으로 건강을 관리하는 수천만 명의 사람들이 회원으로 가입해 있고, 밥은 그 사람들이 똑똑한 선택을 할 수 있도록 돕는 일을 했다. 그러나 돈과 시간을 절약하는 방법을 알려 주고 걱정과 근심을 덜어 주려는 그의 노력에도 불구하고 회원들은 그의 선의를 무시하고 때로는 정반대로 행동하기까지 했다. 하지만 학자들과 달리, 밥은 그런 사람들의 성향이나 잘못된 습관을 설명하려 들지 않았다. 대신 그런 습관을 바로잡고자 했다.

그는 우선 다른 행동경제학자들이 쓴 책을 모두 읽어 보고 나서 과학자로서 자신이 가장 잘할 수 있는 일을 시작했다. 창의성을 발휘해 어설퍼도 이것저것 직접 시도해 보는 것이었다. 밥은 회원들이 더 나은 선택을 할 수 있도록 도와주기 위해 인간 행동의 기본 원칙을 활용한 프로그램과 시스템을 만든 다음 점차 대상 규모를 늘려 가며 실험해 보았다. 실제로 효과가 있는 방식은 선택하고 그렇지 않은 방식은 버려 가며 끈질기게 반복해서 실험했다.

나도 살면서 나름 창의성을 발휘하긴 한다. 가령 완벽한 마티니를 만드는 나만의 방식 같은 것 말이다. 진을 얼렸다가 아무것도 섞지 않으면 최고의 마티니가 된다. 또 진공 포장한 음식물을 낮은 온도의 물에서 데우는 수비드sous-vide 조리법에 알맞은 최적의 온도를 스스로 터득했다. 하지만 내 창의성은 여기까지다. 반면에 밥의 창의성은 사람들의 목숨을 구하는 데 사용되었다. 그가 사용자들의 새로운 습관을 설계한 덕분에 약을 복용해야 하는 사람들이 제때 약을 복용하게 됐다. 운동이 필요한 사람들은 운동을 더 하게 됐고, 의사 면담이 필요한 사람들은 의사를 찾았다. 회원들의 이해 못 할 행동을 고쳐 가는 과정에서 밥은 그런 습관의 근본 원인을 설명하고 교정할 수 있는 환상적인 이론을 정립하게 됐다. 그리고 이 책에 그 모든 내용을 담았다. 이 책은 밥이 행동경제학과 인지심리학의 수많은 이론들을 흡수해서 자신이 몸담은 응용과학에 지혜롭게 변형시킨 또 하나의 새로운 시스템이라 할 수 있다. 이 책은 유쾌한 이야기와 깊은 통찰로 독자의 시선을 사로잡는다. 궁극적으로는 독자들이 경제적으로 더 나은 선택을 하도록 만들어 줄 것이다. 독서를 마치고 나면 넓게는 사람들에 대해, 특히 자신이 상대하는 고객에 대해 더 현명해진 자신을 만나게 될 것이다.

이탈리아에서는 건배사로 '살루트salute'를 외치는데, 이는 '건강을 위하여'라는 뜻이다. 그러고 보니 직업도, 책도, 와인도, 밥이 하는 일은 모두 사람들의 건강을 위하는 것들이었다. 당신에게도 살루트.

대니얼 길버트

하버드대학 심리학과 교수, 『행복에 걸려 비틀거리다』 저자

목차

PART 1
똑똑할수록 자멸적 선택을 하는 이유

Chapter 1
습관이라는 자동 조종 모드   031

의도-행동 차이 | 한 발 느리고 게으른 뇌 | 예측 가능한 비이성적 행동 아니면 합리적인 행동?
| 어림짐작의 기술 | 뇌의 자동 조종 장치

Chapter 2
세 가지 지름길의 유혹 : 집단 추종, 손실 회피, 현재 가치 선호   053

지름길 1 : 집단 추종 | 지름길 2 : 손실 회피 | 지름길 3 : 현재 가치 선호 | 습관 설계 디자인을
위한 7가지 전략

분석 마비에 빠진 인간을
구할 수 있을까?

몇 년 전, 아내 지나와 함께 애틀랜타에 간 적이 있다. 질병관리센터에서 일하는 아내의 친구들을 만나기 위해서였다. 내 아내는 전염병학 박사학위를 받고 다양한 공중보건 향상 프로그램에 참여했다. 네팔에서는 소아마비 퇴치 작업에 참여했고, 가정에서는 내 식단의 염분을 줄이기 위해 노력했다.

애틀랜타에서 이틀째 되던 날, 여러 사람들과 함께 저녁을 먹으러 갔다. 예전에 함께 식사했을 때도 식사 비용을 더치페이했기 때문에 이번에도 그러려니 생각했다. 사실 나처럼 음식을 사랑하는 사람에게는 이게 그리 간단치가 않다. 먹는 걸 좋아하지만 식대를 똑같이 나누어 낸다는 걸 알고 있기 때문에 다른 사람들도 생각해서 주문해야 했다. 사실 나는 새우 카르파초와 버섯 푸딩으로 입맛을 돋운 다음 감자를 곁들인 소갈비 스테이크를 먹고 싶었지만, 결국엔 그냥 샐러드 한 접시와 리소토 정도에서 타협을 보기로 마음먹었다.

그런데 나의 이런 사려 깊은 행동은 그날 동석했던 한 남자에 의해 그저 한심한 행동이 되고 말았다. 그 남자를 그냥 잭이라고 부르겠다. 그날 저녁 가장 기억에 남는 건 잭의 주문 행태였다. 잭은 주문하고 또 주문했다. 다른 누구보다 빨리 마셔 댔다. 애피타이저와 샐러드를 주문한 건 물론이고 메인 요리도 가장 비싼 걸로 골랐다. 디저트로는 크렘 브릴레와 카푸치노를 주문하더니 포르투갈 적포도주로 식사를 마무리했다. 그걸 그냥 보고 있으려니 부아가 치밀어 하마터면 그 자리에서 뛰쳐나갈 뻔했다. 그날 회식 참석자들은 모두 잭의 엄청난 식사비를 함께 나누어 내야 했다.

나는 아내와 함께 숙소로 돌아올 때까지 화를 삭일 수가 없었다. 하지만 잭은 내 친구가 아니라 아내의 친구라서 입을 꾹 다물고 운전대만 움켜쥔 채 아무 말도 하지 않았다. 아내가 내 어깨를 다독이며 잭 때문에 그러느냐고 물었을 때 나는 속마음을 들킨 것 같아 너무 놀란 나머지 반대편에서 달려오는 차를 들이받을 뻔했다. 당연히 잭 때문이었다. 한 사람의 형편없는 행동으로 여러 사람이 피해를 보았기 때문이었다.

먼저 알아 두어야 할 몇 가지 사실

잭과 함께했던 저녁식사는 그 후 내가 하는 일에 많은 영향을 끼쳤다. 그 이유를 말하기에 앞서 나에 대해 알아야 할 몇 가지 사항들이 있다. 나는 학부에서 전기공학을 전공했는데, 예전부터 우리 집안에는 명확한 사고를 지닌 수량적이고 이성적인 사람들이 많았다. 아버지는 MIT에서 전기공학 박사학위를 받았고, 오늘날 보잉의 전신인 로크웰인터내셔널에서 수석과학자로 근무했다. 어머니는 보스턴대학교에서 교육학 학사학위를 받았다. 외할머니는 선생님이었고, 친할아버지는 온갖 종류의 기계를 능숙하게 다뤘다. 친할머니는 숫자 개념에 뛰어났다. 자릿수가 긴 숫자들을 곱하고 그 숫자들이 9나 11로 나눌 수 있는 숫자인지 아닌지, 소수인지 아닌지 머릿속으로 계산해 내는 걸 재미있어 한 분이다.

최근에 스티브 워즈니악 Steve Wozniak 을 인터뷰할 기회가 있었는데, 그 자리에서 나는 농담 삼아 이런 이야기를 했다. 우리 둘 다 항공우주 공학자인 아버지를 두었고 과학을 사랑하며 기계공학 분야에서 경력을 쌓기 시작한 점 등 공통점이 많지만 어디서부터인지 서로의 길이 갈라져서 현재는 매우 다른 위치에 있다고, 워즈니악과 나의 차이를 돈으로 환산하면 아마 1억 달러 정도 격차가 벌어지지 않을까 싶다고 말이다. 어쨌든 워즈니악은 내 말을 듣더니 웃음 띤 얼굴로 자신은 아직도 회로 조립을 잘한다고 대답했다.

　사실 나는 회로 조립을 그리 잘하지 못한다. 대학을 졸업하고 그해 여름에 버뱅크에 있는 RCA에서 상업용 영사기에 사용할 회로를 설계하고 조립하는 일을 했었다. 나는 이론적으로는 나름 뛰어났지만 실전에서는 한마디로 형편없는 직원이었다. 내가 조립한 것 중에서 제대로 작동하는 회로는 반도 안 됐던 것 같다. 깐깐한 책임자에게 혼이 날까 봐 매일 부품 보관실 주위를 빙빙 돌다가 겨우 용기를 내서 다이오드와 저항기, 콘덴서를 추가로 받아 오느라 그해 여름을 다 보냈다. 하지만 내가 만든 트랜지스터는 대부분 퍽 소리와 함께 하얀 연기를 내며 즉시 고장 나기 일쑤였다. RCA의 상사가 그런 나를 고운 눈으로 바라볼 리 없었다.

　다행스럽게도 나는 그때 스탠퍼드대학교 대학원에서 입학 허가를 받은 상태였다. 당시엔 학과 이름이 공학경제시스템Engineering-Economic Systems이었다. 교수들은 대부분 MIT에서 보스턴의 추위를 피해 캘리포니아의 느긋함을 찾아 떠나온 전기공학도들이었다. 교수들은 시스템 공학 기술을 비전통적인 문제에 적용하는 일을 주로 했다. 다시 말해 회로 조립보다는 방정식에, 그리고 현상이나 시스템을 컴퓨터 프로그램화하는 일에 더 몰두했다.

　나는 그 일이 너무 좋았다. 특히 흥미 있었던 분야는 의사결정분석decision analysis이었다. 의사결정분석은 복잡하고 불확실하고 역동적인 상황에서 행동 방향을 선택하게 해주는 매우 체계적이고 이성적인 방법이다. 이 분야를 공부하려면 어느 정도의 수학 실력이 필요했다. 나는 수학에 뛰어나지는 않았지만 근근이 버텨 나갔다. 게다가 당시에는 획기적인 분야였기 때문에 나 같은 평범한 공학자도 일할 기회를 잡을 수 있을 정도로 운도 좋았다.

스탠퍼드의 의사결정분석 방식은 론 하워드Ron Howard가 개발한 것이다. 론은 저 유명한 영화감독이 아니라 자유의지론자이자 불교 신자인 MIT 출신의 기계공학자다. 의사결정분석의 핵심에는 완벽한 의사결정자가 존재한다는 개념이 있다. 인간 의사결정자와 똑같은 문제에 직면하고 똑같은 것을 좋아하고 똑같은 정보를 지닌 가상의 존재가 있다고 상상한다. 이 가상의 의사결정자가 완벽한 이유는 의사결정 과정에서 직관이나 감정을 사용하는 인간과 달리 논리와 수학적 처리만을 사용하기 때문이다.

간단히 말해서, 의사결정분석은 전통 경제학을 공학자의 시각으로 바라보고 판단하는 것이라고 할 수 있다. 의사결정분석에서는 인간이 이성적이라는 점과 언제나 자신의 이익과 즐거움을 도모하는 결정을 내린다는 점을 기정사실로 받아들인다. 하워드 교수는 중요한 결정을 내려야 하는 상황에서 이 원칙을 실용적으로 이용할 수 있는 방법을 알아냈다. 그의 제자였던 나는 건강관리와 의약품 분야에서 일하면서 늘 의사결정분석을 활용하고자 했다. 내가 수석과학자로 일했던 제약혜택 관리업체 익스프레스 스크립츠Express Scripts는 비용 대비 가장 효과적인 약품과 약국을 권장함으로써 의사의 처방전이 필요한 약들의 안전성을 높이고 고객들의 의료비 부담을 낮추도록 도와주는 회사다(민간 보험에 가입된 2500만 명에게 적용되는 급여 의약품을 승인하고 보험약가를 관리하는 일 등을 함_옮긴이). 나는 가장 효과적인 제약 혜택, 예를 들면 약값에서 환자가 부담하는 비용을 줄이는 방법에 대해 알아보고 연구하는 일을 했다. 그리고 환자들이 처방전 의약품 사용과 관련해서 더 나은 결정을 내릴 수 있도록 도움을 주는 도구를 개발하는 일도 했다.

그런데 어느 날 저녁, 잭이 이 모든 걸 바꿔 놓았다.

잭은 어떻게 내 인생을 바꿔 놓았나

그날 잭이 보여 준 불쾌한 행동 때문에 나는 이튿날까지 찜찜한 상태였다. 나는 스탠퍼드에서 배운 의사결정분석의 관점에서 잭의 행동을 생각하기 시작했다. 의사결정분석에서는 무엇보다 사람들이 이성적이고 자신의 이익을 추구하는 결정을 내린다는 가정이 핵심을 이룬다. 가령 잭이 다른 사람들보다 50달러를 초과해 음식과 음료를 주문했다고 치자. 그 자리에는 열 명이 있었으니까 잭은 5달러만 더 내면 된다는 뜻이고, 잭의 입장에서는 두 시간 반 만에 열 배의 투자수익을 올린 셈이다. 회사 재무관리자들이 봤다면 박수를 쳐줄 일이었다.

생각에 생각을 거듭하다 두 가지 생각이 떠올랐다. 첫째, 그날 자신의 개인적 이익을 채우기 위해 과감하게 행동한 사람은 잭이 유일했다는 점이다. 주문한 음식만 놓고 보자면 잭을 제외한 다른 사람들은 모두 훨씬 더 매너 있게 행동했다. 의사결정분석의 기본 가정에 따라 행동한 사람은 잭뿐이었다. 즉 잭만이 주저 없이 자신의 이익을 추구하는 결정을 내렸다. 다른 사람들은 자신의 이익 추구와는 다른, 마치 암묵적으로 합의된 별도의 행동 규칙을 따르는 듯했다.

이게 뭐 그리 대수로운 일이냐고 생각하는 사람도 있겠지만 적어도 내게는 큰 충격이었다. 회사에서 일하던 나와 내 동료들은 그때까지 의료보험, 직원, 노조를 포함해 모든 고객에게 비용 대비 효과가 좋은 처방약의 사용을 권장하면서, 고객들이 금전적 혜택을 누릴 수 있는 방법을 알려 주기 위해 노력했기 때문이다.

예를 들어 처방약을 구입할 때 보험 가입자는 '코페이먼트copayment' 즉 일정한 부담금만 내도록 되어 있다. 그리고 처방약의 등급에 따라 부담금 액수가 다르다. 우리는 특허가 만료된 오리지널 의약품의 복제약generics과 환자들이 선호하는 브랜드 약품이 환자 부담금이 낮고, 가격이 비싼 특수 의약품은 부담금이 높다는 점을 고객들에게 알려 준다. 또한 효과는 동일하되 가격이 더 낮은 의약품으로 변경하면 돈을 절약할 수 있다는 사실을 환자들이 인식할 수 있도록 온라인과 환자 지원팀을 통해 실시간으로 의약품 가격 비교를 제공한다. 달리 말하자면, 우리는 환자들이 우리가 제공한 정보를 바탕으로 '논리적으로 엄밀히 따져 가며' 결정할 거라고 믿으며 일했다는 뜻이다. 하지만 잭을 보고 나서 대부분의 사람들이, 적어도 식사 자리에서는 금전적 이득과 논리에 따라 움직이지 않으며 온전히 자신의 이익만을 위해서 행동하지 않는다는 엄연한 사실을 알게 되었다.

따져 보니 익스프레스 스크립츠에서 일하면서 금전적 혜택으로 선택을 유도하는 방법이 다소 효과를 보긴 했지만 사실 그리 큰 효과를 거두지는 않았다는 사실을 새로이 깨닫게 되었다. 그동안 대부분의 환자들이 잭처럼 행동하리라고 나도 모르는 사이에 전제하고 있었다는 사실을 깨달았다. 만약 대부분의 행동과 선택이 금전적 혜택 이상의 무언가에 의해 결정된다면, 사람들의 선택을 유도할 때 금전적 유인에 의존하는 전략의 효과가 크지 않으리라는 것이 명백했다. 지금까지 나는 합리적 의사결정자로서 잭과 같은 '무례한 인간'을 상정했던 것이다. 그것은 끔찍한 실수였고, 대대적인 전략의 수정이 필요했다.

내가 저녁식사 자리에서 배운 두 번째 교훈은, 사람들에게 '엄밀한 논리에 따라' 결정을 내리도록 만드는 일이 얼마나 힘든지 알게 됐다는 점이다. 사람들의 행동을 바꾸는 일은 흐르는 강물을 거슬러 올라가는 정도가 아니라 수백만 년 동안 이루어진 진화와 싸우는 일이었다. 의사결정분석과 관련해 박사학위까지 받은 나 같은 사람도 본능적 반응에 쉽사리 무릎을 꿇고 이렇게 흔들리는데 다른 사람들은 말할 필요도 없을 듯했다. 회원들에게 잭이 되라고 부추겼던 내가 막상 잭을 만나고는 가장 분노하고 욕을 해댔으니 말이다.

나는 사람들에게 건강관리를 포함한 일상생활에서 직감을 제쳐두고 이성에 근거해 결정을 내리라는 요구가 과연 효과를 발휘할까 하는 의심에 빠져들었다. 그러다가 장기적으로 사람들에게 더 많은 이익을 주기 위해서는 차라리 자신의 선택을 이끄는 습성들을 깨달을 수 있는 환경을 재설계하는 방법이 더 낫지 않을까 하는 궁금증이 들었다. 스스로 판단할 수 있게 말이다. 그래서 동료들과 함께 '습관 설계 디자인'이라는, 행동에 대한 새로운 접근법을 개발하게 되었다. 다음에 나올 1장에서는 이에 대해 좀 더 자세히 소개할 것이다. 하지만 여기서는 습관 설계 디자인이 다른 디자인, 즉 '사용자 중심 디자인 user-centered design'과 어떻게 다른지를 일단 살펴보기로 한다. 1장에서 곧 알게 되겠지만, 습관 설계는 놀랄 만한 통계 자료에 기초한다. 인간의 뇌가 초당 처리하는 정보량은 1,000만 비트인 반면 실제로 인식하는 정보량은 50비트에 불과하다. 이런 뇌의 한계성은 인간이 천성적으로 매우 부주의하고 태만하며, 결국 자신이 진실로 원하는(사물을 헤아리고 판단한 후 하고 싶다고 느끼는) 행동과 관성적으로 실행에 옮기는 행동이 다르게 나타난다는 사실을 말해 준다. 사람들은 실제로 대부분의 상황에서 '습관'이라는 자동화 프로그램에 기대어 행동한다.

가령, 퇴근하면 곧바로 TV 리모컨을 손에 쥐고 소파로 직행하는 습관을 지닌 사람의 뇌 속에서 어떤 일이 벌어지고 있는지 살펴보자. 전두엽은 '운동은 장기적으로 몸에 좋다'고 말한다. 그러면 대뇌변연계는 '지금 당장은 운동하기보다 쉬고 싶다'고 말하며 소파에 드러누우라고 정반대의 명령을 내린다. 토비아스 리나르트Tobias Leenaert는 이를 '분석 마비analysis paralysis'라고 명명했다. 의사결정을 할 때 전두엽은 미래의 장기적 효과를 계산하지만, 대뇌변연계는 '지금 이 순간'만을 판단 근거로 삼아 그 결정이 가져올 이득과 비용을 비교한다는 것이다. 따라서 분석 마비 상태에 빠진 인간에게는 필연적으로 의도와 행동 사이에 갭gap이 발생한다. 이것을 50비트의 주의집중 영역으로 끌고 와서 보정하는 작업이 바로 '습관 설계 디자인'이다.

잭의 사례에서, 나머지 사람들은 자신들의 직관에 따라 잭처럼 무례하게 행동하지 않았다. 이것은 뒤에 자세히 설명하겠지만, 오랜 진화의 과정에서 인간에게 새겨진 '집단 추종'이라는 자동화 프로그래밍이 작동한 결과다. 경제적 이득만을 중심에 놓고 본다면 수시로 분석 마비 상태에 빠져 행동하는 인간을 이해할 방법이 없게 된다. '잭'과 같은 예외적 인간을 상정하고 건강관리 프로그램을 설계했던 나처럼 말이다.

똑똑한 사람들일수록 50비트의 주의집중력을 더 중요한 곳에 사용하기 위해 삶의 많은 영역을 습관화하게 마련이다. 이 자동화 프로그램을 통해 얻는 효용성은 실로 크지만 한편으로는 수시로 분석 마비 상태에 빠져 스스로를 망치는 선택을 더 자주 되풀이하기도 한다. 지금부터 이런 인간 행동을 보정할 새로운 접근법을 소개하겠다.

습관 설계 디자인 대 사용자 중심 디자인

사용자 중심 디자인은 사용자의 편의에 집중한다. 웹사이트는 얼마나 적은 클릭만으로 사용자가 원하는 것을 제공하느냐를 두고 경쟁을 벌인다. 소비자 상담실은 전화 평균 응답 시간과 평균 처리 시간으로 평가받는다. 최신형 엘리베이터 시스템은 정밀한 알고리즘으로 사용자가 기다리는 시간을 최소화한다.

사용자 중심 디자인은 '방해가 되지 않는' 인터페이스를 만들어 내라고 전문가들에게 강력히 권고하면서 이런 메시지를 보낸다. '사용자 인터페이스는 유머와 같다. 당신의 유머를 상대방이 이해하지 못한다면 그 유머가 잘못된 것이다.' 사용자 중심 디자인에서는 사용자가 왕이고, 시스템은 사용자를 위해 존재한다.

습관 설계 디자인은 사용자 중심 디자인과 매우 다르다. 자세한 설명은 이 책의 마지막 장에서 하겠다. 여기에서는 '사용자가 원하는 것'에서 시작하지 않고 '디자이너가 사용자에게 원하는 것'에서 시작한다는 사실에 주목하는 게 중요하다. 습관 설계 디자인은 사용자 중심 디자인과 달리, 사용자가 자신이 무엇을 원하는지 정확히 알지 못할 수도 있으며, 설사 안다고 해도 그것을 얻기 위한 노력을 충분히 하지 않을 수도 있다고 가정하는 데서 시작한다. 즉 누군가가 진실로 원하는 행동과 실제로 하는 행동 사이에 일관성이 없는 경우가 대부분이라고 가정한다.

사용자 중심 디자인은 불가지론을 따른다. 사용자에게 무엇이 최선인지 디자이너들은 전혀 알지 못하고, 오로지 사용자만이 알고 있다고 가정한다. 그래서 사용자의 참여를 옹호하고 사용자가 원하는 대로 할 수 있도록 디자이너들이 돕는 방식을 권장한다. 이 디자인의 핵심은 사용자의 의사에 따라 '사용자의 필요에 부응하는' 것이며, 사용자는 이성적으로 심사숙고해서 자신의 장기적 이익에 부합하는 선택을 내린다는 가정이 깔려 있다. 하지만 습관 설계 디자인은 그 가정이 잘못되었다는 점을 증명하면서 정면으로 반박한다.

앞으로 설명하겠고 또 우리 모두 경험을 통해 알고 있지만, 인간이 하는 행동 중 대부분은 무의식중에, 신중하고 깊은 생각을 거친 의사결정에서 얻는 혜택과는 거리가 먼 방향으로 표출된다. 아주 먼 옛날 현재 상황과는 동떨어진 곳에서 인간의 유전자에 입력된 어떤 힘이 행동으로 발현되기 때문이다. 하지만 그 옛날 뇌에 입력되고 굳어진 인간의 자연적 성향은 우리가 살고 있는 세계의 변화 속도에 발맞춰 적응하지 못했다. 인간은 '손실', '집단', '현재'에 매우 민감하다. 하지

만 실제로 신체에서 가장 많은 에너지를 소비하는 장기, 즉 인간의 뇌
는 이런 모든 문제에 항상 주의를 기울이고 집중할 여력이 없다.

습관 설계 디자인이 세운 가설의 핵심 내용은, 사람들이 나쁜 선택
을 하는 이유가 나쁜 생각이나 잘못된 정보 또는 불충분한 유인 때문
이 아니라는 것이다. 습관 설계 디자인은 대부분의 사람들에게 이미
좋은 의도가 내재해 있다는 사실을 새로이 받아들이고 의도-행동의
차이를 줄여 그 좋은 의도를 활성화하는 '습관의 전략'에 집중해야 한
다고 주장한다. 습관 설계 디자인의 주장이 얼핏 직관에 어긋나는 일
처럼 보일지 모르겠으나, 주위의 동료, 친구, 사랑하는 사람들을 조금
만 살펴보면 언제 어디서건 이런 현상이 벌어지고 있다는 사실을 알
수 있다.

선량한 의도에서 긍정적인 행동까지

2015년 미국인들은 다이어트에 600억 달러, 체력 단련 및 운동에
450억 달러라는 돈을 소비했다. 그 결과는? 미국 성인의 3분의 2가
여전히 과체중 내지 비만이고, 아동의 3분의 1이 그 뒤를 바짝 뒤쫓
고 있다.

사람들은 절대 세금 납부 만기일까지 기다리지 않을 것이고 학기말
과제 제출도 늦지 않을 것이라고 맹세한다. 그러면서 자동차 엔진오

일 교환을 차일피일 미룬다. 건강한 몸을 만들겠다는 의지의 표현으로 트레드밀을 구입하지만, 집에 들여놓은 기구 대부분은 빨래 건조대나 옷걸이 신세로 전락하고 만다.

인간이 한심한 결정을 내리고 나쁜 행동을 한다는 사실을 모르는 사람은 없다. 최근 몇 년간 여러 책과 언론에서 설명하고 눈치를 주고 옆구리를 쿡쿡 찔러 댄 덕분에, 이제 사람들은 스스로가 미스터 스팍(《스타트렉》에 등장하는 인물, 감정보다 이성을 중시하는 사람을 뜻함_옮긴이)이 아니라 호머 심슨(《심슨네 가족들》의 주인공, 아무 생각 없이 저지른 행동으로 난감한 상황을 불러일으키는 사람을 뜻함_옮긴이)이라는 점을 자인할 수밖에 없게 되었다. 인간이 이성적이냐 아니냐는 더 이상 논란의 여지가 없다. 모든 증거가 확실히 한 방향을 가리키고 있다. 인간은 이성적이지 않다. 이제 궁금한 점은, 그럼 어떻게 할 것이냐다. 비이성적인 사람들의 행동 개선을 위해 마케팅 전문가와 인적자원 전문가, 교사, 학부모를 비롯해 누구나가 사용할 수 있는 실용적인 해결책은 없는 것일까?

나는 스스로에게 그 같은 질문을 던지고 명확한 해답을 찾기 위해 노력하기 시작했다. 나는 제일 먼저 인간 행동이라는 복잡한 학문에서 핵심 내용만을 추출해서 나의 일터였던 익스프레스 스크립츠에서 일하는 3만 명의 직원들이 사용할 수 있도록 간단한 원칙으로 정리하는 일에 착수했다. 그뿐만 아니라 1억 명에 달하는 미국인들과 관련된 건강관리 프로그램에서 그 원칙의 실행을 감독하는 것도 내 일이었다.

이 책 『습관의 경제학』은 인간의 뇌가, 따라서 우리의 행동이 저 원시시대에 아주 유용했던 방식 그대로 얼마나 본능적이고 자동적으로 움직이는 시스템인지를 쉽게 설명해 줄 것이다. 게다가 인간 행동을 개선할 수 있는 일곱 가지 구체적이고 효과적인 전략을 선물해 줄 것이다. 이해하기 쉽도록 재미있는 이야기와 적절한 사례를 많이 넣었다. 『습관의 경제학』은 자신뿐만 아니라 사랑하는 사람, 동료, 고객들에게 적용 가능한, 더 나은 행동을 강력하게 추진할 수 있는 전략을 알려 줄 것이다.

습관 설계 디자이너가 되기

이 책의 목표는 인간의 행동을 이해하고 더 나은 행동을 이끌어 내는 데 활용할 수 있는 실용적인 도구와 원칙을 제공하는 것이다. 이 책에 나온 일곱 가지 전략은 다양한 방법으로 혼합해서 사용할 수 있다. 이 전략들을 숙지한 후에는 더 나은 행동을 직접 디자인하는 사람이 될 수도 있다. 당신이 습관 설계자가 되는 것이다.

이 책은 세 영역으로 나뉜다. 1부에서는 기본 가설을 소개한다. 먼저 인간은 천성적으로 부주의하고 타성적이라는 가정에서 시작한다.

이 점을 깨닫고 나면, 왜 멀쩡하고 좋은 뜻을 지닌 사람이 자멸적 행동에 빠져드는지 훨씬 더 잘 이해할 수 있다. 행동을 변화시키는 데 어떤 전략이 더 효과적인지도 명확히 알게 된다는 것은 더 중요하다. 또한 거의 모든 인간 행동에 작용하는 세 가지 핵심적인 영향력, 즉 '손실에 대한 반응'과 '미루기' 그리고 '사회적 기대'에 대해서도 개략적으로 이해할 수 있다.

2, 3, 4부에서는 인간의 부주의와 타성에 대응할 수 있는 일곱 가지 강력하고 실용적인 전략에 대해 알아본다. 여러 면에서 이 책의 핵심이 되는 부분으로, 각 전략의 기능과 효과에 대해 설명한다.

10장으로 이 책을 마무리한다. 우리에게 중요한 건강과 관련된 행동을 완전히 바꾸기 위해 '습관의 전략들'을 결합해 사용한 어느 조직의 기막힌 사례로 마지막 장을 시작한다. 조직들은 각자의 이익을 추구하는 행동을 이끌어 내기 위해 일곱 가지 전략을 사용할 수 있다. 그러나 조직이 행동을 변화시키려는 사람들의 이익과 상충하는 방법으로는 사용할 수 없기 때문에, 그런 유혹을 피해 가는 데 도움이 되는 길잡이를 여기서 소개한다. 마지막 장에서는 또한 디지털 인터랙션 digital interaction과 '빅데이터big data'에 미치는 습관 설계 디자인의 영향력에 대한 소견도 밝혔다. 그리고 습관 설계 디자인이 여타의 접근방식과 어떻게 다르고 왜 더 우수한지에 대한 의견으로 끝을 맺는다.

이 책에서 소개하는 많은 사례들은 육체 및 정신건강 분야에서 일곱 가지 전략을 활용하는 방법을 알려 준다. 내가 이 분야로 정한 데는 두 가지 이유가 있다. 첫째, 나는 사람들이 더 나은 의료 선택을 할 수 있도록 돕는 일에 내 사회생활의 절반을 바쳤다. 스탠퍼드 대학원 시절부터 시작해서 다트머스 의학대학원의 할 삭스Hal Sox와 잭 웬버그Jack Wennberg 교수의 지도 아래 지역사회 및 가정의학과 조교수로 근무하다가 세인트루이스의 위싱턴대학의 내과 부교수로 일할 때까지 의료 분야에 몸담았다. 그러다 익스프레스 스크립츠에서 일하면서부터는 실무에 더 많은 시간을 보냈다. 특히 건강과 관련된 결정 및 행동에 대해 많은 생각을 하게 되었다.

둘째, 익스프레스 스크립츠에서 일했던 경험으로 봤을 때, 인간의 행동은 건강관리에서 중요한 '속도 조절기' 역할을 한다. 사람들은 너무 많이 먹고 마시고 피워 댄다. 그러면서 너무 적게 운동하고 너무 짧게 수면을 취한다. 처방전대로 약을 복용하지도 않고, 간단한 검사만 받아도 심장마비나 뇌졸중, 대장암을 예방할 수 있는데 그조차도 하지 않는다. 건강과 관련된 행동을 개선할 수 있다면 여러 부분에서 더 나은 결과를 얻을 기회가 많다.

이 책은 건강관리 분야에서 적용한 실제 사례와 전략들에 초점을 맞추고 있지만 다른 여러 분야에 적용할 수도 있다. 『습관의 경제학』이 제시하는 해결 단서와 방안은 근본적으로 인간의 뇌와 행동에 관한 것이다. 건강관리에서 문제를 일으키는 뇌라면 비즈니스를 포함한 다른 모든 부분에서도 문제를 일으킬 가능성이 크기 때문이다. 더욱 건강한 행동을 활성화하는 데 효과가 있는 접근방식은 다른 분야에서도 행동을 개선하는 데 큰 효과를 보일 것이다.

몇 년 전에 잭과 함께했던 저녁식사 이후로, 수많은 미국인의 선택과 행동을 향상시키는 방법에 관해 내가 생각하고 하는 일에 많은 변화가 있었다. 그날 나를 깨우쳤던 잭의 이기적인 행동이 아니었다면, 나는 인간 행동에서 부주의와 타성이 얼마나 큰 부분을 차지하고 습관의 교정을 통한 경제적 효과는 얼마나 큰지 절대 알아내지 못했을 것이다. 그리고 곧 소개할 일곱 가지 습관 설계의 전략을 알아내기 위해 긴 세월을 바쳐 가며 연구에 몰두하지도 않았을 것이다. 잭에게 이 말을 전하고 싶다. 잭, 당신이 어디서 뭘 하든지 난 당신에게 빚을 졌어요. 혹시 다음에 함께 저녁식사를 하게 되면, 그때는 내가 한턱 단단히 낼게요.

똑똑할수록
자멸적 선택을 하는
이유

습관이라는
자동 조종 모드

1889년 부활절을 한 주 앞두고 벤저민 해리슨 미국 대통령은 로버트 포터를 인구조사국 감독관으로 임명했다. 하지만 중책을 맡았다는 기쁨도 잠시, 포터는 곧 골치 아픈 상황에 처하고 말았다. 매 10년마다 한 번씩 전국 인구조사를 실시한다는 미국 헌법 1조 2항 때문이었다. 마지막으로 인구조사가 실시된 해는 1880년이었다. 그런데 포터가 감독관의 자리에 오른, 거의 10년이 지난 그제야 조사 결과가 나오기 시작했던 것이다. 결과 자료는 아직 활자로 나오지도 않은 상태였다. 그 사이 미국 인구는 증가했다. 지난번 인구조사 자료를 정리하는 데 거의 10년이 걸렸으니 1890년 인구조사는 적어도 13년이 지나야 결과를 얻을 수 있다는 뜻이었다. 그렇다면 다음번 인구조사를 실시할 1900년에는 큰 혼란이 빚어질 것이 뻔했다. 포터는 곤경에 빠졌다.

그런데 다행히도 이 문제를 해결하기 위해 이미 발 벗고 나선 사람이 있었다. 전기기계 분야의 전문가 허먼 홀러리스였다. 홀러리스는 열아홉 살 때 1880년 인구조사 작업에 참여하면서 인구조사에 얼마나 엄청난 시간과 노동력이 소요되는지를 직접 경험했다. 사실 이 문제를 몇 년 전부터 예상하고 있던 홀러리스는 인구조사 결과를 도출하는 데 걸리는 시간을 크게 줄일 수 있는 시스템을 개발해 놓고 있었다.

인구조사에서는 조사원들이 집들을 돌아다니며 자료를 수집하는 가정방문 방식을 사용했다. 하지만 홀러리스는 자료 수집 방법이 아니라 수집 자료 집계 과정에 문제점이 있다고 생각했다. 이전에는 사람들이 일일이 표를 만들어 자료를 분류하고 검수표에 수를 세어 넣으면서 확인하는 방식을 사용했다.

홀러리스는 천공카드로 이 문제를 해결했다. 천공카드는 기계식 자동 계산기로, 작업자가 카드에 구멍을 뚫어 카드 판독기에 넣으면 금속 핀이 구멍 뚫린 부분을 지나 수은으로 된 작은 용기에 닿아 전기 신호로 변환되면서 빠르게 카드를 읽어 낼 수 있었다. 천공카드를 사용하면서 인구 총계뿐 아니라 인구조사에서 수집한 나이, 가정 형편, 직업, 인종 등 40여 개의 항목을 분류할 수 있게 되었다. 홀러리스가 개발한 자동 시스템은 예전 방식에 비해 처리 속도가 훨씬 빨랐다. 몇 개월이면 대략적인 인구 통계 결과를 알 수 있었고, 예전보다 훨씬 더 복잡해진 자료 분석표 작성도 여유 있게 할 수 있었다. 점차 다양한 분야에서 천공카드를 사용하게 되었고, 홀러리스가 설립한 회사는 오늘날 IBM의 전신이 되었다.

인간의 뇌도 정보 처리 과정에서 애로를 겪는다. 뇌는 초당 1,000만 비트의 정보를 받아들인다. 이는 이더넷Ethernet 케이블을 뇌에 직접 연결해 최대한 사용할 때의 용량과 비슷하다. 문제는 뇌의 의식 부분—마음의 선택적 집중이 이루어지는 활동 및 상태—에서 실제로 처리하는 정보의 양이 초당 50비트에 불과하다는 사실이다.

1,000만 비트 입력과 50비트 처리에서 나타나는 두 숫자의 차이는 인간의 주의집중이란 것이 얼마나 빈약한지를 잘 보여 준다. 믿지 못하겠다면, 애국가를 부르면서 동시에 100부터 거꾸로 세어 보라. 아니면 당신이 앉아 있는 의자가 엉덩이에 닿는 촉감과 주위에서 들려오는 소리를 느낀 후에 'cantaloupe'라는 단어의 철자를 거꾸로 읽어 보든지 동시에 해보라. 이것을 할 수 있는 사람은 거의 없으니 못 한다고 기분 나빠 할 필요는 없다.

1,000만 비트가 얼마나 많은 것인지, 50비트가 얼마나 적은 것인지는 솔직히 감이 잘 오지 않는다. 그렇다면 당신 뇌의 이해 속도가 얼마나 느린지 이해하는 방법이 있다. 설탕을 가득 채운 컵이 있다고 치자. 컵은 인간의 뇌고 컵을 채운 설탕은 뇌에 초당 입력되는 정보의 양

이다. 그리고 그 한 컵의 설탕 중에서 다섯 알갱이가 인간의 뇌가 처리하는 정보의 양이다. 거의 느끼지도 못할 정도로 적다. 간단히 말해서, 정보의 99.9995퍼센트는 인간 의식 저 너머로 사라진다는 뜻이다.

의도-행동 차이

좋든 싫든, 인간의 뇌는 주의집중과 선택이 아니라 부주의와 타성을 타고난다는 것이 이 책의 기본 개념이다. 행동을 개선하고자 노력하는 사람이라면 새겨들어야 할 내용이다. 왜냐하면 사람들은 마치 정보에 대한 무한한 욕구와 의사결정에 대한 불타는 의지를 지닌 양 행동하기 때문이다. 이는 사실과 전혀 다르다.

지금 당장 중요한 일이나 재미있는 일에 집중하는 게 사람이다. 존 레논의 노래에도 있지만, 삶이란 그리 중요하지도 즐겁지도 않은 평범한 일상으로 가득하다. 다시 말해, 사람들은 자기가 하는 일에 거의 주의를 기울이지 않는다. 현재 상황을 바꿔야 할 피치 못할 사정이 있거나 대안으로 제시된 일에 매력을 느끼지 않는 한 그냥 내버려 둔다.

이 사실을 받아들이고 나면 주변 여기저기서 발생하는 의도와 행동의 괴리가 보이기 시작한다. 내가 익스프레스 스크립츠에서 일할 때였다. 조사 전문회사와 함께 복용 행태와 관련해 의도-행동 차이The intent-behavior gap를 알아보기 위한 조사를 한 적이 있다. 먼저 응답자들에게 브랜드 처방약 또는 복제약 사용 여부, 약 구입 시 가정배달 또는 약국 직접 방문 여부 등을 물었다. 브랜드 처방약이냐 복제약이냐, 장기 복용 약을 가정배달 하느냐 단기 복용약을 약국 방문으로 구매하느냐 등의 질문은 서로 비용의 차이가 있을 뿐 복용 혜택은 동일했다.

그다음에는 '장기 복용약이라면 약국 방문 대신 가정배달을 하겠는가'처럼 응답자의 의사를 묻는 직접적인 질문을 했다. 이 방식을 통해, 충분히 생각할 시간이 있었던 응답자들 중 일부가 복용 또는 구매 방식을 바꿀 의사가 있음을 확인했다. 약 구입 비용을 줄일 수 있다면, 브랜드 처방약을 복용하는 열 명 중 여덟은 복제약을 복용하고, 약국 방문 구매자 열 명 중 일곱은 장기 복용약은 가정배달로 구입하며, 열 명 중 넷은 다른 약국으로 가겠다는 의사를 밝혔다(구입 비용이 비슷할 경우, 장기 복용약 가정배달 구입 의사를 밝힌 사람은 일곱에서 다섯으로 줄었다).

의도-행동 차이를 이해하는 것은 행동 변화 접근방식을 순식간에 바꿀 수 있기 때문에 매우 중요하다. 인사부 임원이나 마케팅 담당자 같은 사람들은 행동을 관찰함으로써 기저에 깔린 의도를 추론한다. 예를 들어, 대부분이 소매약국에서 유지 약제maintenance medication를 구입한다는 점에 근거해 환자들이 의약품 가정배달보다 약국을 선호하는 게 틀림없다고 판단한다. 그러고는 설득이나 감언이설 등을 위주로 한 전략을 사용해 사람들의 기본 의도를 바꾸려 한다.

의도-행동 차이는 이런 접근방식이 핵심을 잘못 짚을 확률이 높다고 말해 준다. 기대하는 행동을 이끌어 내기 위해 이런 행동 저런 행동의 좋은 면을 극찬하거나 금전적 인센티브를 내세우는 교화적인 방식에 실망한 적이 얼마나 많은가. 이런 방식이 별 효과를 거두지 못하는 이유는 사람들이 바람직한 행동의 미덕과 가치를 이미 알고 있기 때문이다. 사람들의 의도가 잘못된 쪽으로 향하고 있어서 문제가 생기는 것이 아니다. 문제는 자신이 이미 지니고 있는 좋은 의도에 따라 행동하지 않는다는 것이다.

의도-행동 차이는 행동을 변화시킬 수 있는 가장 강력한 해결책이다. 사람들의 의도나 의향을 바꿀 필요는 없다. 설득할 필요도, 마음을 바꾸려고 노력할 필요도 없다. 단지 사람들의 마음속에 이미 존재하는, 좋은 의도를 자극하고 활성화하는 것이 우리가 해야 할 일이다.

환자들의 복용 행태 변화는 '습관 설계' 관점이 우리의 접근방식을 얼마나 많이 변화시키는지를 보여 주는 흥미로운 사례다. 가령 인간의 행동이 의도하는 그대로 나타난다고 치자. 그리고 환자들이 약을 처방받은 대로 복용하지 않고 있다고 하자. 그렇다면 결론은 하나다. 환자들은 약효가 없어서, 부작용이 심해서, 아니면 약값이 너무 비싸서 그 약을 복용하지 않는다고 봐야 한다. 따라서 당신은 약효 개선이나 약값 인하 등에 치중하는 해결책을 내놓아야 한다.

그러나 습관 설계의 관점에서 바라보면, 환자들이 약을 제대로 복용하지 않는 이유가 완전히 달라진다. 따라서 해결책도 달라져야 한다.

습관 설계는 환자들이 약을 제대로 복용하지 않는 이유가 망각과 미루는 버릇 때문이라고 생각한다. 환자들은 약 먹는 걸 깜박하거나, 약이 다 떨어졌는데도 다시 받으러 가는 행동을 미루거나, 새로운 처방전 받기를 차일피일하기 때문에 약을 복용하지 않을 확률이 높다고 생각한다. 습관 설계의 관점에서 보면, 환자들이 약을 복용하지 않는 이유는 의도적이나 고의적이 아니라 태만과 과실 때문이다.

회사에 다닐 때, 고혈압 약을 복용하는 환자들에게서 이와 똑같은 현상을 보았다. 주기적으로 약 구입이나 처방전 재발급을 잊어서, 즉 실수와 망각 때문에 약을 복용하지 못하는 환자들이 70퍼센트에 달했다. 입력된 1,000만 비트의 정보에서 고작 50비트만을 처리하는 인간 뇌의 한계성을 모르면 사람들이 왜 그렇게 행동하는지 이해할 수 없다. 물론 원인을 찾지 못하면 효과적인 개선 방안도 찾을 수 없다.

습관 설계적인 사고방식을 이해하고 믿기 시작하면 많은 것들이 달라진다. 당신은 더 이상 사람들의 의도를 바꾸는 방식으로 행동을 변화시키려 하지 않게 된다. 대신에 사람들이 이미 지니고 있는 좋은 의도를 인정하고 활성화하는 습관 설계 전략에 집중하기 시작할 것이다.

한 발 느리고 게으른 뇌

인간의 뇌는 부주의와 타성이 고착화된 상태로 진화해 왔다. 여느 장기와 마찬가지로 인간의 뇌 또한 수백만 년을 거친 진화의 산물이다. 중2 병에 걸린 자녀를 지켜보는 부모의 입장에서는 수백만 년 동안 진화한 뇌가 고작 저 정도밖에 안 된다는 사실을 믿기 힘들겠지만 말이다.

인간의 뇌가 진화해 왔다는 점은 매우 중요한데, 이는 서로 연관된 두 가지 사실을 시사하기 때문이다. 첫째는 뇌의 일부가 여전히 먼 과거에 머물러 있다는 점이다. 인간은 진화 과정에서 대부분의 시간 동안 작은 무리를 이루어 주변의 식물을 채집하거나 동물을 사냥하면서 살았다. 진화심리학자인 코스미데스Cosmides와 투비Tooby의 표현에 의하면, 이 '평생 계속되는 캠핑 여행'을 우리 인간은 수백만 년 동안이나 하며 살았다.

인간의 뇌가 과거에 갇혀 있다는 사실을 믿지 못하겠다면 자신이 두려워하는 게 뭔지 생각해 보라. 많은 사람들이 거미와 뱀을 무서워한다. 당연한 일이다. 징그럽게 생긴 데다가 목숨을 위협할 수도 있다. 하지만 실제 자료를 살펴보면 이 두려움은 과장된 면이 많다. 미국에서 뱀에 물려 사망하는 사람은 1년에 고작 다섯에서 일곱 명이다. 거미에 물려 사망한 사람은 2001년부터 2005년까지 단 두 명에 불과해서 그 위험도를 객관적으로 판단하기도 힘들 정도다. 그 반면 자전거 관련 사망자는 매년 약 600명에 이르고, 심장병으로 사망하는 사람은 매년 약 60만 명이나 된다. 인간의 뇌가 오늘날 환경에 맞춰서 두려움 회로를 발전시켰다면 방울뱀보다는 10단 변속 자전거를 봤을 때 100배는 더 전전긍긍해야 하고 담배와 포화지방을 더 무서워해야 정상이다. 하지만 오랜 진화의 결과 우리는 뱀과 거미를 본능적으로 혐오한다.

두려움뿐만이 아니다. 생존을 위해 인간은 온갖 문제를 해결해야 한다는 사명을 타고난다. 그런데 그 문제라는 것들은 먼 옛날 조상들이 직면했던 문제들로, 현재를 사는 우리는 더 이상 마주할 일도 없는 것들이 대부분이다. 현대인들이 직면하는 문제는 시장을 보러 갈지 집에서 쉴지 영화관을 갈지 결정하는 일상적인 것들인데, 우리 선조들이 살던 시대에는 이런 문제에 대해 상상조차 하지 못했다.

인류 역사의 대부분은 거칠고 힘든 환경 속에서 이어졌고, 그런 생활 조건에 적응하는 인간은 생존하고 그렇지 못한 인간은 저절로 사라지는 것이 일반적인 현실이었다. 1,000만 년이라는 인류 역사의 세월도 이해하기 힘들지만, 그중에서 인간이 전자레인지와 현금 자동입출금기 등 현대과학의 발전을 누리고 살기 시작한 게 얼마나 짧은 기간에 불과한지는 더더욱 이해하기 힘들다.

그만큼 최근에 우리가 맞이하는 환경이 급변했다는 표현이 적절할 듯하다. 인간의 생활 수준은 인류 역사 내내 빈곤의 수렁을 벗어나지 못했다. 그러다가 겨우 300년 전 산업혁명이 일어나면서 선진국을 중심으로 상황이 급변했다. 그전까지는 맬서스의 인구론이 대세였고 승자독식의 무한 경쟁 세상이었다. 내가 더 잘살기 위해서는 다른 사람이 더 못사는 수밖에 없었다. 한 사람의 삶의 질 향상과 수명 연장은 다른 사람의 삶의 질 퇴보와 생명 단축에 의해서만 가능했다. 슬프게도 소수만이 한정된 자원을 누릴 수 있었기에 전쟁과 전염병은 오히려 살아남은 사람들의 삶을 향상시키는 결과를 낳았다.

그러다가 획기적인 일이 벌어진 것이다. 산업혁명이란 파도가 솟구치면서 인간 역사상 처음으로 모두가 수렁에서 벗어나 떠올랐다. 더 이상 한쪽의 행복이 다른 쪽의 불행을 의미하지 않게 되었다. 전 세계 인구가 참여하는 게임의 규칙이 확 바뀐 듯했다.

이 사실이 왜 중요할까? 이 엄청난 변화가 인류 역사의 시간 단위에서 아주 최근의 짧은 기간 동안 이루어지면서 뇌의 진화 속도가 이 급속한 변화 속도를 미처 따라잡지 못했다는 사실을 말해 주기 때문이다. 실제로 인간의 뇌 그리고 뇌에서 만들어 내는 본능, 감정, 기질은 현실과 동떨어진 살아 있는 화석과 같은 수준이라 할 수 있다.

예측 가능한 비이성적 행동 아니면 합리적인 행동?

인간의 기본 성향과 직감이 먼 과거와 연관이 있다는 사실을 알면 전통적 경제학자와 사회심리학자 사이에서 끊임없이 이어지는 긴장 상태를 이해하는 데 도움이 된다. 전통적인 경제학자는 인간이 이성적이고, 보상이나 혜택에 따라 반응하는 성향이 강하다고 주장한다. 즉 인간의 이성과 합리적인 측면을 강조하는 호모이코노미쿠스 모델Homo economicus model을 따른다. 반면에 심리학자들은 인간이 비이성적이고, 전통 경제학에서 세운 가정에 위배되는 행동을 저지른다는 점에 주목한다. 인간을 〈심슨네 가족들The Simpsons〉의 가장으로 무한한 식탐을 자랑하는 호머 심슨에 빗대 '호모'이코노미쿠스가 아닌 '호머'이코노미쿠스에 더 어울린다고 주장한다.

경제학자이자 언론인인 팀 하포드Tim Harford는 피임 도구를 사용하지 않는 성관계로 인해 치러야 하는 대가나 비용이 상승하면, 예를 들어 낙태 기회를 줄이거나 부모에게 통지하도록 의무화하면, 십대들의 성병 감염률이 (성인에 비해) 줄어든다는 사실을 알아냈다. 이런 변화는 비용이 증가하면 수요가 감소한다는 이론을 정확히 따른 것으로, 십대들이 성적 행위에 관해 결정을 내릴 때 이성적인 태도를 취한다는 증거로 볼 수 있다.

하지만 심리학자들은 인간이 이성적인 의사결정에서 벗어날 때가 많다며 설득력 있는 반론을 제기한다. 사회심리학자 댄 애리얼리Dan Ariely에 따르면, 똑같이 성적 행동이라는 주제를 놓고 봤을 때, 인간은 흥분했을 때와 그렇지 않을 때 다른 행동을 보인다고 한다. 평상시에는 성관계를 맺을 때 피임 도구를 사용하겠다고 하지만 실제로 흥분한 상태에서는 말과 다른 행동을 보인다는 것이다. 따라서 흥분 상태와 평정 상태 사이에서 발생하는 행동의 괴리는 이성적인 의사결정 모델 이론에 부합하지 않는다는 주장이다.

하포드가 일상생활에서 나타나는 인간의 이성에 축복을 내린다면, 애리얼리는 똑같은 인간이 저지르는 예측 가능한 비이성적 행동을 보며 즐기는 셈이다. 그래서 누구의 주장이 옳다는 말인가? 인간은 지속적으로 이성적인 행동을 하는가, 아니면 비이성적인 행동을 벌이는 것이 당연한가?

이들의 주장이 흥미롭긴 하지만 둘 다 핵심에서는 벗어나 있다. 인간이 이성적이냐 비이성적이냐는 질문은 그리 중요하지 않다. 습관 설계 디자인의 관점에서 보는 인간의 행동은 둘 다 아닌 경우가 대부분이다. 좀 더 정확히 구분하려면, 우리의 행동이 현재 환경에 제대로 적응하고 있느냐 아니냐를 생각해 봐야 한다. 현재 환경에 잘 적응하는 행동은 이성적으로 비쳐지는 반면 적응하지 못하는 행동은 종종 비이성적으로 비쳐진다. 예를 들어 사람들은 대부분 지방 또는(그리고) 설탕이 들어간 음식을 즐겨 먹는다. 문제는 가끔 정량을 넘어 과할 정도로 많이 먹는다는 데 있다. 그래 놓고 곧 후회하면서 자신이 저지른 행동의 결과를 되돌리기 위해 다이어트니 운동이니 하면서 별도의 시간과 노력을 들이니, 오늘날의 환경에서는 이해하기 힘든 비이성적인 행동이다. 그러나 인간의 뇌가 발전하며 한창 진화를 이어 가던 당시는 자원이 부족했고, 그런 환경에서의 과식은 적응력이 뛰어난 행동이었다. 칼로리가 높은 음식을 과하게 섭취하는 행동이 과거에는 진화에서 유리한 측면을 차지하는 이성적 행동이었을 것이다.

어쩌면 합리적인 행동이라는 것은, 과거에 그리고 오늘날에도 여전히 발생하고 있는 자연선택에 의해 대부분 자연적으로 형성된 행동의 부산물일지도 모르겠다. 음식을 먹을 기회가 생기면 충분히 비축해 두는 것이 우리 뇌 속에는 여전히 자동화 프로그래밍되어 남아 있는 것이다. 50비트의 주의집중 영역에 들어오지 않는 한, 우리는 습관적으로 과식하게끔 프로그래밍되어 있다. 대자연은 궁극적으로 실리적이다. 효과가 나타나면 그걸로 된 거다. 그게 합리적이냐 비합리적이냐는 그리 중요하지 않다. 하지만 오늘날의 환경에서 보면 과식은 자신을 천천히 해치는 해로운 습관이다. 새로운 식습관이 만들어질 때까지 50비트의 주의집중 영역으로 적극적으로 끌고 와서 행동의 변화를 이끄는 습관 설계 전략이 필요한 이유이다.

어림짐작의 기술

인간의 뇌는 저 멀고도 먼 과거에 머물러 있기 때문에 뇌가 해결하고자 하는 핵심 문제들 또한 그 먼 과거에 경험했던 것일 수밖에 없다. 그렇다면 지금 인간이 하는 행동들을 더 잘 이해하기 위해서는 우리 조상들의 생활이 어땠는지를 생각해 볼 필요가 있다.

코스미데스와 투비의 '평생 계속되는 캠핑 여행'이라는 표현은 사실 좀 지나친 면이 있다. 내가 생각하는 캠핑 여행은 안락하고 수월한 여행이기 때문이다. 나는 캠핑 여행이란 말을 들으면 화력 좋은 버너, 멋진 텐트, 맛난 식재료를 비롯한 여러 장비를 챙겨서 SUV를 타고 떠나는 모습이 떠오른다. 그리고 한참 운전하다 좀 걷기도 하고 달려드는 모기에 시달리다가 스마트폰으로 혹시 근처에 좋은 숙박시설이 있나 알아보는 장면이 떠오른다. 하지만 과거 인간의 뇌가 성장하던 시절에는 이와 달리, 먹을 것을 찾아다니거나 맹수를 피해 다니느라 대부분의 시간을 불안에 떨며 보냈을 것이다.

배고픈 상황에서 손에 넣을 음식이 없을 때 상황이 얼마나 급속히 악화될 수 있는지는, 굳이 실력 있는 생리학자가 아니어도 서바이벌 프로그램 애청자나 십대 자녀를 둔 부모라면 누구나 잘 알 수 있다. 인간의 뇌는 작동하기 위해 대략 20와트의 전력을 필요로 한다. 사실 그 정도의 전력으로는 아주 밝은 전구도 켤 수 없으므로, 이성 친구에게 잘난 척하느라 굳이 이 수치를 밝힐 필요는 없다. 그러나 한편으로 20와트라는 수치는 상당한 양이기도 하다. 실제로 신체에서 가장 많은 에너지를 사용하는 장기가 뇌다. 뇌의 무게는 체중의 2퍼센트에 불과하지만 심장박출량(심장이 한 번 수축할 때마다 뿜어내는 혈액의 양)의 15퍼센트, 인체가 받아들이는 산소의 20퍼센트, 혈당의 25퍼센트를 사용한다. 하루에 대략 450칼로리를 소모하는 셈이다.

이론적으로는 뇌가 현재보다 더 많은 에너지를 소모할 수도 있다. 단, 그렇게 되면 뇌의 크기는 점점 커질 것이다. 그게 무슨 뜻인지 모르는 사람들을 위해 설명하자면, 자연분만이 힘들어진다는 말이다. 출산 경험이 있는 여자들은 지금도 아기의 머리 때문에 죽다 살아난 기억이 있다고 하는데 지금보다 아기의 머리가 더 커진다면 어떻게 되겠는가. 당연히 모두가 고맙지만 됐다며 한사코 사양할 거다.

무엇보다 뇌는 지방 같은 에너지를 저장하지 못하기 때문에 빠르게 에너지원 역할을 해줄 수 있는 무언가가 필요한데, 그것이 속칭 혈당, 포도당이라는 글루코스glucose다. 이 말은 뇌가 부가 활동을 하게 되면 접근 가능한 연료를 놀라운 속도로 고갈시킬 수도 있다는 뜻이다. 인간의 뇌가 사용할 수 있는 에너지 품귀 현상이 벌어질 수도 있다. 요컨대 뇌는 에너지를 저장할 수 있는 방법이 전혀 없기 때문에 항상 안정과 효율을 추구하는 방식으로 활동한다.

그렇다면 에너지에 목마른 우리 인간의 뇌는 칼로리가 제한된 환경에서 무엇을 하고 있을까? 아마도 간단한 식사거리를 찾고 있을지도 모른다. 하지만 한 가지 분명한 사실이 있다. 인간의 뇌는 비용을 덜 들이고 손쉬운 방법으로 해결이 가능한 상황에서는 자기의 소중하고 값비싼 지적 능력을 낭비하지 않으려 한다는 사실이다.

뇌가 모든 정보를 종합적으로 판단하려고 한다면 그렇잖아도 부족한 50비트의 인지능력은 상당한 부담을 느끼게 될 것이다. 그래서 인간의 뇌는 지속적으로 '휴리스틱heuristics', 즉 경험적 지식에 의존한다. 휴리스틱이란, 시간이나 정보가 불충분해서 합리적인 판단을 할 수 없거나 굳이 체계적이고 합리적인 판단을 할 필요가 없는 상황에서 그 동안의 경험을 통해 나름대로 발견한 편리한 기준에 따라 신속하게 사용하는 '어림짐작의 기술'이다. 예를 들어, 인간의 시각적 처리 시스템은 거리를 측정할 때 선명도라는 기준에 의존한다. 선명도가 낮을수록 물체는 멀어 보인다. 선명도가 떨어지면 거리가 멀다는 짐작은 좋은 경험적 지식이 된다. 일반적인 상황에서는 선명도와 거리 사이에 직접적인 관계가 성립한다. 물체가 멀리 있을수록 반사된 빛은 돌아오는 과정에서 흩어짐 현상이 더욱 심해지니까 말이다. 그런데 일반적인 환경에 안개처럼 특수한 상황이 더해지면 경험적 지식은 무너지고 만다. 선명도는 떨어지는데 거리는 멀지 않다. 조종사들이 날씨가 나쁘면 자동항법장치를 사용하는 이유가 그것이다.

인간의 뇌가 활용하는 '경험에 근거한 지식'은 빠르고 간편하게 사용할 수 있기 때문에 매우 유용하다. 하지만 세상에 공짜 점심이 없듯이, 과거 우리 조상들이 연마했던 경험적 지식을 오늘날의 상황에 적용하다가는 잘못된 길로 빠질 수가 있다. 다음의 실험을 사례로 들어보자. 조명이 사람의 정직성에 영향을 주는지 알아보는 실험이 있었다. 연구원들은 참가자들에게 시험을 보고 나서 스스로 채점하도록 했다. 그랬더니 조명이 희미한 방에서 시험지를 채점한 경우에 부정행위를 저지르는 사람들이 더 많았다. 주위 환경이 동일한 상황에서는 조명이 희미할수록 다른 사람이 자기를 볼 확률이 떨어지고 행동을 들킬 우려도 줄어든다. 그러니 어쩌면 당연한 결과라 할 수 있다.

그런데 두 번째 실험에서 나온 결과가 다소 놀라웠다. 참가자들 중 반은 색안경을 착용하게 하고 나머지 반은 알에 색이 없는 일반 안경을 착용하도록 했다. 그다음에는 모두에게 수학 문제를 풀도록 하고 다른 사람 모르게 각자 자신의 시험지를 채점하라고 지시하면서 성적에 따라 돈을 지급하겠다고 발표했다. 무감독 시험인 셈이었다. 비밀리에 혼자 자기 시험지를 채점하도록 했으니 다른 사람들에게 들킬 걱정은 전혀 없었다. 색안경을 꼈든 그냥 안경을 꼈든, 누구에게나 주어진 상황은 똑같았다. 그럼에도 불구하고 통제집단, 즉 일반 안경을 쓴 사람들에 비해 색안경을 착용한 참가자들의 부정행위가 더 많았다.

당신이 생각하는 게 맞다. 색안경이 부정행위의 원인이었다. 논리적 관점에서 보자면 말이 되지 않는다. 마치 어린아이들이 자기 눈을 가리고 다른 친구들에게 '나 안 보이지!'라고 소리치는 것만큼이나 이해하기 힘든 행동이다. 하지만 나태한 뇌의 관점에서 보면, 이 결과를 이해하기가 훨씬 쉬워진다. 인간의 뇌는 어둠 속에서는 절차나 원칙을 무시해도 괜찮다는 느긋한 태도를 과거부터 익혀 왔다. '어둠 속에서는 빠져나갈 구멍이 있다'는 규칙은 실제로 주위가 어둠에 묻혀 있고 그 때문에 아무것도 보이지 않는 상황에서는 효과가 있다.

그러나 불빛 아래서 모두가 지켜보는데 자기 혼자만 색안경을 통해 어둠을 경험하는 상황에서는 통하지 않는다. 하지만 우리 뇌는 이런 상황에 익숙지 않다. 나만 어두움 속에 있는 그런 상황은 과거에는 당연히 존재할 수가 없었다. '어두우면 좀 속여도 괜찮다'는 규칙이 통할 수 있었던 이유는, 그 규칙이 등장하던 옛날에는 자기 혼자 어둠 속에서 부정행위를 저지르고 그런 자기 모습을 다른 사람들은 선명하게 볼 수 있는 상황이 없었기 때문이다. 일반 안경을 쓴 참가자들보다 색안경을 쓴 참가자들 중에 부정행위를 저지른 사람이 더 많았던 것은 바로 그 때문이고, 전혀 들킬 걱정이 없는데도 밝은 조명 아래서는 부정행위가 거의 발생하지 않았던 것 또한 바로 그 때문이다.

이 실험은 작지만 아주 중요한 교훈 하나를 던진다. 기본적으로 뇌의 인지기능은 부정행위를 저지르다 들킬 확률을 계산하느라 시간과 에너지를 낭비하지 않는다. 그러기엔 너무 비싼 대가를 치러야 하기 때문이다. 그 대신 인간의 뇌는 어둠 속에서는 윤리적 의무를 잡아맨 고삐를 조금은 풀어도 괜찮다는 규칙을 입력해 두었다. 일반적으로 통하는 규칙이니까. 적어도 과거에는 잘 통했으니까. 이제 우리가 얻은 교훈을 되새겨 보자. 어둠이 나쁜 행동을 가려 준다는 규칙은 합리적이고, 따라서 이 경험적 지식은 일반적으로 효과가 있다. 그 경험적 지식이란 것이 별 문제 없이 오랫동안 통용되다 보면 인간 본성이 된다. 그리고 그 논리가 더 이상 적용되지 않는 상황에서도 사라지지 않고 그대로 남아 있음이 실험을 통해 확인되었다.

뇌의 자동 조종 장치

앞에서도 봤듯이, 인간의 행동에서 인식이 작용하는 부분은 초당 겨우 50비트에 불과하고 나머지는 인식의 영역 밖에서 자동적으로 처리된다. 인간이 의식하지 못하는 사이에 어떤 행동을 저지르고 있고 또그게 어쩔 수 없는 일이라니, 모든 일을 통제해야 직성이 풀리는 내 아내 같은 사람에게는 끔찍한 일이 아닐 수 없다. 하지만 보통 사람들에게는 자동 조종 모드의 존재가 얼마나 다행스런 일인지 모른다. 뇌의 인식 영역이 텔레비전에 집중하는 시간에 무의식이 여러 가지 힘든일을 처리하고 있다니, 이보다 좋은 일이 어디 있겠나. 어느 쪽이 됐든인간은 어떻게 선택이 이루어지고, 왜 그렇게 되는지에 대해 전혀 의식하지 못한다. 이런 현실을 설명하는 흥미로운 사례를 담은 심리학서적들이 넘쳐나지만, 여기서는 두어 가지만 살펴보도록 하겠다.

사람 이름과 의사결정 사이에 작지만 실질적인 연관이 있다는 연구결과들이 있다. 예를 들어, 사람들은 자기 성의 철자 중 첫 글자와 똑같은 글자가 들어간 회사에서 일할 확률이 높다고 한다. 한 연구에서는 벨기에 사람들 중 약 1만 2,000명이 이 경우에 해당된다는 결과를내놓았다. 이와 유사한 사례들은 또 있다. 이름이 데니스Dennis인 사람은 치과의사 덴티스트dentist일 확률이 약간 높고, 이름이 루이스Louis인사람은 세인트루이스St. Louis에서 살 확률이 약간 높다.

'프라이밍priming'을 통해 사람들의 선택을 바꿀 수 있다는 결과를 발표한 연구도 수십 건이 있다. 프라이밍이란 대상자들이 깨닫지 못하는 사이에 보이지 않는 손으로 슬쩍 특정한 방향으로 이끄는 자극을 주는 것이다. 자신이 배가 고프다고 느끼게 된 사람들은 자선단체에 기부할 확률이 낮다. 누군가를 스스로 가난하다고 느끼게 만드는 자극을 주면 그 사람은 더 많은 칼로리를 소비할 확률이 높아진다. 건강관리 분야에서도 이런 현상이 벌어진다. 사람들에게 지역사회에서 자신의 존재감에 대해 생각하도록 슬쩍 자극을 주었더니, 여러 연쇄점을 운영하는 대형 약국보다 동네 약국에 더 많은 애정을 보였다.

　흥미로운 결과이긴 하지만 여기서 논하려는 것은 그런 효과의 존재 유무가 아니다. 사람들에게 직접 물어보라. 직업 선택 과정이나 일하는 곳에 대해서, 자선 활동이나 식습관에 대해서, 복용하는 약과 그 구입처에 대해서 물어보라. 자신이 내린 선택에 어떤 요인이 작용했는지 물었을 때 위에서 언급한 이름과 직업의 연관성이나 프라이밍 효과 때문이라고 대답하는 사람이 단 한 명도 없다는 사실이 내 논지의 핵심이다. 이는 뇌의 잠재의식 부분이 이런 의사결정의 세세한 사항들을 의식 부분과는 공유하지 않기 때문이다. 신경과학자 데이비드 이글먼David Eagleman은 그의 저서 『인코그니토』에서 뇌의 은밀한 사생활에 대해 이렇게 적었다.

뇌 회로를 연구하면서 가장 먼저 깨달은 점은, 우리가 행하고 생각하고 느끼는 것들의 대부분이 의식의 통제 밖에 있다는 사실이다. 광대한 정글 같은 뉴런은 자신만의 프로그램을 운영한다. 우리는 아침에 일어나 눈을 깜박이며 삶을 시작한다는 사실을 인식한다. 하지만 그 인식이라는 것은 실제로 뇌 안에서 일어나고 있는 일들에 비하면 티끌에 불과하다. 인간의 내면생활을 위해서는 무의식 부분이 제 기능을 해야 하는 것은 맞지만, 사실 무의식은 자율적인 프로그램에 의해 작동한다. 그중에서 인식의 부분이 '비밀정보 취급 허가'를 받고 활동할 수 있는 영역은 거의 없다. 의식의 나는 무의식의 세계에 출입할 권한 자체가 없다.

뇌의 잠재의식 부분은 여러 의사결정을 담당한다. 그런데 의식이 이런 잠재의식에 접근할 수 있는 '비밀정보 취급 허가증'이 없다는 사실은, 우리가 '포커스 그룹focus group'과 '사용자 서베이user survey' 방식을 사용할 때 매우 조심해야 한다는 점을 시사한다. 이런 방식의 조사 결과를 해석할 때는 신중하고 또 신중해야 한다는 뜻이다. 당신이 누군가에게 어떤 행동을 하거나 하지 않는 이유, 좋아하거나 좋아하지 않는 이유를 물어볼 때마다, 상대방은 사실 그대로가 아닌 매번 자신만의 버전으로 해석한 답을 들려줄 것이기 때문이다. 즉 당신은 상대방이 들려주는 이야기의 신빙성을 전혀 판단할 수가 없다.

이번 장에서는 사람들이 천성적으로 부주의와 타성을 타고난다는 사실을 확인했다. 부주의와 나태한 습관이 만나면 원래의 좋은 의도나 선의와는 동떨어진 행동이 유발된다. 우리가 하는 행동은 종종 우리가 진심으로 하고 싶은 행동과 한참 거리가 멀 때가 많다. 이런 현상이 벌어지는 이유는 우리에게 결함이 있어서가 아니다. 인간의 뇌가 오늘날 우리가 살고 있는 환경과 아주 달랐던 과거 환경에 맞도록 다듬어져 있기 때문이다.

좋은 행동을 하지 않는 것은 선의가 없기 때문이 아니다. 인간에게는 선의와 호의가 이미 내재되어 있다. 이 책은 그 좋은 의도를 활성화함으로써 사람들이 분석 마비 상태에서 빠져나와 하고 싶은 행동과 실제로 하는 행동의 격차를 좁힐 수 있도록 도와주기 위해 집필되었다. 하지만 구체적인 전략들을 살펴보기 전에 먼저 사람들이 사용하는, 가장 막강한 힘을 발휘하는 생각의 세 가지 지름길에 대해 이해해 두는 게 좋겠다. 실제로 이 지름길들은 매우 강력하고 광범위하게 사용되기 때문에, 마치 사회의 규범에 따라 행동하게 만드는 어떤 압력 behavioral force 처럼 받아들여지도록 현혹한다. 앞으로 보겠지만, 이 책에서 소개할 일곱 가지 전략은 그 지름길에 대해 철저히 분석해서 우리를 잘못된 길로 인도하는 지름길의 유혹을 이겨 낼 방법을 제시해 줄 것이다.

세 가지 지름길의 유혹

집단 추종, 손실 회피,
현재 가치 선호

내가 여덟 살 때쯤, 우리 가족은 캘리포니아 주 중부 시에라네바다 산맥에 있는 요세미티 국립공원으로 휴가를 떠난 적이 있다. 여느 부모들과 마찬가지로 자녀들의 시야를 넓히고 교육적 환경을 제공해야겠다는 우리 부모님의 의도 때문이었다. 하지만 나는 기억나는 게 거의 없다. 그나마 유일하게 기억나는 것은 커다란 세쿼이아 나무였다. 세쿼이아 나무 몸통에 구멍을 뚫어 사람들이 지나다닐 수 있도록 했는데, 구멍이 얼마나 큰지 대형 차량이 통과할 수 있을 정도였다. 또 다른 세쿼이아 나무도 기억난다. 구멍 낸 나무만큼 거대하지는 않았지만 여전히 그 크기가 대단했는데, 몸통이 꺾인 채 쓰러져 나이테를 훤

하게 드러내 놓고 있었다. 미국 남북전쟁US Civil War(1861~1865년)은 물론 헤이스팅스 전투Battle of Hastings(1066년)가 벌어지기 훨씬 이전부터 존재해 온, 1,500년의 역사가 내 앞에 누워 있었다.

세쿼이아 나무의 나이테가 세월의 흔적을 지녔듯이 우리의 뇌도 인간이 출현했던 선사시대 환경의 증거를 지니고 있다. 앞 장에서 보았듯이, 당시 환경은 불확실하고 위험했다. 우리 선조들은 살아남기 위해 무리를 지었다. 무리를 지으면 방어가 용이했고, 노동에서 역할 배분이 가능했으며, 그 외에도 여러 장점이 있었다. 그 결과, 오늘날 우리 행동의 많은 부분에서 선조들이 자주 택하고 유용하게 사용했던 세 가지 지름길의 흔적이 여전히 나타난다. 과거에 선조들이 사용했던 이 지름길들을 이해하면 현재를 살아가는 사람들의 '좋은 의도를 행동으로 이끌어 내는 전략'을 구축하는 데도 큰 도움이 된다.

지름길 1 : 집단 추종

2006년 봄, 코미디 센트럴 방송은 만화영화 〈사우스 파크South Park〉에서 '잘난 척 경보!' 편을 방영했다. 스모그smog와 발음이 비슷한 스머그smug('잘난 척'이라는 뜻_옮긴이)를 사용해서 '잘난 척 경보!'라는 소제목을 단 것이다. 이 에피소드에서는 하이브리드 차량 소유주들이 기름을 엄청 먹고 배출 가스를 뿜어 대는 휘발유 차량 소유주들에 비해 우월감을 과시하는 경향이 있음을 보여 주었다. 간단히 줄거리를 소개하자면, 제럴드 브로플로브스키(카일의 아버지)는 하이브리드 차량인 '토욘다 피우스' 차량을 구매한다. 그리고 사우스 파크 동네 곳곳을 돌아다니며 다른 사람들에게도 피우스 차량을 구매하라고 캠페인을 벌인다. 하지만 친구들은 그런 그를 이해하지 못한다. 결국 브로플로브스키는 가족을 데리고 자기와 뜻이 맞는 사람들이 사는 샌프란시스코로 이사 간다. 얼마 지나지 않아 샌프란시스코와 사우스 파크는 하이브리드 차량 운전자들이 뿜어 대는 '자기 만족이라는 쓰레기' 때문에 '스머그'에 휩싸인다. 그리고 그 잘난 스머그 때문에 결국 사우스 파크의 차량은 모두 파괴되고 만다.

역설적이게도 이 방송이 나가고 다음 해, 토요타 프리우스 Toyota Prius 차량의 판매가 급성장했다. 이에 대해 두어 건의 연구가 실시되었고, 사람들이 차량을 구입하면서 느끼는 감정이 사우스 파크에서 보여 준 것과 다르지 않다는 사실을 확인할 수 있었다. 〈뉴욕 타임스〉 기사에 따르면, 2007년 2분기까지 프리우스 차량을 구입한 사람들 중 57퍼센트가 차량 구입 이유에 대해 '내가 어떤 사람이라는 걸 말해 주기 때문'이라고 밝혔다고 한다. 이 기사는 프리우스 차량 구매자가 솔직하게 구매 동기를 밝힌 인터뷰 내용도 싣고 있었다.

프리우스 차량 소유주인 필라델피아의 조이 피슐리 씨는 "제가 환경을 생각한다는 사실을 사람들이 알아줬으면 좋겠어요. (…) 캠리Camry 하이브리드로는 어딘가 부족해 보이고 프리우스 정도 돼야 티가 날 것 같아서요."라고 말했다. 또 다른 프리우스 차량 소유주 개치 씨는 "되도록이면 확실하게 보여 주고 싶었죠. 프리우스를 타면 제가 말하고자 하는 메시지를 확실히 전하는 데 부족함이 없을 것 같아요."라고 밝혔다.

정확한 구매 결정 요인을 이해하기 위해서 과학자들에게 필요한 것은 사람들의 말이 아니라 확실한 자료다. 쌍둥이 경제학자 앨리슨 섹스톤Alison Sexton과 스티브 섹스톤Steven Sexton은 자동차 시장점유율 자료를 통해 녹색혁명의 '후광'이 프리우스 차량 판매에 끼친 영향을 알아낼 수 있었다. 그들은 다른 브랜드의 하이브리드 차량들도 프리우스 못지않게 환경 친화적이었지만 외형이나 스타일 면에서는 프리우스에 미치지 못한다는 사실을 알고 있었다. 그래서 이 사실을 기반으로 환경 양심environmental conscientiousness에서의 자연 지리적 변이natural geographic variation를 연구에 활용했다. 즉 지역별로 환경을 생각하는 정도가 다른 사람들을 대상으로 그들이 구입한 차량들 중 프리우스가 차지하는 비율을 알아보기로 한 것이다.

분석 과정은 이랬다. 연구원들은 워싱턴 주와 콜로라도 주에서 선거인 등록 자료와 선거 결과를 조사했다. 워싱턴 주와 콜로라도 주는 환경을 중시하는 사람들의 비율이 지역에 따라 어떻게 다른지 살펴보기에 알맞은 대상이었다. 예를 들어 콜로라도 주에 있는 두 도시를 살펴보더라도, 볼더 카운티에 있는 볼더 시는 2012년 대선에서 오바마에게 69.6퍼센트, 롬니에게 28.0퍼센트의 표를 주었다. 그와 반대로, 콜로라도 주 웰드 카운티에 있는 그릴리 시에서는 롬니에게 55.3퍼센트, 오바마에게 42.1퍼센트의 표를 주었다. 같은 주에 속했음에도 정치적으로 다른 성향을 보였다는 점에서 지역별 차이를 알아보기 좋은 대상이었다.

일반적으로 민주당에 투표한 사람들은 공화당에 투표한 사람들에 비해 환경에 더 많은 가치를 두기 때문에 연구원들은 하이브리드 차량 구매와 관련해 두 가지를 예상할 수 있었다. 첫째는 상당히 명확해 보이는 예상으로, 민주당이 우세한 지역에서 하이브리드 차량이 더 많이 팔렸을 것이라고 생각했다. 둘째는 그리 확실하지는 않지만, 만약 사람들이 친환경적이라는 '평판'을 얻기 위해 프리우스 하이브리드를 구매한다면 민주당이 우세한 지역에서는 전체 하이브리드 차량 중에서도 프리우스의 점유율이 높을 것이라고 예상했다. 다시 말해 좌파 성향이 강한 도시에서는 하이브리드 차량의 시장점유율이 더 높을 뿐만 아니라 그중에서도 '특히 눈에 띄는' 하이브리드 차량이 더 많을 것이라고 예상한 것이다. 환경 친화를 중시하는 도시라면 프리우스가 보내는 시그널에 더 많은 가치를 둘 것이기 때문이다.

연구 결과는 섹스톤 남매가 예상한 그대로였다. 민주당에게 더 많은 표를 준 곳에서 하이브리드 차량의 구매율이 높았고, 좌파 성향이 강한 지역에서는 하이브리드 차량 중에서도 프리우스의 점유율이 높았다. '다른 사람들의 눈에 띄도록 티를 내는 보여주기식 환경보호' 방식을 택한 사람들이 구매한 프리우스의 시장점유율은 콜로라도 주에서 3분의 1이었고, 워싱턴 주에서는 10분의 1이었다. 프리우스가 주는 '녹색 후광'에 따르는 가치를 금전적으로 환산했을 때 워싱턴 주는 약 1,000달러, 콜로라도 주는 약 3,300달러의 가치를 두는 것으로 나타났다.

〈사우스 파크〉 제작자 트레이 파커Trey Parker와 맷 스톤Matt Stone은 인간의 이런 본성을 꿰뚫고 있었다. 차량의 휘발유 사용을 줄일 수 있는 좋은 대안을 선택하는 과정에서도 인간은 자기가 환경에 대해 어떤 태도를 취하고 있는지, 더욱 중요하게는 지역사회의 지배적인 규범에 자신이 얼마나 잘 어울리는지를 과시하고 싶어 하는 존재라는 것이다.

환경 운동가들의 잘난 척하기에 대해 말하기 전에, 주위에서 볼 수 있는 아주 간단한 먹을거리, 쿠키에 대해 먼저 얘기해 보자.

나는 쿠키를 자주 산다. 맛이 있고 가격도 비싸지 않기 때문일 수도 있고, 어쩌면 그냥 습관 때문인지도 모르겠다. 그런데 쿠키라고 다 같은 쿠키가 아니다. 걸스카우트인 줄리는 매년 쿠키를 판매하러 온다. 줄리가 우리 집 현관을 두드리면 나는 곧 지갑에서 돈을 꺼낸다. 그리고 몇 주 후면, 특이한 이름을 붙인 형형색색의 쿠키들을 보관할 장소를 찾느라 온 집안을 뒤지고 있는 나 자신을 발견한다. 걸스카우트 쿠키를 사면 좋은 점 한 가지는, 보관 공간을 확보하기 위해 뜻하지 않게 냉동실 정리를 하게 된다는 점이다.

줄리는 쿠키를 팔 때도 그냥 팔지 않고 경쟁심을 살살 부추긴다. 자신의 상술에 희생된 동네 주민들 이름을 죽 불러 대면서 누가 몇 개를 샀는지 목록에 적어 정확히 보여 준다. 그러면 내 눈은 어느새 그 목록에서 에드라는 이름을 찾고 있다. 에드는 아랫집에 사는 이웃인데, 늘 나보다 멋지게 정원을 가꾼다. 에드가 여섯 상자를 샀다는 걸 확인하는 순간 나는 어느새 하나를 더해 일곱 상자를 주문하고 만다. 에드도 내가 몇 상자를 샀는지 확인할 게 뻔하다.

녹색 유니폼을 입은 소녀들이 사람들의 죄의식과 우월하게 보이고 싶은 마음을 이용해 원투 펀치를 날리고 얻는 이득은 상상을 초월한다. 2011년 미국 걸스카우트는 쿠키 판매만으로 7억 6,000만 달러의 수입을 거뒀다. 한술 더 떠, IBM에 '걸스카우트 쿠키 프로그램을 현대화하는 신기술 개발'을 의뢰해 놓았다. 이 노력의 첫 단계를 e-쿠키 프로젝트라고 하는데, 현금 대신 신용카드 결제나 스마트폰 앱 개발 등을 포함해서 미래 제품 관리시스템에 필요한 최소 기준을 설정하도록 만드는 것이다. 쿠키를 판매해서 떼돈을 벌기로 작정한 것이 틀림없다.

그렇다면 나는 왜 쿠키를 사는 걸까? 이유는 간단하다. 사야 하니까. 걸스카우트 쿠키 구매는 사회 규범이니까. 사회 규범은 주위 사람들이 우리에게 지키기를 바라는 규칙이니까. 이거야말로 정말 대단한 사업 모델 아닌가 말이다.

인간의 선사시대 뇌는 온갖 종류의 사회 규범을 지키도록 회로가 설치되어 있다. 그중에서도 특히 신경 쓰도록 정한 규범이 있는데, '공정성'이라는 규범이다.

당신 앞에 카드 한 패가 놓여 있다고 가정하자. 카드의 앞면에는 숫자가 적혀 있고, 뒷면에는 기호가 그려져 있다. 이제 규칙을 말해 주겠다. 카드 앞면의 숫자가 짝수이면, 뒷면의 기호는 반드시 X여야 한다. 내가 카드를 섞은 후 당신 앞에 네 장의 카드를 내려놓는다.

이제 질문하겠다. '만약 숫자가 짝수라면, 기호는 반드시 X여야 한다'는 규칙이 맞는지 아닌지 확인하려면 어떤 카드를(카드들을) 뒤집어 봐야 하는가? 즉 최소 몇 장의 카드를 뒤집어야 하고, 어떤 카드를 뒤집어야 하는가?

정답은 두 장이다. 어떤 카드인지는 조금 있다가 알려 주겠다.

이제 약간 다른 상황을 가정해 보자. 당신에게 네 명의 십대 아들이 있다. 당신은 좋은 아버지 또는 어머니이므로 아이들이 차를 쓸 수 있도록 허락한다. 단, 한 가지 규칙이 있다. 차를 사용한 사람은 반드시 연료를 가득 채워 놓아야 한다. 당신은 일주일 동안 휴가를 떠나기로 한다. 그래서 당신이 떠나 있는 동안 내가 아이들을 돌봐 주기로 한다.

일주일 후, 휴가에서 돌아온 당신은 아이들이 규칙을 제대로 지켰는지 내게 묻는다. 나는 늘 그렇듯 전혀 모르겠다고 대답한다. 그런데 때마침 오랜 친구 팸이 나타난다. 팸은 자기도 규칙에 관심이 있었기 때문에 아이들의 행동을 주시하면서 카드에 아이들 각각의 행동을 표시해 두었다고 한다. 카드 앞면에는 어떤 아들이 차를 빌렸는지 아닌지를 적었고, 뒷면에는 차를 빌려 간 아들이 연료를 채워 넣었는지 넣지 않았는지를 적었다고 한다. 팸은 탁자 위에 네 장의 카드를 펼친다.

자, 이제 당신이 정한, 차를 사용한 후에는 반드시 연료를 가득 채워

넣어야 한다는 규칙을 지키지 않은 불효막심한 아들을 찾으려면 어떤 카드들을 뒤집어야 하나? 즉 최소 몇 장을 뒤집어야 하고, 어떤 카드를 뒤집어야 하나?

좋다, 이제 각 퀴즈의 정답을 알려 주겠다. 첫 번째 홀수-짝수 카드에서 뒤집어야 할 카드는 카드 1과 카드 3이다. 카드 1은 짝수다. 따라서 뒷면에 X가 아닌 다른 기호가 있으면 규칙에 맞지 않는다. 카드 3에는 X가 아닌 다른 기호가 그려져 있다. 따라서 뒤집었을 때 반대면의 숫자가 짝수가 나온다면 이 또한 규칙에 어긋난다. 카드 2와 카드 4로는 이 규칙이 깨졌는지 아닌지 확인할 길이 없다. 카드 2의 숫자는 홀수이므로 규칙을 적용할 수 없고, 카드 4에는 X가 그려져 있으므로 규칙에 어긋날 수가 없다.

아들과 연료에 관한 퀴즈에서는 팀과 토드가 규칙을 어겼을 가능성이 있다. 팀은 차를 빌렸으니까 연료를 채워 넣지 않았다면 규칙을 어긴 셈이 된다. 따라서 팀의 카드를 뒤집어 봐야 한다. 토드는 연료를 채워 넣지 않았다. 그러므로 토드의 카드도 뒤집어서 차를 사용했는지 안 했는지 확인해야 한다. 차를 사용했다면 토드도 규칙을 어긴 것이 된다. 톰은 차를 사용하지 않았으므로 규칙이 적용되지 않는다. 테드는 차의 사용 여부를 떠나서 연료를 채워 넣었으므로 규칙을 어길 수가 없다.

기본 논리로 따지자면, 두 퀴즈는 완전히 똑같다고 할 수 있다. 그런데 일반적으로 사람들은 두 번째보다 첫 번째 퀴즈를 푸는 데 더 많은 어려움을 겪는다. 정답을 맞히는 확률도 첫 번째 유형의 문제에서는 25퍼센트인 반면에 두 번째 유형의 문제에서는 75퍼센트 정도로 높다. 달리 설명하자면, 이 문제를 정확히 푸는 능력은 당신이 논리적인 사람인지 아닌지와 거의 관계가 없다. 그보다는 과거 시절부터 내려온, 좀 더 현실적인 문제를 얼마나 잘 해결할 수 있는지와 훨씬 더 많은 관련이 있다. 여기서 말하는 해결해야 할 현실적인 문제란 바로 부정행위를 저지른 사람을 찾아내는 일이다.

인간에게 다른 사람의 부정행위나 속임수는 엄청난 위협을 뜻하는데, 특히 인류가 출현한 이후 대부분 지내온 열악한 환경에서 부정행위는 중요한 문제가 아닐 수 없었다. 인간은 유달리 모이는 걸 좋아하고 협동하며 살아간다. 물론 협동이란 면에서 인간을 능가하는 개미나 벌 같은 종도 있지만, 그런 곤충 사회에서는 각 개체가 유전적으로 매우 밀접하게 연관되어 있기 때문에 사회 전체가 말 그대로 하나의 대가족이나 마찬가지다. 하지만 인간의 경우에는 연관이 없는 사람들과도 쉽사리 만나서 종종 함께 일하는 걸 보면 인간의 협동심이란 정말 대단하다고 인정하지 않을 수 없다. 협동심은 인간에게 엄청난 이점을 제공한다. 공동 목표 달성을 위한 노동력 분배를 가능하게 해줄 뿐만 아니라 다양한 혜택을 제공한다. 이건 정말 대단한 일이다. 인간이 이만큼 성공할 수 있던 것도 협동심 덕이 크다. 서로 관련이 없는 사람들이 함께 일하면서 모두가 나눠 먹을 수 있는 파이를 키우니까 말이다.

　하지만 이렇게 바람직한 협력이 통하려면 더욱 커진 파이를 똑같은 크기로 나눠야 한다. 부정행위를 저지르거나 속이는 사람이 나타나는 순간 성공적이고 지속 가능한 파이 나누기도 끝날 수밖에 없다. 당신 머릿속에도 떠오르는 사람이 있을 것이다. 잭 같은 사람 말이다. 식사 계산을 하거나 종업원에게 팁을 주거나 비가 와서 누군가 차를 가지러 가야 할 때면 어디론가 사라지는 사람들이 있다. 오늘날에는 이런 행동이 사람들의 짜증을 유발하는 정도지만 인류 초기 시절에는 사느냐 죽느냐를 결정하는 문제였다. 따라서 협동이 주는 혜택을 보호하기 위해서 인간은 사회 계약을 위반하는 자들을 향해 주파수를 맞추게 되었다. 다른 사람에게 손해를 끼치면서 자신의 이익을 위해 원칙을 무시하는 사람들의 행위에 신경을 곤두세우고 귀신같이 잡아낸다.

　다시 퀴즈로 돌아가자. 홀수-짝수 카드에서는 논리적인 면에만 신경 쓰면 됐다. 사회 계약과는 아무런 관계가 없는 문제였고, 따라서 부정행위를 잡아낼 일도 없었다. 부정행위 탐지 회로는 뇌 속에서 침묵을 지키면서 논리 여부만을 따지는 문제에는 나서지 않도록 설계되어 있다. 하지만 연료를 채워 넣는 문제는 현실적으로 사회 계약 위반의 가능성을 담고 있고, 인간의 뇌는 어떻게든 그 사실을 알고 있다. 팀과 토드는 잠재적 사기꾼이다. 그리고 인간은 사회 계약 위반의 가능성을 탐지하는 데 뛰어나다. 그러므로 이 두 사람은 확실하게 우리의 눈에 뛴다.

요컨대 두 번째 논리 퀴즈의 정답을 알아내는 일은 무언가 상당히 다른, 인간의 뇌가 진화하는 환경에서 훨씬 더 현실적인 어떤 일에서 부수적으로 생긴 현상일 뿐이다. 그 어떤 일이란 잠재적 사기꾼을 잡아내서 자신을 보호하는 것이다. 사람들이 짝수-홀수 퀴즈에서는 어렵사리 정답을 찾은 반면에 자동차-연료 문제에서는 쉽사리 정답을 찾을 수 있었던 이유는, 일반적인 논리 문제 해결 능력이 아니라 구체적이고 명확한 목적을 위해 발달한 이런 타고난 능력 때문이다.

지름길 2 : 손실 회피

이런 가정을 해보자. 당신은 애틀랜타에 있는 미국 질병관리센터CDC의 면역 · 호흡기질환센터 책임자다. 변종 독감이 곧 유행할지도 모르는 위기 상황을 맞아 당신과 동료들은 지난주 내내 해결책을 알아내려 노력했다. 당신은 센터에서 가장 뛰어난 전염병학자에게 문제의 심각성을 예측해서 대처 방안을 제시하라고 지시했다. 아침에 열린 비상 대책 회의에서 다음과 같은 평가와 선택 방안이 제시되었다.

> I 해결 방안 없이 방치할 경우, 변종 독감으로 인한 사망자 600명 예상함.

II. 가장 유력한 두 가지 프로그램 중 선택할 수 있음. 두 프로그램 모두 비용과 실행 능력 면에서 동일함.

A. A 프로그램을 채택할 경우, 200명이 확실히 목숨을 구할 수 있음.

B. B 프로그램을 채택할 경우, 600명을 구할 가능성이 3분의 1이고, 한 명도 구하지 못할 확률은 3분의 2임.

당신은 직원들과 논의를 거듭한 후에 참담한 심정으로 A 프로그램을 택하기로 결정했다. 그리고 직속 부하에게 전체 상황과 두 가지 프로그램에 대한 설명을 간략히 정리하도록 한다. 당신은 부하가 정리한 보고서를 들고 상사인 센터 책임자에게 보고할 계획이다.

한 시간도 지나지 않아, 당신은 센터 책임자 사무실에 앉아 있다. 당신은 보고받은 그대로, 질병관리센터가 조치를 취하지 않으면 600명이 목숨을 잃을 것으로 예상된다는 내용을 책임자에게 보고한다. 보고서를 상사에게 건네며, 당신 팀에서 두 가지 선택 방안을 놓고 고민했고 당신은 첫 번째 프로그램을 추천한다고 말한다. 당신 상사는 혼란스러운 듯하다. 자기는 두 번째 프로그램에 더 마음이 간다고 한다. 보고서 내용을 다시 한 번 읽어 보던 당신도 갑자기 헷갈리기 시작한다. 보고서에는 이렇게 적혀 있었다.

• A 프로그램을 채택할 경우, 400명이 확실히 목숨을 잃게 됨.

- B 프로그램을 채택할 경우, 아무도 목숨을 잃지 않을 확률이 3분의 1이고, 600명이 목숨을 잃을 확률은 3분의 2임.

한 시간 전만 해도 첫 번째 프로그램이 분명히 더 좋아 보였는데 이제 보니 확신이 서질 않는다. 두 번째가 좀 더 나아 보인다. 이게 무슨 일인가?

혼란이 빚어진 이유는, 당신의 직속 부하가 두 가지 선택 방안에 대한 내용을 재구성했기 때문이다(표 2-1 참조). 처음 대화를 나눌 때는, 두 프로그램 모두 이득을 위주로 예상 결과를 설명했다. 대책을 세우지 않으면 무조건 600명이 죽는다는 가정 아래 각 프로그램이 몇 사람

표 2-1 | (가상의) 치명적인 질병 발생에 대처하는 두 가지 공중위생 프로그램 A와 B에 대한 서로 다른 방식의 설명

두 가지 선택 방안에 대한 처음 설명	
A 프로그램	200명의 목숨을 구할 수 있음
B 프로그램	600명의 목숨을 구할 확률이 1/3 아무도 구하지 못할 확률이 2/3

두 가지 선택 방안에 대해 직속 부하가 적은 설명	
A 프로그램	400명이 목숨을 잃게 됨
B 프로그램	아무도 죽지 않을 확률이 1/3 600명이 죽을 확률이 2/3

의 목숨을 구할 수 있는지에 대해 논의했다. 그런데 상사에게 건넨 보고서에는 손실을 위주로 한 예상 결과가 적혀 있다. 현재 상태에서 몇 사람이 목숨을 잃을 가능성이 있는지 설명하고 있는 것이다.

수학적으로는 당연히 아무런 차이가 없다. 설명 방식에 관계없이, A 프로그램을 채택하면 200명은 목숨을 건진다(따라서 400명은 목숨을 잃는다). B 프로그램을 채택하면 600명의 목숨을 구할 (따라서 아무도 죽지 않을) 확률이 3분의 1이고, 한 사람도 구하지 못할 (따라서 600명 모두 죽을) 확률이 3분의 2이다. 간단히 말해서, A 프로그램에 관한 두 가지 설명 모두 결과는 똑같다. B 프로그램도 마찬가지다. 두 가지 형태의 설명에서 차이점이라면 하나는 이득 위주, 다른 하나는 손실 위주로 결과를 설명했다는 점이다.

그런데 현실에서는 이게 그리 단순한 문제가 아니다. 결과를 어떤 식으로 구성하느냐에 따라 사람들의 선택도 달라진다. 표 2-2에서 볼 수 있듯이, 이득과 손실 중 어떤 부분을 위주로 결과를 설명했느냐에 따라 선택 결과 또한 극명하게 갈렸다.

사람들은 확실히 손실을 꺼린다. 즉 이득을 얻기 위해서보다는 손실을 피하고자 노력하는 사람이 대부분이다.

현재 상태에서 (잘못된 방향으로) 물러나는 결과가 나올 때 인간은 보통 그것을 손실로 간주한다. 하지만 기대에 미치지 못했을 때, 또는 어렵지 않게 더 좋은 결과를 얻을 가능성이 있다고 생각했다가 얻지 못

| 표 2-2 | 가상의 공중위생 프로그램 A와 B에 대한 선호도. 위쪽은 600명 사망이라는 기준을 놓고 이득을
위주로 한 결과를 설명함. 아래쪽은 위쪽과 똑같은 A와 B 프로그램의 결과를 현재 상태에서 발생
할 손실 위주로 설명함. 오른쪽 칸에 나타난 퍼센티지는 서로 다른 유형의 설명에 따른 사람들의
선호도임.

이득을 위주로 한 설명 (처음 설명)		
A 프로그램	200명의 목숨을 구할 수 있음	72%
B 프로그램	600명의 목숨을 구할 확률이 1/3 아무도 구하지 못할 확률이 2/3	28%

손실을 위주로 한 설명 (직속 부하가 적은 설명)		
A 프로그램	400명이 목숨을 잃게 됨	22%
B 프로그램	아무도 죽지 않을 확률이 1/3 600명이 죽을 확률이 2/3	78%

했을 때에도 역시 손해 본다는 생각을 한다. 이는 매우 중요한 사실이
다. 손실이란 늘 어떤 판단 기준점과 비교해서 발생하게 되어 있다. 판
단 기준점은 현재 상태일 수도 있고 예상되는 결과일 수도 있다. 심지
어 당신 차지가 될 수도 있었는데 아깝게 놓쳐 버렸다고 생각하는 그
어떤 것도 기준점이 될 수 있다.

골프를 생각해 보면 기대에 못 미치는 결과가 무엇인지 쉽게 이해
할 수 있다. 골프라는 운동의 특이한 점 중 하나는, 각 홀마다 파(이상
적인 기준 타수)를 정해 놓았지만 결국엔 각 홀 타수에 관계없이 전체 라
운드를 마친 후 총 타수를 기준으로 승자를 정한다는 점이다. 핸디캡

을 적용하지 않는 스크래치 플레이scratch play에서는 매 홀마다 파를 했는지, 9개 홀에서 보기를 했는지 버디를 잡았는지는 중요하지가 않다. 18홀을 다 돌고 나서 총 타수를 계산해 승패를 결정한다.

그렇다면 파가 무슨 의미가 있을까 싶다. 하지만 실제로 플레이할 때 파는 중요한 역할을 한다. 골퍼가 경기를 펼치는 동안 자신에게 미흡한 점이 있는지 없는지, 현재 컨디션이 어떤지를 보여 주는 강력한 지표의 역할을 하는 것이 파다. 전체 타수보다 더 중요한 역할을 한다고 할 수 있다. 즉 골퍼는 각 홀마다 오버 파는 손실이고, 언더 파는 이득이라고 느낀다. 인간은 이득을 취하려 힘쓰기보다 손실을 피하기 위해 더 많은 힘을 쓰기 때문에, 골퍼들은 언더 파를 유지하려 할 때보다 파를 할 수 있는 기회에서 오버 파를 피하기 위해서 더욱 열심히 한다.

다음에 소개하는 연구에서도 이 사실이 그대로 드러난다.

2004년부터 2008년까지 PGA 투어에서 경쟁을 펼친 골퍼들의 퍼팅 수를 조사해 보니 160만 개였다. 와튼Wharton의 연구원들은 퍼팅 당시 상황을 조사한 끝에 프로선수들이 다른 퍼팅 때보다 파를 위해 퍼팅할 때 성공률이 더 높다는 사실을 알아냈다. 즉 퍼팅할 때 '손실 회피loss aversion' 성향을 보인다는 결과를 확인할 수 있었다. 예를 들어 프로선수들은 오버 파를 할 가능성이 있다 싶으면 파 퍼팅을 성공시키기 위해 더 애쓰는 듯했다. 그 결과, 실제로 파 퍼팅을 성공할 확률이 높았다. 이런 현상은 새로운 그린에 적응해야 할 때도, 퍼팅 자세가 불안정해도, 예전에 그 대회에 참가한 적이 있든 없든, 버디 기회에서 불안감을 느끼든 자신감이 넘치든, 어떤 상황에서도 지속적으로 나타난다. 사실 파를 잡기 위해 추가적인 노력을 기울이는 것은 우습게 볼 일이 아니다. 퍼팅 하나로 100만 달러가 왔다 갔다 할 수 있으니까 말이다.

이는 골퍼에게만 국한된 현상이 아니다. 핵심 목표와 관련된 손실 회피 성향은 어디서든 볼 수 있다. 야구선수들은 시즌이 막바지에 다다르면 3할 타율(.300)을 기록하기 위해 평소와 다르게 행동한다. 숫자 뒤에 00으로 끝나는 라운드넘버round number는 심리적 저항선 역할을 한다고 한다. 고등학생들은 SAT 시험에서 라운드넘버보다 살짝 부족한 숫자의 결과를 받으면 다시 시험을 칠 확률이 높다.

인간은 자기가 조금만 더 다르게 행동해도 다른 결과를 얻을 수 있다고 생각할 때 더 많은 손실 회피 성향을 보인다. 그중에서도 가장 흥미로운 부분이 후회다. 후회란 조금만 더 노력했더라면, 조금만 달리 했더라면 결과가 달라질 수도, 즉 손실을 피할 수도 있었다는 믿음이다.

사람들이 느끼는 후회에 대해서 알아본 기발한 연구가 있었다. 대상은 올림픽에서 메달을 획득한 선수들이었다. 먼저 선수들을 관찰하고 공정하게 판단할 사람들을 선발한다. 이들에게 금메달리스트, 은메달리스트, 동메달리스트가 시상대에서 행복해하는 정도를 판단하도록 한 후 연구원들이 이에 따라 점수를 매겼다. 모두의 예상대로, 가장 기뻐하는 표정을 지은 사람은 금메달리스트였다. 그런데 특이한 점은, 동메달을 획득한 선수가 은메달을 획득한 선수보다 평균적으로 더 행복한 듯 보였다.

군이 올림픽에 출전해야 손실 회피 성향이 후회의 정도와 어떤 관계가 있는지 알 수 있는 건 아니다. 단 몇 분 차이로 버스나 비행기를 놓친 경험이 있는 사람이라면 내가 무슨 말을 하려는지 알 수 있을 것이다. 작은 차이로 결과가 바뀔 수 있었다면, 예를 들어, 조금만 더 빨리 걸었으면 버스를, 즉 내가 놓친 기회를 잡을 수 있었다고 생각하기 쉽다. 하지만 몇 시간이나 늦어서 버스나 비행기를 놓쳤다면 그때는 어차피 할 수 없는 일, 자신이 어쩔 수 없는 일로 간주하게 된다.

실제로 올림픽 출전 선수들이 어떤 생각을 하고 있었는지는 알 수가 없다. 하지만 은메달리스트의 얼굴에 나타난 표정이 후회였다고 말해도 무방할 듯하다. 2등은 조금만 더 잘했더라면, 조금만 더 노력했더라면 금메달을 따고 1등이 될 수도 있었다고 생각하기가 쉽다. 다른 (그리고 더 나은) 결과를 쉽사리 상상할 수 있기 때문에 은메달리스트는 손해를 봤다고 생각한다. 반대로 3등인 동메달리스트는 두 단계를 뛰어넘어 금메달을 딸 수 있었다고 생각하기보다는 아예 등수에 들지 못할 수도 있었는데 어쩌면 다행이라고 생각하기 쉽다. 사람들은 이득보다 손실을 더 크게 평가한다. 하지만 이득이니 손해니 하는 것은, 이렇게 저렇게 했으면 지금 상태가 달라질 수도 있었다는 상상에 일정 부분 기인한다. 상황이 조금만 달랐어도, 또는 조금만 더 좋은 결과가 나왔더라면 지금보다 더 나은 상황을 즐길 수 있었을 것이라는 생각이 쉽사리 떠오른다. 그리고 그런 생각 때문에 현재 상황이 손실처럼 느껴지는 것이다.

아깝게 금메달을 놓친 선수나 단 몇 분 차이로 아깝게 버스나 비행기를 놓친 당신이나 느끼는 아픔은 같다. 한참 늦게 와서 놓친 사람은 동메달리스트의 심정과 같다. 그러니 혹시 다음에 버스나 비행기를 놓치거든 올림픽 참가선수들이 느끼는 기분에 대해 생각해 보라. 파이팅!

지름길 3 : 현재 가치 선호

내 아내 지나는 운동을 매우 중요하게 생각한다. 매일 아침 몇 킬로미터씩 개를 산책시키는데, 걸음걸이가 어찌나 빠른지 나는 마치 경보 선수처럼 우스운 걸음걸이로 아내를 뒤좇아 다니곤 한다. 아내는 결혼 전 애틀랜타에 살았을 때는 매일 두어 시간씩 요가도 열심히 했다. 그래서 나는 아내가 살던 아파트에서 트레드밀을 봤을 때도 그러려니 하고 당연하게 생각했다. 내가 정작 놀랐던 이유는 트레드밀에 널린 옷들 때문이었다. 아무리 요가를 열심히 하는 사람이라도 트레드밀을 빨래 걸이로 사용하기는 마찬가지였다.

그렇다고 내 아내가 걱정할 필요는 전혀 없을 것 같다. 최근 구글 검색창에서 '트레드밀을 빨래 건조대로 사용하기'를 검색한 사람이 거의 200만 명이나 되니까 말이다. 노던 오하이오 스포츠 포럼Northern Ohio Sports Forum에 다음과 같은 광고가 실린 적이 있다.

트레드밀 판매 – 200달러. 1년 전에 구입해서 6주 정도 열심히 사용함. 이후로는 지하실에 보관하면서 빨래 건조대나 우리 애들과 친구들의 장난감으로 사용하고 있음. 상태 좋음. 남편이 생일선물로 사준 것이라 구입 가격은 모름. 관심 있는 분은 연락 바람.

그 부부가 아직도 함께 살고 있는지는 모르겠지만, 아내에게 생일선물로 트레드밀을 사주다니 남편의 용기를 인정하지 않을 수 없다. 〈컨슈머 리포트Consumer Reports〉가 실내 운동기구를 구입한 사람들을 대상으로 조사했더니, 조사 대상 중 3분의 1이 운동기구를 계획만큼 자주 사용하지 않는다고 대답했다. 〈행동의학회보Annals of Behavioral Medicine〉에 실린 논문에 따르면, 집안에 운동기구가 있으면 운동 프로그램을 시작하는 데 영향을 주지만 규칙적인 운동 프로그램을 유지하는 데는 도움을 주지 않는다고 한다. 심지어 중간에 운동을 그만둘 확률을 높일 수도 있다고 한다.

왜 우리는 멋지고 좋은 일을 하겠다고 열심히 계획을 세우고 새해

결심을 다지면서 운동기구를 구입하고 체중조절 프로그램을 시작하다가 포기하고 매번 제자리로 돌아오고 마는 것일까? 이 모든 것이 자기기만 행위 아닌가? 현재보다 더 나아지는 데 별 관심이 없다고 솔직하게 밝히고 차라리 시간과 돈을 절약하는 게 좋지 않을까? 아니, 그렇지 않다. 그렇게 빨리 포기해서는 안 된다.

지금이냐 나중이냐를 따지다

어떤 사물의 가치를 오랜 기간에 걸쳐 열심히 기록하는 일을 꼽으라면 은행 업무를 들 수 있다. 은행은 대출을 해주면서 지금 현재의 비용을 기록하고, 그 대가로 장기간에 걸쳐 돈을 납부하겠다는 약속을 얻어 낸다. 납부금의 총액은 은행의 대출 금액보다 액수가 크고, 그 차이는 부과된 이자가 된다.

빌려준 돈에 대해 이자를 부과하는 행위는 오랜 기간 동안 인간 역사에서 해서는 안 되는 행동으로 간주되었다. 초기 그리스와 로마에서도 이를 강력히 반대했다. 플라톤과 아리스토텔레스는 원금 이외에 이자를 받는 행위가 본질적으로 도리에 어긋난다고 여겼다. 로마 정치가 카토Cato, 로마 철학자 세네카Seneca, 그리스 철학자 플루타르코스Plutarchos는 대부 행위를 살인에 비유했다. 르네상스 이전까지, 가톨릭에서는 성직자들의 대부 행위를 법으로 금했다. 그러다가 어느 순간부터 인간의 두뇌가 명석해지기 시작했는지, 과하게 높은 이자가 나쁜 것이지 이자 자체는 나쁜 게 아니라는 생각이 통용되었다.

이 변화에 앞장서 이론을 정리한 사람은 16세기 살라망카대학의 마르틴 데 아스필쿠에타Martin de Azpilcueta와 그의 동료들이었다. 이 경제학자들은 돈과 관련해 시간적 가치time value가 있다고 주장했다. 지금 내돈 100달러가 1년 후에는 100달러 이상의 가치가 있다는 주장에는 다음과 같은 이유가 담겨 있다. 첫째, 내가 지금 100달러를 소유하고 있는데, 그 돈을 빌려주었다가 빌려 간 사람이 1년 후에 채무를 이행하지 않을 확률이 있다. 둘째, 나는 지금 소유한 100달러로 지금부터 1년 사이에 내가 원하는 의미 있는 일을 할 수도 있다.

사람들 대부분은 오늘의 100달러가 1년 후의 100달러보다 더 좋다고 생각한다. 할인율discount rate은 미래에 받을 돈이 지금 얼마의 가치를 갖는지 계산하는 셈법이다. 예를 들어 할인율이 5퍼센트라면, 지금의 100달러와 1년 후의 105달러는 가치가 같다.

돈의 시간 가치를 정량적으로 표시할 줄만 알면 일이 편리해진다. 할인율만 알고 있으면 지금 내 돈의 현재 금액과 미래 금액은 물론 시간의 변화에 따른 이익과 비용의 변화 흐름이 현재 가치를 나타내는 숫자로 간단히 표시된다. 이렇게 미래에 발생하는 특정 시점의 현금 흐름을 이자율로 할인하여 현재 시점 금액으로 환산하는 것을 순현재 가치net present value라고 한다. 어느 정도의 할인율이 옳다 그르다 할 순 없으나, 미국 정부는 3~7퍼센트의 할인율 사용을 권하고 있으며, 기간이 긴 프로그램, 예를 들어 미래 세대에게 혜택이 돌아갈 프로그램을 평가할 때는 더 낮은 할인율을 사용하기도 한다.

어떤 일이 언제 일어나느냐에 따라서 그리고 우리가 시간에 대해서 어떻게 생각하느냐에 따라서 그 일에 대한 매력이 더할 수도 덜할 수도 있다는 말이 이해가 간다. 정부의 할인율은 3~7퍼센트지만, 이익을 많이 내는 회사는 기회비용도 높기 때문에 더 높은 할인율을 적용할 수도 있다. 하지만 아무도 50퍼센트 정도의 할인율을 적용하지는 않는다. 그런데 예외적으로 이렇게 높은 할인율이 적용되는 곳이 있다. 우리의 일상생활이다. 보통 사람들은 일상적으로 미래에 일어날 일에 대해서 50퍼센트의 할인율을 적용하면서 살아간다.

다음의 두 가지 대안을 생각해 보자.

대안 1 : 오늘 100달러

대안 2 : 일주일 후 105달러

당신은 어떤 대안이 더 마음에 드는가? 이제 다른 두 가지 대안을 보자.

대안 A : 지금부터 1년 후 100달러

대안 B : 지금부터 1년하고 일주일 후 105달러

어떤 이들은 대안 1과 2 중에서 대안 1을 선택한다. 그 선택에는 아무 문제가 없다. 나중보다 지금 돈을 받고 싶은 데는 그만한 이유가 있을 테니까. 또 대안 A와 B 중에서는 대안 B를 선택하는 사람들도 있다. 그 선택 또한 문제가 되지 않는다. 일주일만 더 기다리면 5달러를 더 받을 수 있으니 말이다. 그런데 따로 보면 문제가 없어 보이는 이 두 선택을 함께 놓고 보면 문제가 발생한다. 대안 2보다는 대안 1을, 대안 A보다는 대안 B를 선택하는 결정을 동일한 할인율로는 설명할 수가 없기 때문이다. 대안 1을 선택하면 주당 적어도 5퍼센트의 할인율이 필요하지만, 대안 B를 선택하면 주당 5퍼센트 미만의 할인율을 의미한다.

대부분의 사람들은 가까운 미래에는 상대적으로 높은 할인율, 먼 미래에는 상대적으로 낮은 할인율에 영향을 받으며 행동하는 경향이 있다. 행동경제학자와 심리학자들은 이런 경향을 '하이퍼볼릭 디스카운팅hyperbolic discounting'이라 부른다. 하이퍼볼릭 디스카운트 성향이 강한 사람은 현재의 이득에는 참을성을 보이지 못하는 반면 미래의 이득에 대해서는 더 많은 인내심을 발휘한다. 하이퍼볼릭 디스카운팅을 함수와 그래프로 설명할 수도 있지만, 경험상으로 볼 때 사람들은 지금 당장보다 나중에 일어날 일에 50퍼센트 디스카운트를 적용한다. 하지만 먼 미래에 발생할 일에 대해서는 훨씬 더 많은 인내심을 가지고 행동한다. 간단히 말하자면, 일주일 기다리는 건 그리 중요한 일이 아니다.

지금 받을 수 있는 걸 일주일 기다리라고 하지만 않으면 말이다.

뒤로 미루기의 가치를 간단한 계산으로

현재 이 자리에서 들인 노력이 나중에 성과로 나타나는 일 가운데 대표적인 것으로 운동을 꼽을 수 있다. 즉 미래에 혜택을 받기 위해서는 현재 비용이 든다는 사실 때문에, 인간의 미루는 행동이 언제든 일어날 수 있는 대표적인 분야도 운동이다. 왜 그런지 50퍼센트 디스카운트 규칙을 사용해서 생각해 보자.

매번 운동을 할 때마다 들어가는 노력의 단위가 6이라 해보자. 즉 6만큼 노력의 '비용'이 들어간다는 말이다. 하지만 운동을 하면 그에 따르는 미래의 혜택이 있다. 기분이 좋아지고 오래 살 수도 있으며 타이트한 청바지도 입을 수 있다. 그런 혜택의 단위가 10이라 해보자. 표 2-3에서는 노력과 혜택을 계산해 놓은 점수를 보여 준다. 운동의 혜택은 (운동을 하는 순간에 비해) 나중에 발생하므로 50퍼센트를 디스카운트한다. 운동 계획을 세우는 단계에서 보면 운동에 들어가는 노력 역시 미래에 발생하므로 이 역시 50퍼센트를 디스카운트한다. 이제 비용과 혜택에 들어가는 단위를 공평하게 계산한 셈이다. 하지만 막상 운동을 해야 할 시간이 다가오면 노력에 대한 비용은 지금 발생하고, 따라서 디스카운트되지 않는다. 그런데 혜택은 여전히 미래에 발생할 예정이므로 디스카운트된다. 이렇듯 디스카운트의 급격한 차이 때문

표 2-3 | 미루는 행동의 수치화. 미래 혜택과 미래 비용은 50퍼센트 디스카운트한다. 현재 일어나는 비용은 디스카운트하지 않는다. 이에 따라, 바람직한 행동에 걸맞은 계획을 열심히 짜지만 그 계획을 실행하는 데 어려움을 겪는 현상이 발생한다.

새해 계획		운동하는 날	
나중에 받는 혜택 10	10 x 50% = 5	나중에 받는 혜택 10	10 x 50% = 5
나중에 들이는 노력 6	-6 x 50% = -3	지금 들이는 노력 6	-6
합계	+2	합계	-1
결정사항 : 운동을 해야지		결정사항 : 오늘은 아니야	

에, 우리는 진지하게 계획을 세워 놓고 계획 실행 순간이 다가오면 힘들어하다가 시간이 지나면 또 열심히 계획을 세운다. 다시 말해, 계획과 미실행의 악순환이 이어지는 것이다.

현재에 무게를 많이 둘 때 나타나는 현상은 세 가지로 볼 수 있다. 첫째, 가능한 한 현재와 가까운 순간에 보상을 원하게 된다. 되도록 빠른 시간에 보상을 받을수록 심리적 만족감이 커지기 때문이다. 둘째, 손실, 불편함, 비용을 되도록 먼 미래로 미루게 된다. 이런 요인들이 주는 아픔이 급격히 디스카운트되기 때문이다. 당연히 오늘의 미래는 내일의 현재가 된다. 결국 미뤄 두었던 비용과 불편함이 대거 밀어닥치게 마련이다. 마지막으로, 방금 봤듯이, 미래에는 혜택을 주지만 현재 비용을 발생시키는 행동은 계획을 세울 때는 매력이 넘치는 듯해도 계획을 실행할 시간이 다가오면 매력이 떨어진다.

　부모라면 누구나 자녀를 통해 현재에 집중하고 미래를 등한시하는 현상에 익숙하리라 본다. 내년까지 생각하는 결정은 부모의 몫인 반면에 즉각적인 결정은 두 살짜리 아이의 몫이다. 비침습적noninvasive(인체에 고통을 주지 않고 실시하는 검사 방법_옮긴이) 뇌 연구 결과에 따르면, 귀로 소리를 듣기만 해도 현재에 집중하고 미래를 등한시하는 현상을 뇌에서 찾아볼 수 있다고 한다. 예를 들어, 실험대상자에게 '지금 아이스크림을 드세요'같이 즉각적으로 결과가 나타나는 옵션을 제시하자 대뇌변연계limbic system가 환해졌다. 대뇌변연계는 계통발생적으로 오래된 영역에서 피질의 안쪽에 있으며 인간의 쾌락을 담당한다. 미래에 나타나는 결과가 포함된 옵션을 제시했을 때는 대뇌변연계가 아무 반응을 보이지 않았다. 반대로 전두엽은 뇌의 앞부분에 위치하며 사고력을 주관하고 행동을 조절한다. 또한 판단력, 감정 조절, 집중력 조절, 기획 능력 등을 책임진다. 전두엽은 현재 결과와 미래 결과를 포함한 말 둘 다에 동등하게 반응했다. 즉 아이스크림을 지금 먹거나 나중에 먹거나 똑같은 반응을 보인다.

　이 연구 결과는, 인간이 즉시 발생하는 결과와 미래에 발생하는 결과를(예를 들어, 미래에 받을 혜택을 위해 오늘 운동하는 것) 생각할 때, 뇌에서는 두 가지 시스템이 서로 다툼을 벌인다는 사실을 의미한다. 전두엽은 시간을 고려해서 비용과 혜택의 무게를 침착하게 재보는 반면

('운동을 해서 얻는 건강상 이득이 운동에 들이는 노력에 비해 더 크네'), 대뇌변연계는 그저 현재에 발생할 일에 대해서만 신경 쓰고 미래의 혜택은 무시한다('운동하기 싫어. 노력을 들여야 하니까'). 그런데 미래에 얻을 이익만을 생각할 때는 대뇌변연계가 흥미를 잃고 싸움에 참여하지 않는다. 그러면 전두엽이 비교적 조용하고 평화롭게 생각할 여유가 있는 상태에서 계획을 세울 수 있다. 계획 수립 과정에서는 장기적 관심을 따르지만, 그렇게 신중하게 세운 계획을 실행하는 과정에서는 분석 마비의 어려움을 겪는 이유가 여기에 있다.

습관 설계 디자인을 위한 7가지 전략

『습관의 경제학』을 떠받치는 주요 가설은, 인간의 뇌가 천성적으로 부주의와 게으른 습성을 타고났다는 것이다. 앞에서 봤듯이, 인간의 뇌는, 곧 인간의 타고난 성향과 여러 행동은 현재와 다른 과거의 시기나 장소에 알맞도록 발달되었다. 인간은 늘 집중하며 살 수 없는 존재이기에, 자연은 인간에게 몇 가지 생각의 지름길을 택할 수 있도록 해주었다. 우리 조상들은 이 생각의 지름길을 효과적으로 사용해 가며 위험한 환경에서 살아남을 수 있었다.

그런데 오늘날 주위 환경은 인간의 뇌가 따라잡지 못할 정도로 빠르게 변화하고 있다. 먼 옛날 아프리카 사바나에서는 매우 효과적이었던 지름길이 이제는 계속해서 문제를 일으키고 더 이상 통하지 않는다. 우리가 지닌 좋은 의도와 실제로 하는 행동 사이에 지속적으로 차이가 발생한다는 사실이 이를 증명한다.

시력 교정 안경을 통해 근시를 바로잡듯이, 우리는 몇 가지 전략을 사용해서 이 차이를 줄여 나갈 수 있다. 이 전략 원칙을 적용하는 일은 기본적으로 인간의 의식이 지닌 처리 과정의 한계성을 해결하기 위한 섬세한 리모델링 작업이다. 따라서 이를 습관 설계 디자인이라 칭하기로 한다.

3장에서 9장까지는 습관 설계 디자인의 중추를 이루는 일곱 가지 전략을 소개할 것이다. 표 2-4에서 보듯이, 일곱 가지 전략 중 세 가지는 사람들 대부분이 이미 지니고 있는 좋은 의도를 활성화하기 위한 강력한 메커니즘이다. '파워' 전략이라 할 수 있는 이 세 가지 전략은, 선택과 행동 개선에 상당한 효과를 거두고 있다는 사실이 여러 사례에서 이미 입증되었다. 따라서 가능하면 이 방법들을 활용하면 좋다. 파워 전략 이외에도 '향상' 전략 그리고 대단히 중요한 전략 한 가지를 추가로 소개한다.

Ⅰ. 3가지 파워 전략

   A. 능동적 선택 전략 – 사람들에게 시간을 두고 심사숙고한 후에 대안을 선택하도록 지시하라 (3장)

B. **자발적 잠금 전략 –** 사람들에게 미래에 직면할 선택을 오늘 내릴 수 있도록 만들어라 (4장)

C. **디폴트 세팅 전략 –** 바람직한 대안을 기본 대안으로 설정해 놓고, 하기 싫은 사람만 손을 뗄 수 있도록 하라 (5장)

II. 3가지 향상 전략

A. **흐름에 올라타기 전략 –** 사람들의 시선이 모이는 곳으로 자연스럽게 함께 가라 (6장)

B. **리프레이밍 전략 –** 사람들이 대안에 대해 생각하고 반응하는 데 사용하는 언어의 틀을 짜라 (7장)

C. **업혀 가기 전략 –** 바람직한 선택 내지 행동을 사람들이 이미 좋아하고 참여하는 행동을 통한 부산물로 얻어 내라 (8장)

III. 최상의 전략

A. **간이화 전략 –** 막힘없고 손쉽게 결정할 수 있도록 만들되 덜 바람직한 대안이 선택될 가능성이 있다면 다시 한 번 생각하게 만들어라 (9장) 어떤 것은 쉽게, 어떤 것은 어렵게 만들어야 한다는 마지막 전략에 '최상'이라는 단어를 사용한 이유는 이 이론이 여러 면에서 모든 전략에 적용될 수 있기 때문이다. 사람들을 올바른 선택을 향한 길로 인도하고 그 길을 가능한 한 편안하게 만들어라. 그

리고 자신이 잘못된 길로 들어섰는지 아닌지 분별하고 판단할 수

있도록 잠시 속도를 늦추게 하라

사실 어떤 전략이 앞에 오고 뒤로 가느냐는 중요하지 않지만, 이 책에서는 2부에서 세 가지 파워 전략을 먼저 소개한 다음에 3부에서 향상 전략을 그리고 마지막 4부에서 최상의 전략을 소개하기로 한다.

각 장마다 이해하기 쉬운 사례들을 통해 각 전략이 어떻게 성공적으로 적용되는지를 알 수 있도록 했다. 앞으로 보게 되겠지만, 뛰어난

표 2-4 7가지 전략의 도식화. 각 전략은 한계를 지닌 인간 뇌의 부주의와 타성을 해결하기 위해 고안되었다. 가로축은 전략마다 어떤 요인(부주의 측면 아니면 타성 측면)에 집중하는지 보여 준다. 세로축은 동일한 성질을 지닌 전략들을 세 가지 범주로 묶어 놓은 것이다.

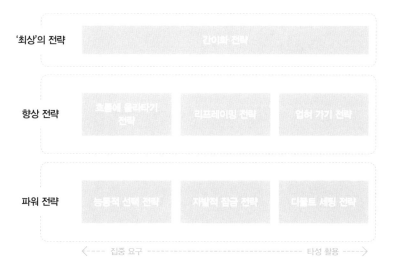

습관 설계 디자이너는 행동 실행에 따르는 어려움을 해결하기 위해 종종 한 가지 이상의 전략을 섞어 사용하기도 한다. 이 책에 소개한 사례들 중에서도 기본 전략을 위주로 보조 전략을 추가로 활용한 경우를 볼 수 있다. 그리고 장 말미에는 각 전략을 실행하는 데 현실적으로 고려해야 할 사항들을 소개하면서 각 장을 마무리할 것이다.

PART 2

습관도 전략이다

능동적 선택 전략
의도를 바꾸려 들지 말고,
단지 선택을 요구해 활성화하라

2008년 5월 초, 미국 대통령 후보 민주당 인디애나 예비경선이 실시될 즈음이었다. 후보였던 버락 오바마와 힐러리 클린턴은 1월에 경선이 시작된 이후 4개월 동안 살얼음판을 걷고 있었다. 대의원 수에서는 오바마가 앞서고 있었다. 하지만 민주당 전국 위원회Democratic National Committee의 결정을 무시하고 일방적으로 미시간 주와 플로리다 주에서 경선을 1월로 앞당겼다가 당선 결과가 무효로 돌아가는 사건이 있었고, 이 때문에 향후 선거의 행방은 오리무중이었다. 민주당 대통령 후보 지명에 필요한 2,117명의 대의원을 확보하기에는 두 후보 모두 갈 길이 멀었다. 오바마는 인디애나에서 승리하면 최종 후보가 될 수 있었으나 힐러리에게 1퍼센트 이내의 근소한 차이로 패배하고 말았다.

나중에 오바마는 결국 민주당 대통령 후보가 되었고, 미국 대통령 선거에서 공화당 대통령 후보와 맞붙었다. 오바마 선거 유세팀은 인디애나 주에서 승리하기 위해 밤낮없이 일했다. 인디애나에서 승리를 거두면 대박을 맞은 셈이나 다름없었다. 미국의 러스트 벨트rust belt(미시간, 오하이오, 인디애나, 웨스트버지니아, 위스콘신 등 미동북부 일대를 지칭함_옮긴이)에 속하는 인디애나는 공화당 우세 지역이었다. 4년 전에는 부시가 20퍼센트 이상의 차이로 케리에게 압승을 거두었다. 실제로 17개 뉴스에서 인디애나 주의 예상 결과를 보도했는데, 오바마의 우세를 예상한 보도는 단 하나도 없었다. 전혀 승리를 예측할 수 없었다.

사실 그리 놀랄 만한 예측은 아니었다. 인디애나 주 주민 다섯 명 중 네 명이 30대 이상의 백인으로, 오바마보다 존 매케인을 16퍼센트 포인트 이상 선호하는 것으로 나타났다. 오바마 선거 유세팀도 승리가 쉽지 않다는 사실을 잘 알고 있었다. 이들은 어떻게 30대 이상 백인 위주인 유권자의 표심을 매케인에게서 오바마로 돌릴 수 있었을까?

인디애나 유권자의 마음을 돌리기가 힘들다는 것은 그들도 알고 있었다. 그래서 뭔가 다른, 훨씬 효율적인 방법을 택하기로 했다. 인디애나의 젊은 층을 투표장으로 끌어내기로 한 것이다. 백인 중장년층 사이에서는 매케인이 유리한 고지를 점령하고 있었지만 청년층에서는 사정이 달랐다. 18~29세의 청년들 사이에서는 오바마의 인기가 두 배 정도 높았다. 청년층에서는 인종에 관계없이 오바마를 더 좋아했다. 이 나이대의 청년들 중에서 백인층만 따져도 매케인에게 44퍼센트, 오바마에게 54퍼센트의 지지를 보내고 있었다. 오바마 캠프는 선거 유세에서 인디애나 유권자들의 마음을 바꾸기 위해 노력하지 않았다. 대신 더 많은 젊은이들을 투표장으로 끌어들이는 데 집중했다.

오바마 선거 유세팀은 자신들의 후보를 뽑아 달라고 말하기보다는 유권자 중에서 특정 대상의 잠재 수요latent demand에 기대를 걸었다. 그들은 젊은 층이 오바마를 선호한다는 사실을 알고 있었다. 이제 문제는 어떤 후보를 뽑아야 한다고 유권자를 교육하거나 설득할 수 있느냐가 아니었다. 젊은 유권자들이 투표장에서 오바마에게 표를 주지 않으면 어떡하나 하는 우려는 없었다. 젊은 층이 아예 투표장에 오지 않으면 어떡하나가 관건이었다. 오바마가 젊은 사람들 사이에서 아무리 인기가 좋다 해도 그들이 투표하지 않으면 모두 헛일이기 때문이었다. 잠자고 있는, 오바마에 대한 수요를 깨워야 했다.

오바마의 '나가서 투표하세요get out the vote' 투표 촉구 캠페인은 효과가 있었다. 인디애나에서 오바마는 매케인을 눌렀다. 하지만 실질적인 효과는 미미했다. 근소한 차이로 판정승을 거둔 셈이었다. 자, 그렇다면 KO승을 거둘 수 있는 방법은 없는 걸까. 잠재 수요를 활성화할 수 있는 더 강력한 전략을 알아보기 위해 이번에는 정치 세계가 아닌 강아지의 세계를 살펴보도록 하자.

어느 구호 단체의 경기 침체 피해 가기

2007년부터 2011년까지 미국은 경제적으로 유달리 힘든 시기를 겪고 있었다. 국내총생산은 2008년 감소를 보인 이후 제자리걸음을 하고 있었고, 5퍼센트 이하였던 실업률은 9퍼센트 이상으로 뛰어올랐다. 스탠더드 앤드 푸어스S&P 500 지수는 약간의 회복세를 보이고 있었지만 이미 2008년에 시가총액이 거의 반 토막 난 상태였다. 그러니 2007년에 3,100억 달러로 최고 기록을 세웠던 자선 기부금이 3퍼센트 줄어든 것도 그리 놀라운 일은 아니었다.

하지만 이런 가운데서도 경기 불황을 비웃듯 성공을 거둔 비영리단체가 한 군데 있었다. 바로 펫스마트 체러티스PetSmart Charities였다. 이 구호 단체가 받은 일인당 기부금 액수는 같은 기간 동안 85퍼센트라는 놀라운 수치의 증가세를 보였고, 2012년에 받은 현금 기부금 4,300만 달러 중 4,150만 달러가 개인 기부자에게서 나왔다. 강아지와 고양이가 귀엽다는 거야 누구나 아는 사실이긴 하지만, 경기 침체 시기에 이런 성장을 거두었다는 사실은 놀라울 따름이었다.

비영리 단체인 펫스마트 체러티스의 성공은, 영리단체로 활동하는 애완동물용품 전문 소매업체인 펫스마트PetSmart, Inc.와 밀접한 관계를 맺고 있다. 한마디로 펫스마트 체러티스의 성공 비결은 펫스마트 상점의 계산대 줄에 숨어 있었던 것이다. 비밀은 손님이 구입한 물건을 카드로 계산하려는 순간에 있었다. 계산대에서 구매 총액을 찍으면 카드 승인이 떨어진다. 그런데 바로 그 순간에, 금액을 입력하고 카드 승인이 떨어져 판매가 이루어지려는 딱 중간 시점에 이런 메시지가 뜬다.

'집 없는 애완동물 구조를 위해 기부하시겠습니까?'

고맙게도 화면에는 기부 금액을 선택할 수 있는 번호들이 나타남과 동시에 빨간색으로 크게 아니요 버튼도 떠오른다. 아니요 버튼을 누르는 모습을 옆 사람들이 모두 볼 수 있다는 생각을 하는 순간 고객은 침을 꿀꺽 삼키게 된다.

이런 전략을 '능동적 선택active choice'이라 한다. 능동적 선택은 사람들이 진행 과정 중에 멈춰 서서 두 가지 이상의 제시된 대안 가운데 선택하도록 만드는 방식을 말한다. 펫스마트 체러티스 같은 경우는, 집 없는 애완동물 보호를 위한 기부에 대해 결정하도록 고객들에게 요구한 사례라 볼 수 있다. 애완동물을 위해 기부하는 행위가 선한 행동이라고 고객들을 설득하는 대신, 단지 기부할 것인지 말 것인지를 선택하도록 했다. 애초에 기부 의사가 없던 사람들을 설득하기보다 집 없는 애완동물을 위해 자선을 베풀 의향이 있는 잠재 수요를 타진한 것이다. 펫스마트는 지불 과정에서 고객들의 매우 제한된 주의집중을 이용할 수 있다는 점을 이해했다. 그리고 구호 단체 기부에 대한 질문을 던져 고객들의 관심을 요구하는 방식을 사용했다.

능동적 선택은 주유소에서도 자주 사용하는 방식이다. 주유하는 고객들에게 세차를 하겠느냐고 묻는 것도 능동적 선택 전략이다. 특별히 꼬드기지도 않고 강압적인 광고를 틀어 주지도 않는다.

주유하는 과정에 잠깐 한 번 물어보는 질문이 차를 더 깨끗하게 유지하고 싶어 하는 고객들의 잠재 수요를 타진하기에 충분한 역할을 한다. 이와 유사한 사례는 현금 자동 입출금기에서도 볼 수 있다. 자동 입출금기를 사용하다 보면 영수증을 원하느냐는 질문이 뜬다. 비즈니스에서 능동적 선택 방식을 활용하는 이유는 효과가 있기 때문이다. 사람들의 마음속 기저에 깔린 의도와 표면에 나타나는 일상 행동 사이에 공백이 생긴다는 점을 비즈니스는 파악하고 있다. 그리고 고객들을 세워 놓고 선택을 하겠느냐고 묻는 방식이 그 공백을 메우는 강력한 수단이라는 사실도 잘 알고 있다. 능동적 선택에 대해 좀 더 알게 되면 이 방식이 우리 일상에서 얼마나 많이 활용되고 있는지 보이기 시작한다.

처방의약품 가정배달에 관한 미스터리

유지 약제는 환자들이 만성질환 치료를 위해 매일 복용하는 약을 말한다. 유지 의약품을 복용하는 환자들은 몇 가지 선택을 할 수 있는데, 그중 하나가 약 구입 장소를 선택하는 일이다. 동네 약국에서 약을 구입할 수도 있고, 아니면 처방약 조제-우송 서비스를 통해 집으로 배달받을 수도 있다.

처방의약품 가정배달은 유리한 점이 많다. 동네 약국 구입에 비해서 복약 순응도가 높고, 비용도 적게 들며, 조제 정확도도 높다. 게다가 약품이 집까지 배달되고, 약이 더 필요하면 온라인상으로 주문할 수 있으니 편리하다. 마지막으로, 보험회사에서는 환자가 소매점 구입보다는 가정배달을 활용할 때 돈을 절약할 수 있도록 환자 부담금액을 계산해 계획을 세운다. 어느 모로 보나, 처방의약품 구입처를 고려한다면 당연히 가정배달을 선택하는 것이 맞다. 그러나 대부분의 환자들은 강요받지 않는 이상 의약품 가정배달보다 소매점 구입을 선택한다.

이 현상은 두 가지 해석이 가능하다. 첫째, '객관적으로 보면, 가정배달이 더 낫다. 하지만 환자들은 실질적으로는 가정배달을 싫어한다. 약국에 몸소 가서 구입하는 걸 보면 알 수 있다.'는 해석이다. 이 해석이 옳다고 생각하는 사람은 이렇게 결론 내릴지 모른다. 가정배달의 장점이 아직 그리 크지 않으므로 가정배달 시 들어가는 환자 부담금을 더 내려야 한다. 그러면 직원들과 보험회사는 훨씬 더 큰 비용을 치러야 할 수도 있지만 말이다. 또는 가정배달 서비스는 그냥 포기하는 게 좋겠다는 결론을 내릴 수도 있다.

두 번째 해석은 완전히 다르다. 그리고 하버드대학의 행동경제학자

데이비드 레입슨David Laibson에게서 배운 내용이기도 하다. '속단은 이르다. 사람들이 소매 약국을 찾는 이유는 가정배달보다 동네 약국이 더 좋아서가 아니라 바꿔 보려는 생각을 해본 적이 없기 때문일 수도 있다.' 이 말은, 가정배달이 얼마나 좋은지 달콤한 말로 포장해서 제안해 봐야 별 소용이 없을 거라는 뜻을 담고 있다. 대신 가정배달에 대한 근본적인 관심을 활성화하는 데 주력해야 한다는 점을 시사하고 있다. 우리 팀은 이 해석에 주목하면서 더 깊이 알아보고자 했다.

어떤 해석이 옳은 해석인지 알아보는 방법 중 하나는 능동적 선택 접근방식을 실행하는 것이다. 길에서 환자들을 멈춰 세우고 원하는 것이 무엇인지 정확히 말해 달라고 요청하는 방식을 사용하기로 했다. 만약 첫 번째 설명이 옳다면, 소매 약국에서 약을 구입하는 사람들 모두가 소매 약국이 더 좋다고 정확히 말해 줄 것이다. 하지만 만약 두 번째 설명이 옳다면, 환자의 상당수가 가정배달 서비스로 약을 받고 싶다고 말해 줄 것이다.

우리는 대형 약국 앞에서 능동적 선택 방식을 실행해 보았다. 약국에서 약을 구입하는 사람들을 모두 확인한 후 그들의 어깨를 붙잡고 멈춰 세운 다음 이렇게 말했다. "계속해서 소매 약국에서 약을 구입하고 싶은지, 아니면 가정배달을 통해서 약을 받고 싶은지 저희에게 말씀해 주세요. 저희는 어느 쪽이든 관계없습니다. 지금 하시는 대답 때문에 재정적 혜택이 바뀔 일도 없습니다. 어디서 약을 구입하고 싶은지 저희에게 말씀해 주시기만 하면 됩니다."

이런 식으로 이야기했을 뿐인데 놀라운 일이 벌어졌다. 소매 약국에서 유지 약제를 구입하던 사람들 중에서 거의 반이 가정배달로 구입처를 변경했다. 그 결과, 가정배달 주문 서비스를 통해 처방의약품을 구매하는 비율이 16퍼센트에서 30퍼센트 이상으로 증가했다. 더 놀라운 사실은 구입처를 변경한 사람들에게서 변경 사항에 대해 어떤 불평도 나오지 않았다는 점이다. 우리는 이 프로그램을 적절한 규모에 맞춰 실행했고 현재는 가정배달을 선택하라는 의미에서 SHD_{Select Home Delivery} 프로그램이라 부른다.

현재까지 익스프레스 스크립츠는 수백 명의 고객들을 위해 SHD를 실행해 왔는데 그 효과가 아주 좋다. SHD를 사용하면서, 강요하지 않고도 별 혼란 없이 고객들에게 더 낮은 비용으로, 의학적으로 더 나은 수단으로 옮겨 탈 수 있게 할 수 있다는 사실을 증명한 셈이다.

습관 설계 디자이너들은 왜 가정배달 선택하기 프로그램이 성공을 거두는지 이해하고 있다. 소매 약국에서 의약품을 구매하는 행동이 크게 잘못된 것은 아니다. 게다가 가정배달 서비스로 구입 경로를 바꾼다고 해서 크게 신 나는 일이 생기지도 않는다. 그러니 많은 환자들이 구입처를 바꿀 이유가 없다. 부주의와 타성이 자리 잡은 상태에서, 환자들의 주의력은 다른 곳에서 능력을 발휘하려고 한다. 그 결과, 환자 대부분은 계속해서 소매 약국에서 유지 약제를 구입하고 만다. 사람들의 주의력이 고작 50비트만큼의 희소한 자원임은 또한 능동적 선택이 왜 그리 강력한 힘을 발휘하는지도 설명해 준다. 우리가 환자들에게 했던 얘기의 요점은, 자신이 원하는 의약품 구매처에 대해 확실한 결정을 내릴 수 있을 만큼만 충분히 주의를 기울여 달라는 것이었다. 그런데 이 방식이 소매 약국을 사용하는 사람들 중에서 은근히 가정배달에 관심을 가지고 있던 사람들의 마음을 두드렸던 것이다. 우리는 강제적으로 시키지도 않았고 설득도 하지 않았다. 단지 올바른 결정을 내리기에 충분할 정도로만 사람들의 주의집중력이 향하는 방향을 전환했을 뿐이다.

단 음식 멀리하기

주위에 이런 사람을 본 적이 있을 것이다. 책상 한편에다 사탕이며 초콜릿을 담은 접시를 늘 올려놓는 직원 말이다. 어느 직장이든 이런 사람이 한두 명씩은 있기 마련이다. 동료 직원들은 아침 점심으로 지나갈 때마다 한 번씩 그 책상으로 모여든다. 책상에 사탕 접시를 놓아두는 행위는 동료 직원들이나 처음 오는 사람들을 환영한다는 의미에서 좋은 행동이라 할 수도 있지만, 손이 닿는 거리에 있는 사탕 접시는 책상 주인에게는 매우 위험한 일이 될 수 있다.

코넬대학교 교수이자 『나는 왜 과식하는가:무의식적으로 많이 먹게 하는 환경, 습관을 바꾸는 다이어트』의 저자, 브라이언 완싱크Brian Wansink는 평생을 음식 섭취 행태 연구에 바치면서 한 가지 흥미로운 결론에 도달했다. 음식을 두고 사람들이 하는 선택이 계획적이 아니라 대부분 자동적으로 이뤄지며, 따라서 주위 환경에 의해 식사 습관이 형성된다는 사실이다. 그는 여러 가지 연구 결과를 내놓았다. 예를 들어 파리 시민들은 배가 부르면 식사를 멈추는 데 반해 시카고 사람들은 눈에 보이는 음식이 더 이상 없어야 식사를 멈춘다. 사람들은 길고 호리호리한 잔에 따른 액체의 양은 실제보다 많게 평가하지만 짧고 넓은 잔에 따른 액체의 양은 실제보다 적게 평가한다. 그래도 그의 연구 결과들 중에서 가장 흥미로운 결과 중 하나를 대라면 바로 사무실의 사탕 접시를 들 수 있다.

완싱크는 사탕 접시가 투명하고 손이 닿을 만한 근거리에 있으면 무의식적으로 먹게 될 확률이 높다고 생각했다. 그래서 접시가 불투명하고 손이 쉽게 닿을 수 없는 거리에 있으면 직원들의 사탕 섭취가 줄어들 것이라는 가설을 세웠다. 그의 예상은 적중했다. 투명 접시를 불투명 접시로 바꾸고 그 접시를 약 2미터 정도 떨어진, 직원들이 의자에서 일어나야지만 사탕을 집을 수 있는 곳에 두었더니 개인별 초콜릿 섭취가 하루에 두 개 정도 줄어들었다. 하루에 초콜릿 두 개를 줄인다는 말은 매일 약 77칼로리의 섭취를 줄인다는 말이고, 이는 1년 후약 2.3킬로그램의 체중을 줄인다는 뜻이다.

간단한 변화만으로 여러 가지 일들이 일어날 수 있다는 걸 보여 준다. 하지만 여기서 핵심은 사탕을 먹는 행위가 아무 생각 없이 이뤄지던 행동에서 '능동적 선택'을 요구하는 행동으로 바뀌었다는 점이다. 연구에 참여한 직원들은 맛있는 초콜릿을 향해 무의식적으로 손을 뻗는 대신에 초콜릿을 먹을지 말지 한 번 더 생각한 다음 결정을 내려야 했다.

이와 똑같은 기법을 가정에서도 활용할 수 있다. 식사로 무엇을 먹을지 결정할 때 건강에 좋은 음식을 먹고 싶다는 가족의 의도를 실행에 옮길 수 있는 것이다. 예를 들어 보자. 저녁식사를 차릴 때, 샐러드와 야채, 물병은 식탁 위에, 손만 뻗으면 닿을 만한 거리에 둔다. 그리고 고기, 감자튀김, 와인이나 맥주 또는 청량음료는 부엌 조리대에 둔다. 이렇게 음식 위치를 배열하면 능동적 결정을 활용해야 한다. 맛있는 샐러드 한 접시를 먹기 전에 굳이 술을 한 잔 마셔야만 하는지, 샐러드 대신 감자튀김 한 접시를 먹어야 하는지 스스로 잠시 생각을 하게 되고 자신이 진정으로 원하는 음식이 무엇인지를 결정해서 선택하게 된다는 말이다. 이렇게 한다고 해서 브래드 피트나 제니퍼 로렌스처럼 할리우드 스타가 되지는 않겠지만, 적어도 당신이 마음속으로 원했던 음식을 선택해서 먹는 데는 도움이 될 것이다.

능동적 선택을 활용한 디자인

특정 행동을 개선하기 위해 능동적 선택 전략을 활용할 수 있는 방법을 살펴보도록 하자. 운전 중 휴대전화를 이용해 문자를 주고받는 운전자의 행동을 방지하기 위해 노력하는 자동차 제조업체를 예로 들어보겠다. 자동차에는 블루투스를 통해 스마트폰을 사용하거나 핸즈프리로 전화를 걸 수 있는 장치들이 있다고 가정한다.

능동적 선택을 활성화하는 데는 세 가지 중요한 단계가 있다. 기존의 과정 중단시키기, 정답 선택 제시하기, 그리고 당사자의 선택에 따라 실행하기다. 이 세 가지 단계 중에서 일반적으로 두 번째 단계가 가장 쉽다. 해결책을 디자인하는 사람이라면 어떤 선택을 정답으로 제시해야 하는지 다들 알고 있기 때문이다. 자동차에서 운전자가 해야 하는 선택은 분명하다. 운전 중 자신의 스마트폰을 통해 문자 메시지를 보내거나 받도록 그냥 둘 것인지 말 것인지 결정하는 일이다.

디자이너의 관점에서 볼 때는, 중단시킬 과정 찾아내기와 이미 내려진 결정에 따라 조치 취하기 단계가 작업하기 힘든 부분이다. 자동차를 다시 예로 들자면, 운전자는 저마다의 운전 습관을 지니고 있다. 좌석에 앉아서 시동을 걸기까지의 과정 말이다. 따라서 이 환경에서 능동적 선택을 활성화하려면, 운전자의 시동 거는 과정을 멈춘 다음 문자 주고받기 기능을 허락할 것인지 말 것인지 결정하도록 해야 한다.

다만 차 시동 걸기 과정을 중단하는 행위가 문제를 일으킬 소지가 있다는 점을 주의해야 한다. 예를 들어, 운전자가 내린 결정 사항을 시스템이 인식하지 못하고 오작동하면 차가 아예 시동이 걸리지 않을 수도 있다. 그렇다면 디자이너가 할 수 있는 일은, 잠시 멈춤 기능을 사용해 중간에 과정을 완전 중단시키되 일정 시간이 지나도록 아무 선택이 내려지지 않으면 자동적으로 다음 과정으로 넘어가도록 만드는 것이다. 그에 따라, 운전자가 운전 중 문자 메시지 사용에 대해 선택을 내릴 수 있도록 일단 5초의 시간을 준다. 그동안은 차 시동이 걸리지 않도록 만든다. 만약 운전자가 아무런 선택을 하지 않은 상태로 5초가 지나면 자동차가 정상적으로 시동이 걸리게 한다.

이미 내린 결정에 대해서는 어떻게 조치를 취할 것인가? 운전자가 문자 주고받기를 허락하기로 결정한다면, 디자이너는 언제 다시 같은 질문을 할 것이지 결정하는 일 외에는 달리 할 일이 없다. 이런 방법을 생각해 볼 수도 있다. 만약 운전자가 문자 주고받기를 허락하면, 그 결정이 하루 동안 지속되도록 만드는 것이다. 만약 문자 주고받기를 거부한다면, 그 결정은 차 시동을 끄는 순간까지 유효하도록 설정할 수 있다. 운전자가 다시 자동차 시동을 걸려 한다면 문자 메시지 수신 여부를 확인하는 과정을 다시 거치도록 만드는 것이다.

만약 운전자가 문자 주고받기 기능을 꺼버리기로 결정한다면 문제가 약간 복잡해진다. 그때는 자동차가 휴대전화 작동 방법을 변경할 줄 알아야 하기 때문이다. 즉 문자 발신을 막아야 하고, 수신 문자에 대해서도 전화기 화면이나 소리를 통한 알림 기능이 작동하지 못하도록 하는 기술이 있어야 한다. 이 문제는 스마트폰 제조업체와 함께 풀어 가거나, 아니면 운전자가 휴대전화에 설치할 수 있는 응용 소프트웨어를 만들면 해결할 수 있다.

이처럼 능동적 선택을 활성화하기 위해서는 여러 사항에 대해 고려하고 결정을 내리는 과정이 필요하다. 그중 일부는 매우 중요한 부분이라 특별히 강조하고자 한다.

첫째, 능동적 선택 전략의 대상이 된 의사결정자는 결정을 내릴 수 있을 만큼 충분한 정보를 지니고 있어야만 한다. 여기서 '충분한'이란 어떤 대안을 제시하느냐에 따라 다르다. 펫스마트 구호단체의 사례에서는, 사실 기부금 사용처와 '집 없는 애완동물'에 대한 정의를 놓고 모호한 점이 없지 않았다. 하지만 펫스마트에서는 고객이 원치 않으면 다음 과정으로 넘어가도록 대안을 마련해 두었기에 기부금 사용처와 집 없는 애완동물에 대해 구체적인 추가 설명이 없어도 별 문제가 되지 않았다. 기부금 사용처에 대해 더 자세한 설명이 없어 기부를 꺼리는 고객이라면 기부하지 않겠다는 선택을 하면 그만이었다. 하지만 일반적으로 선택에 필요한 정보를 충분히 제공하지 않은 상태에서 일련의 대안을 제시하고 누군가에게 선택하도록 요구하는 행위는 문제를 일으킬 수 있다. 습관 설계 디자이너는 자신이 디자인하는 무언가에 대해 누군가가 결정을 내리기 위해서 최소한 어느 정도의 정보를 알고 있어야 하는지 신중히 생각해 봐야 한다. 그리고 다른 사람들도 그 정보를 당연히 알고 있을 것이라고 가정해도 무리가 없는지, 혹시 필요할지도 모르는 추가 정보를 제공하기 위해서는 어떤 방법이 가장 좋은지에 대해서도 깊이 생각해 봐야 한다. 예를 들어 운전 중 문자 주고받기를 허락할지 거부할지 결정해야 하는 운전자 입장에서는 운전하는 동안은 문자 주고받기를 계속 꺼두겠다는 것인지 아니면 일정 시간 동안만 꺼두겠다는 것인지 정확히 알고 싶어 할 수도 있는데, 디자이너가 이런 점을 미리 숙지하고 있어야 한다는 말이다.

둘째, 습관 설계 디자이너는 사람들이 결정을 내린 이후 그 결정을 바꾸는 행위를 허락할지 말지 처음부터 결정해야 한다. 여기서는 두 가지 방식을 택할 수 있다. 첫 번째 방식은 예외 허용 처리 메커니즘을 제공하는 것이다. 의사결정자가 재정 상황의 급격한 변화 같은 '정당한' 이유로 자신의 결정을 바꾸고 싶어 한다면 그 요청을 받아 준다. 이 방식은 공정하다는 평을 받기는 하지만 어떤 이유가 정말로 '정당한'지 파악하고 그에 따라 예외 사항을 지원하고 실행할 수 있는 과정을 구축해야 한다는 단점도 있다(이 방식을 살짝 변환해서 이유 여하를 막론하고 어떤 변경 요청이든 받아주는 예외 처리 메커니즘을 제공할 수도 있다). 두 번째 방식은 어떠한 예외도 허락하지 않는 것이다. 따라서 직원들에게는 일이 한결 수월해지는 면도 있지만 공정하지 않다는 평을 받기도 한다. 최적의 방식은 그 조직의 문화, 고려하는 결정 사항의 특성 또는 종류, 개인의 결정 변경에 따라 조정하는 데 드는 비용, 그 변화를 운용할 수 있는 능력 등 여러 다른 요인에 따라 선택이 달라진다. 앞에서 언급한 자동차 회사라면, 예외를 인정하지 않는 방식을 택할 수 있다. 왜냐하면 문자 주고받기를 중단시키는 결정은 시동이 꺼지는 순간까지만 유효하도록 설정하면 되기 때문이다. 하지만 경찰서나 소방서 등에 보내는 긴급 문자는 허용하는 방안도 충분히 고려할 만하다.

능동적 선택을 작동시키려면 기존의 과정이 이미 존재하고 있어야 한다. 좋은 의도를 지닌 사람이 디자이너인 당신과 교신할 수 있는 과정 말이다. 또한 그 사람을 잠시 멈춰 세워서 제시된 대안 중에서 선택하도록 요구할 수 있을 만큼 디자이너가 통제권을 지닌 과정이어야 한다. 펫스마트는 이미 그런 기존 과정을 지니고 있었다. 고객들은 구매 행위를 마무리하기 위해 반드시 계산대를 거쳐야만 한다. 이렇게 어느 고객이나 필수적으로 거쳐야 하는 과정이 있었기 때문에 펫스마트 입장에서는 능동적 선택을 실행시킬 수 있는 (비교적) 편안한 자리가 이미 마련되었던 셈이다. 주유소에서 기름을 넣는 동안 고객들에게 세차를 할지 말지 선택을 요구하는 행위도 이와 유사한 형태라 할 수 있다.

이렇게 기본적으로 무언가를 실행할 수 있는 과정 내지 자리가 마련되어 있지 않으면 능동적 선택을 실행하기가 쉽지 않다. 디자이너가 완전한 통제권을 발휘할 수 없기 때문이다. 예를 들어, 어떤 직원이 체중 관리 프로그램을 만든다고 해보자. 이 직원은 과체중인 직원들에게 참여할지 말지 능동적으로 선택하는 과정을 만들어서 직원들의 프로그램 참여를 늘리고 싶어 할 수 있다. 그러기 위해서는 먼저 과체중 직원을 판단하는 과정이 있어야 한다. 또한 그 과정 중에 직원들의 능동적 선택이 이루어질 수 있도록 해야 하며, 직원들이 능동적 선택을 해야만 그 과정이 마무리되도록 만들어야 한다(직원들에게 건강위험평가 Health Risk Appraisal를 반드시 받도록 하는 방법으로 문제를 해결할 수도 있지만 직원들의 자발적이고 적극적인 참여를 극대화하는 방법이 될지는 여전히 의문이다). 앞선 자동차의 예에서는, 운전자가 문자 주고받기 여부를 능동적으로 선택해야만 차 시동이 걸리도록 하는 과정을 사용하기로 결정한 바 있다.

능동적 선택을 작동시키려면 기존 과정이 있어야 하는 것 외에도, 아무 방해 없이 이어지는 일련의 행동 과정이 중간에 방해를 받아 잠시 끊어지는 상황을 대상자가 기꺼이 받아들이도록 해야 한다. 이 점은 매우 중요하다. 평소에 아무런 요구나 강제성이 없이 부드럽게 이어지는 상황에 익숙한 사람이 있다고 하자. 그런데 당신이 갑자기 어떤 선택을 요구 또는 명령하면, 그게 비록 좋은 의도를 활성화하려는 의도라 해도, 그 사람은 자신의 행동이 방해받거나 중단되는 불쾌한 경험을 하기 때문이다. 이는 단순히 기술적 변화가 아니라 문화적 변화를 의미한다. 대부분의 사용자 중심 디자이너들은 사용자에게 가장 편리한 상호작용 시스템을 개발하고자 최선을 다한다. 하지만 습관 설계 디자이너들은 올바른 선택을 더 쉽게, 그리고 바람직하지 못한 선택을 아주 조금 더 힘들게 만들기 위해 노력한다. 작지만 중요한 차이라 할 수 있다.

마지막으로, 습관 설계 디자이너는 각 개인이 내린 능동적 결정에 따라, 개인별 수준에 맞춰 실행시킬 수 있는 능력을 지녀야만 한다. 펫스마트는 기부금을 고객의 청구서에 포함시키고 다시 이 돈을 모아서 (법적으로는 별개의 독립체인) 구호단체로 보낼 수 있는 체계를 갖추고 있었다. 사용자의 경험 과정에서 끊기거나 거슬리는 부분이 적을수록, 즉 사용자가 신경을 덜 쓰고 불편함을 덜 느낄수록 능동적 선택의 효과가 증대할 확률이 높다. 하지만 그 말은 반대로 습관 설계를 디자인하는 사람에게는 그만큼 더 힘든 일이 될 가능성이 높아진다는 뜻이기도 하다.

능동적 선택 전략을 디자인하면, 즉 사람들을 잠깐 정지시키고 그들의 희소한 관심을 끌어당겨서 스스로 원하는 바를 말하고 선택하게 만드는 시스템을 만들면, 자발적인 사고를 통해 진정으로 하고 싶다고 느끼는 것과 부주의와 타성에 젖은 상태에서 하고 싶다고 생각하는 것 사이의 격차를 줄일 수 있다.

다음 장에서는, 미래에 더 나은 행동으로 이어질 수 있는 결정을 오늘 내리도록 만드는 전략이 50비트에 불과한 주의집중력의 한계를 해결하는 데 어떤 도움을 줄 수 있는지 살펴보기로 한다.

자발적 잠금Lock-in 전략
미래에 직면하게 될 선택을
오늘 미리 결정하게끔 하라

나는 아내 지나와 결혼하기 전에는 여러모로 평범한 남자였다. 혼자 살았지만 텔레비전은 침실에 한 대, 거실에 한 대, 그리고 사무실 겸 운동 공간으로 사용하는 지하에 흑백으로 한 대, 이렇게 세 대를 가지고 있었다. 그렇다고 최신형 텔레비전은 아니었고 방송도 기본 케이블만 설치되어 있었기 때문에 볼 수 있는 채널도 많지 않았다. 그래도 세 대나 되는 텔레비전 덕분에 운동을 하거나 혼자 저녁을 먹거나 잠자리에 들 때 언제 어디서나 텔레비전을 시청하며 혼자만의 시간에도 심심치 않게 지낼 수 있었다.

　나와 데이트를 거듭하다 마침내 내 설득에 넘어간 아내가 우리 집에서 함께 살기로 했다. 정말 좋았다. 아내는 짐도 많지 않았고 집안을 깨끗하게 유지하는 성격도 나랑 잘 맞았다. 나와 아내는 미친 듯이 사랑에 빠졌다. 아내가 집안의 텔레비전을 모두 없애 버리자고 했을 때 망설이지 않고 그렇게 했던 것도 아마 사랑의 힘 때문이었을 것이다.

몇 년 뒤, 아내는 박사과정 입학시험을 통과했고 우리는 축하도 할 겸 주말에 뉴욕에 갔다. 나는 1972년형 니콘 35밀리 카메라를 짐에 챙겨 넣었다. 타임스퀘어에 있는 근사한 호텔에 묵고 있었기 때문에 밖에 나가서 사진을 찍고 싶어 안달이 났었다. 하지만 이미 녹초가 된 아내는 침대로 기어 올라가더니 줄곧 텔레비전만 보았다. 내리 네 시간 동안. 과연 아내가 '바보상자'와의 전쟁을 선포했던 바로 그 사람이 맞나 싶었다.

살다 보면 가끔씩 멍한 상태로 의미도 없는 화면에 정신을 빼앗기는 일도 그리 나쁘진 않다. 그러나 아내는 자신이 무엇을 원하는지 그리고 자신이 어떤 행동을 취하게 될지 잘 알고 있었다. 1) 아내는 텔레비전을 보며 시간을 낭비하고 싶지 않았다. 2) 하지만 쉽게 텔레비전을 틀 수 있는 환경이 조성되면 텔레비전에 하염없이 빠져들리라는 것도 잘 알았다. 아내가 우리 집에 있던 텔레비전을 없애자고 내게 요청한 이유는 텔레비전이 싫어서가 아니었다. 오히려 단순한 기분 전환의 차원을 넘어 중독자처럼 텔레비전에 빠져들 자신을 잘 알고 있었기 때문이다.

미래에 발생할 과도한 텔레비전 시청의 유혹을 피하기 위해 텔레비전을 없애는 지나의 행동은 일종의 '사전 조치pre-commitment'다. 사전 조치란 미래의 더 나은 행동을 장려하기 위해 지금 내리는 결정이다. 마음을 끌어당기는 아주 솔깃한, 하지만 결국 나중에 후회하게 될 선택(예를 들어, 바보상자에 몇 시간씩 빠져 있는 일)을 아예 실행 불가능하거나 어렵게 또는 많은 비용이 들게 만들어 놓음으로써 목표를 달성하는 방식이다.

사전 조치는 아내가 처음 사용한 방법도, 아내만 사용한 방법도 아니다. 이렇게 자기 통제 도구를 사용한 사례는『오디세이』에서도, 〈섹스 앤 더 시티〉에서도 볼 수 있다. 영웅 오디세우스는 인근 섬에서 들려오는 사이렌의 노랫소리에 저항할 수 없다는 사실을 알고 있었다. 그 노래를 들은 선원들은 배를 암초로 몰아가게 되고 결국 죽음을 맞이하게 된다. 사이렌의 노래를 이길 수 없다는 사실을 인지한 오디세우스는 선원들에게 모두 귀마개를 착용하게 하고 자신을 돛대에 묶어 놓으라고 지시한다. 이렇게 해서 오디세우스는 두 마리 토끼를 모두 잡을 수 있었다. 사이렌이 아름다운 목소리로 부르는 노래도 듣고 나중에 살아남아서 사람들에게 흥미진진한 이야기도 들려줄 수 있었으니 말이다.

〈섹스 앤 더 시티〉에서도 이와 유사한 사례가 나온다. 비교적 분별력 있는 미란다가 간식을 두고 욕구 충족의 유혹과 싸우는 장면이다.

부엌에 들어온 미란다는 달콤한 케이크를 한입 또 한입 먹더니 나머지를 모두 쓰레기통에 버린다(물론 쓰레기통에서 케이크를 꺼내 한입 더 먹기는 했다). 하지만 이 방법으로 케이크를 향한 욕구를 막을 수 없다는 걸 알고서는 케이크 위에 주방용 세제를 부어 버린다.

사전 조치 방법이 서사시나 텔레비전 드라마처럼 사실을 확인할 수 없는 경우에만 사용되는 것은 아니다. 16세기 에스파냐의 에르난 코르테스는 아즈텍 문화 정복을 위해 본격적으로 내륙 원정을 준비한다. 이때 일부 부하들이 쿠바로 돌아가기를 원하자, 코르테스는 부하들에게 '동기를 부여하기' 위해 원정대가 타고 온 배를 한 척만 제외하고 모두 침몰시켜 버린다. 좀 더 가까운 사례를 들자면, 미국의 몇몇 주에서는 개인들이 자발적으로 자신의 이름을 '도박장 출입 금지' 명단에 올릴 수 있도록 프로그램을 제공한다. 도박의 손길에 유혹당하지 않고 벗어나기 위해 스스로 지금 이 순간에 도박을 하지 않겠다는 의사결정을 할 수 있도록 도와주는 것이다.

모델이자 영화배우인 킴 카다시안도 한두 입 먹고 남은 음식에 창문세정제를 뿌린다고 말한 것을 보면 〈섹스 앤 더 시티〉의 다이어트 전략을 보고 한 수 배운 듯하다. 금주, 금연, 다이어트를 한 번이라도 시도해 본 사람이라면 아마 집에 있던 모든 맥주나 담배, 간식을 내다 버리고 유혹에서 멀어지려는 노력을 했던 경험이 있을 것이다.

그리고 혹시 '눈에서 멀어지면 입에서 멀어지는' 방식이 음주에 대한 유혹을 저지하기에 충분하지 않은 사람들이 있다면, 안타부스 Antabuse라는 약으로 도움을 받는 방법을 고려해 보기 바란다. 이 약을 먹으면 술에 대해 혐오감을 느끼게 되고 술을 조금만 마셔도 구토 등의 불쾌 증세를 경험한다(오디세이라는 제약회사에서 판매한다니, 기가 막힌 조합 아닌가).

사전 조치 실행하기

5장에 가면, 회사가 지원하는 401(k) 퇴직연금에 직원들을 자동적으로 가입하게 만드는 방식이 개인의 가입률을 증가시키는 매우 효과적인 방법임을 알게 될 것이다. 좀 더 자세히 설명하자면, 직원들의 퇴직연금 플랜 가입을 일단 기본조건인 디폴트로 설정하고 가입을 원하지 않는 사람에게만 옵트아웃opt-out, 즉 탈퇴할 수 있는 기회를 제공하는 방식을 사용해서 35퍼센트였던 직원 참여율을 90~95퍼센트까지 끌어올릴 수 있었다.

하지만 인사 관련 전문가들과 학자들은 한 가지 문제점을 발견했다. 일단 가입에는 동의한 직원들이 급여가 인상되었는데도 납입금 액수를 늘리지 않는다는 점이었다. 직원들은 자신이 최대한 부을 수 있는 금액보다 적은 액수를 적립하고 있었는데, 납입금을 더 내려면 별도의 과정을 거쳐야 했다. 따라서 부주의와 타성에 젖은 가입자들은 자신에게 가장 알맞은 액수로 납입금을 조정하지 않은 채 시간만 보내고 있었다.

이 문제를 해결하기 위해 『넛지Nudge』의 저자 중 한 사람인 리처드 탈러Richard Thaler와 그의 동료 슐로모 베나르치Shlomo Benartzi는 '점진적 저축 증대Save More Tomorrow, SMarT' 프로그램을 개발했다. SMarT 프로그램은 급여 인상에 맞춰 401(k) 납입금을 늘릴 수 있는 기회를 직원들에게 제공하기 위해 만든 것이다. 이 프로그램에서는 가입자들에게 급여가 인상되면 납입금도 더 내겠다는 약속을 사전에 받아 놓는 방식을 활용했다.

탈러와 베나르치는 여러 유형의 직원들을 대상으로 이 방식을 실험했고, 그 결과는 성공이었다. 두 사람이 이 프로그램을 처음으로 실행하기 전에 3.5퍼센트였던 가입자 저축률은 프로그램에 가입하고 급여가 네 번 인상될 즈음에는 13.6퍼센트로 증가해 있었다. 프로그램에 참여하지 않았던 사람들의 저축률은 이 시점에 6퍼센트 정도로 처음과 별 차이가 없었다. 다시 말해서, 401(k)에 가입했지만 급여 인상에 따른 납입금 인상을 실시하지 않은 사람들보다 사전 조치 방식을 사용해 억지로라도 점진적 저축 증대 프로그램에 참여한 사람들이 노후를 위해 훨씬 더 많은 돈을 모을 수 있었다.

댄 애리얼리와 클라우스 베르텐브로흐Klaus Wertenbroch는 학생들에게 스스로 마감일을 정하도록 하는 게 수행 능력을 향상시키는 효과가 있는지 실험했고, 환상적인 결과를 얻어 냈다. 이들은 학생들에게 몇 가지 과제를 내면서 제출기한을 스스로 정하게 했다. 단 학기말까지는 반드시 제출해야 한다는 조건을 붙였다. 학생들은 학기 마지막 날에 과제물을 제출하면 시간적으로 여유도 생기고 그렇다고 벌점을 받을 일도 없었다. 그럼에도 학생들 중 73퍼센트가 학기 종료일 며칠 전에 원고를 제출하기로 정했다. 학생들 스스로 마감 기한을 앞당긴 것이다. 그런데 다음번 실험에서는 학생들에게 최종 마감일 하나가 아니라 3단계에 걸친 명확한 중간 마감일을 정하도록 했더니, 첫 번째 실험집단에 비해 과제물의 질이 더 좋아졌다. 이 실험을 통해 애리얼리와 베르텐브로흐는, 스스로 데드라인을 정했을 때가 사전에 아무런 약속을 정하지 않았을 때보다 더 나은 결과를 이끌어 냈지만 균등한 간격을 두고 여러 단계에 걸쳐 중간 데드라인을 정했을 때만큼은 결과가 좋지 않았다는 사실을 알아냈다. 두 사람은 학생들이 자기 통제에 문제가 있다는 점을 알고 그 문제를 해결하기 위해 스스로 사전 조치라는 부담을 지울 용의가 있었지만 스스로 데드라인을 정한다고 해서 늘 최적의 데드라인을 정하지는 못한다고 결론 내렸다. 실험 대상이 어린 학생들이 아니라 데드라인을 정하는 일에 좀 더 경험이 많은 사람들이었다면 더 나은 결과를 이끌어 낼 수 있었을지 확인할 길은 없다. 하지만 첫 실험에 참가했던 사람들이 임원 교육 프로그램에 참가한 전문가들이었다는 사실은 주목할 필요가 있다.

우리는 사전 조치 방식이 익스프레스 스크립츠 직원들을 대상으로 한 걷기 프로그램에도 효과가 있는지 한번 실험해 보기로 했다. 걷기가 건강에 얼마나 좋은지 알려 주는 교육 과정을 추수감사절과 겨울 휴가 기간 사이에 두 차례 실행하기로 했다. 새해가 되면 회사 고위 임원진들과 단체로 걷기 행사를 벌일 계획이었으므로 이 두 번의 교육을 통해 직원들의 참여를 장려할 생각이었다. 두 과정 모두 교육 내용이 동일했고 직원들에게는 본인이 알아서 참여 여부를 결정하도록 했다. 교육 시간에는 임상의가 나와서 걷기가 주는 건강 혜택을 설명하고, 겨울 휴가 후에 살이 쪄서 돌아오는 직원들이 많다는 점을 상기시키면서 단체 걷기에 참여할 것을 권했다. 그리고 각 과정이 끝날 때면 참석자들에게 간단한 양식을 작성하도록 했다. 그 양식은 직원들의 이름과 사원번호를 수집해서 단체 걷기에 참석할 것인지 묻기 위한 정보로 활용할 예정이었다.

우리는 교육 과정 참석자들 모르게 두 과정에서 사용하는 양식에 살짝 변화를 주었다. 통제집단 참석자들에게는 단순히 단체 걷기에 참석할 의향이 있는지 물었다. 실험집단의 참석자들에게는 단체 걷기에 참여하겠다고 '약속'할 수 있느냐고 물었다. 약속이라 함은 직원들이 양식에 서명하고 전자 업무달력을 통해 단체 걷기 시간과 장소에 관한 정보 수용을 허락한다는 의미였다. 그 외에 두 과정 사이에는 다른 점이 전혀 없었다.

우리는 각 교육 과정에서 나온 결과를 두 가지 면에서 비교했다. 하나는 참석자들 중에서 다음 해 1월 단체 걷기에 참여하겠다고 계획(또는 약속) 의사를 밝힌 사람들의 비율이었다. 우리는 이번 실험을 계획하면서 약속이라는 단어가 단순히 계획이라는 말보다 더 무거운 책임감을 지운다고 생각했다. 따라서 실험집단에서 참석을 약속한 사람들의 비율이 통제집단에서 참석을 계획하는 사람들의 비율보다 더 낮을 것으로 예상했다.

우리 예상은 빗나갔다. 통제집단에서는 83퍼센트가 단체 걷기에 참석할 계획이라는 의사를 밝혔다. 실험집단에서는 81퍼센트가 참석을 약속했다. 이 정도면 통계적으로 차이가 없는 것이나 다름없다.

진짜 놀라운 사실은 교육 과정에 참석했던 사람들의 단체 걷기 행사 실제 참가율에 있었다. 통제집단에서 참가 의향을 밝힌 사람들 중에서 행사에 참가한 사람은 23퍼센트로, 4분의 1만이 자신의 계획을 따랐다. 하지만 참석하기로 약속한 사람들의 실제 참가율은 63퍼센트로 껑충 뛰어올랐다. 통제집단의 참가율보다 2.5배나 높은 수치였다.

실험을 하면서 양식에 참석자들의 서명을 받아 놓고 약속하겠느냐 또는 행사 정보를 받아 보겠느냐 정도의 정보만 수집했기 때문에 어떤 특정 요인이 이런 결과를 촉발했는지 추가로 알아볼 수는 없었다. 그럼에도 우리는 사전 조치 방식과 관련해 두 가지 중요한 점을 배울 수 있었다.

1 사람들에게는 더 나은 행동을 하겠다는 계획을 진정으로 따르고자 하는 마음이 있다. 교육 과정 참석자들에게 단체 걷기에 참석할 계획이 있느냐고 물었을 때와, 참석을 약속하고 이름까지 적으라고 부탁했을 때의 응답률은 동일했다. 이는 두 그룹 모두 단체 걷기에 참여할 의사가 분명히 있었음을 보여 준다.

2 사전 조치 실행하기 방식은 사람들이 자신의 좋은 의도를 실행에 옮길 수 있는 기회를 넓혀 준다. 참가 계획을 밝힌 사람들에 비해 참가 약속을 한 사람들의 단체 걷기 실제 참가율이 훨씬 더 높았다.

임신 피하기

1972년 컨트리 가수 로레타 린Loretta Lynn은 '필the Pill'이라는 노래를 내놓았다. 필은 보수적인 가사가 주를 이루는 전형적인 컨트리 뮤직과 달리 산아 제한에 관해 이야기하는 노래로, 피임이 남녀 관계의 구조적 변화를 이끌어 내고 있다고 솔직하게 밝히는 가사를 담고 있다. 린은 결혼 생활의 대부분을 출산과 양육에 헌신했다며 애통해한다. 그러고 나서 분명하게 노래한다. 피임약pill 덕분에 그 모든 힘든 시간이 순식간에 사라졌다고.

린의 노래를 듣지 않아도, 경구 피임약 덕분에 여성들이 임신을 조절하는 게 가능해졌다는 사실은 누구나 알고 있다. 그 덕분에 가정과 직장에서 여성의 역할에도 많은 변화가 왔다. 미국 식품의약국FDA이 호르몬 피임약을 승인한 지 50주년이 되는 해를 맞아, 시사주간지 〈타임〉의 편집장 낸시 깁스Nancy Gibbs는 피임약을 '여성들이 앞치마를 풀고 자신의 야망을 퍼 담아 새로운 세대로 행진하기 위한 도구'라고 비유했다.

피임약이 혁신을 불러왔다는 데는 의심의 여지가 없다. 복용법만 제대로 따르면, 즉 매일 정확한 시간에 복용하면 효과를 거둘 수 있다. 1년 단위로 봤을 때 실패율도 1퍼센트 정도밖에 되지 않는다. 성적으로 활동적인 여성 100명이 경구 피임약을 사용했을 때 1년 동안 원치 않는 임신을 할 확률이 100명 중 한 명이라는 말이다.

하지만 습관 설계의 관점에서 보면, 경구 피임약은 완전하다고 볼 수 없다. 인간의 제한된 주의력 때문에 피임약 복용을 깜박하고 잊을 확률이 높다. 따라서 완전한 복용 습관이 들지 않는 이상 정기적인 복용이 힘들다. 피임약을 복용하려면(이 글을 쓰고 있는 시점에 적어도 미국에서는) 처방전이 필요하다. 처방전을 받고 약을 구입해서 복용하다가 약이 떨어지면 다시 약을 구입해서 빈 약통에 채워 넣고 그마저 다 떨어지면 다시 처방전을 발급받는 과정에서 사람들은 미적대며 시간을 끌기 때문에 규칙적이고 습관적인 복용이 더욱 힘들어진다. 이를 사소한 문제로 치부할 수는 없다. 현실에서는 경구 피임 실패율이 9퍼센트까지 올라가는데, 21세 미만의 여성은 실패율이 이보다 두 배 정도 더 높다.

이것이 뭘 의미하는지 잠시 생각해 보자. 제대로 복용만 한다면, 경구 피임약을 포함해 '리필'하는 방법을 사용하는 피임제(호르몬 패치, 질내 피임 링)는 의학적으로 실패율이 1퍼센트 정도로 매우 낮다. 하지만 실생활에서 사용할 때는 실패율이 훨씬 증가한다. 따라서 경구 피임약의 문제는 약의 효과가 있느냐 없느냐가 아니다. 문제는, 환자들이 처방받은 대로 피임약을 복용할 때만 효과가 있는데 인간의 50비트밖에 되지 않는 주의력 때문에 규칙적으로 복용하기가 힘들다는 점이다.

계속해서 처방전을 받아야 한다면 계속해서 리필과 새로운 처방전 발급이 필요하다. 이 과정에서 부주의와 타성이라는 문제가 계속 발생할 수밖에 없다. 임신 조절을 위해서 경구 피임제만 사용해야 하는 것은 아니다. 자궁 내 피임기구와 임플란트 등의 방법도 있는데, 이를 장기 작용 가역 피임long acting reversible contraception 또는 LARC라 한다. 이 방법은 실생활에서도 연간 실패율이 1퍼센트 미만으로 매우 낮다. 달리 말하면, 아무리 효과가 낮은 LARC 피임 방법도 최고의 경구 피임 방법만큼은 효과가 좋다. 현실에서 실패율만 비교했을 때에는 LARC 방법이 훨씬 더 효과적이다.

LARC 방식이 현실에서 왜 그렇게 효과가 높은 것일까? 부주의와 타성이라는 인간 본성의 문제점을 기술적으로 해결할 수 있는 방법을 제공했다는 데 그 비결이 있다. 2013년 〈헬스 어페어Health Affairs〉에 실린 기사를 살펴보자.

> 장기 작용 가역 피임 방식은 한 번만 마음먹으면 바로 실행할 수 있고, 일단 삽입하면 그냥 잊어버리고 내버려 두는 인간의 습성 때문에 실패할 확률도 거의 없다. 최근 실시한 대규모 연구에서는 장기 작용 가역 피임 방식이 '리필'을 사용하는 피임 방식(경구 피임제, 패치, 질내 고리)보다 원치 않는 임신을 방지하는 효과가 22퍼센트 정도 더 높게 나타났다. 장기 작용 가역 피임 방식이 월등한 효과를 보인 이유는, 다른 방식 사용에 요구되는 지속적인 복용 등의 문제점을 인식하고 한 번의 결정만으로 자동적인 피임이 지속될 수 있게 함으로써 그 문제점을 해결했다는 데 있다.

사람들이 꾸준한 약 복용에 실패하는 이유 중 3분의 2는 부주의와 타성 때문이다. 많은 환자들이 처방에 따라 약을 복용하는 것을 잊어버리거나 약이 떨어졌을 때 리필이나 새로운 처방전 발급을 미룬다. 이번 피임 주제와 관련해서 우리가 배울 점은, 때로 기술적 해결책이 이러한 문제점을 상쇄할 수 있다는 사실이다. LARC 방식은 피임을 끊임없이 이어지는(매일 정시에 약을 먹고 약이 떨어지면 제때에 약병을 채우고 결국 다시 처방전을 받는) 행동을 요구하는 방법에서 그럴 필요 없이 단 한 번의 결정을 요구하는 방법으로 전환시켰다. 강력한 사전 조치 방식이 사용된 사례인 것이다.

약속 실천 계약

위와는 또 다른 흥미로운 유형의 사전 구속 장치는 '약속 실천 계약 commitment contracts'이다. 약속 실천 계약이란 간단히 말해서 스스로를 구속하는 거래라 할 수 있는데, 미리 목표를 세우고 정해진 시간 내에 목표를 달성하지 못할 경우 벌칙을 받기로 하는 방식이다. 예를 들어, 당신은 일주일마다 2킬로그램씩 10주에 걸쳐 체중을 줄인다는 계약을 할 수 있다. 그리고 계약 내용에는, 목표 달성에 실패할 때마다 50달러를 벌금으로 지급하겠다는 조건을 포함시킨다. 즉 일주일에 2킬로그램 체중 감량에 실패할 때마다 50달러를 내는 계약을 10주 동안 계속한다는 말이다.

약속 실천 계약 실행에는 여러 변수가 작용한다. 목표 달성에 성공했는지 아니면 실패했는지 판단할 심판을 누구로 정할지, 어떤 벌칙을 받을지(현금 지급 또는 그냥 친구에게 실패를 인정하는 말), 현금으로 벌칙을 정할 경우 어떤 식으로 지급할지(약속을 실천하겠다는 의지를 보이기 위해), 적절하지 못한 벌칙은 어디까지 할지(첫아이를 포기한다든지), 누구에게 벌금을 지급할지에 따라 계약 내용이 달라진다.

스틱K닷컴StickK.com이라는 웹 사이트에서는 이 모든 조건을 고려해서 약속 실천 계약서를 작성할 수 있도록 도와준다. 이 사이트는 체중 감량, 금연, 운동 등 기본적인 유형의 계약서를 갖춰 놓고 있으며 계약 위반에 따르는 다양한 종류의 벌칙(성공이나 실패 사실을 친구에게 알리기부터 실패했을 때 신용카드로 지급하기까지)도 알려 준다. 개인별로 자신만의 계약서를 작성할 수도 있다(책을 쓸 예정이라면, 2주마다 각 장의 원고 초안 작성하기를 6개월 동안 계속하기). 이 사이트의 특징은 인간의 손실 회피 성향을 교묘하게 활용한다는 점이다. 목표 달성에 실패할 경우, 벌금을 '혐오 단체'로 보내도록 정할 수 있다. 자기가 낸 벌금이 정말 싫어하는, 절대 기부하고 싶지 않은 단체로 보내지도록 하는 것이다.

이 방법은 효과가 있는 듯하다. 2010년부터 2013년까지 스틱K닷컴 사용자에 대한 자료를 분석한 결과, 사용자가 사전 조치를 강화할수록 성공률이 증가한 것으로 나타났다. 세부적인 내용을 살펴보면, 심판 없이 벌금도 걸지 않고 단순히 계약서만 작성한 사람들 중에서는 41.3퍼센트가 약속을 실천했다. 심판을 정한 사람들은 목표 달성 성공률이 44.3퍼센트로 약간 상승했지만, 벌금을 건 사람들의 성공률은 82.6퍼센트로 급상승했다.

벌금을 받는 대상도 중요한 역할을 한다. 스틱K닷컴 사용자는 목표 달성에 실패할 경우 자신이 내는 벌금의 수혜자로 적십자나 유나이티드 웨이United Way처럼 누구나 인정할 만한 자선단체를 정할 수도 있고, 아니면 자신이 정말 싫어하는 '증오 단체'를 정할 수도 있다. 이 사이트에서는 미국총기협회와 총기폭력방지를 위한 교육기금처럼 아예 상반되는 목적의 단체 목록까지 제공한다. 자신이 추구하는 목표와 어긋나는 목표를 지닌 단체에 기부하게 된다는 생각이 약속 실천에 중요한 역할을 하리라는 논리를 적용한 것이다. 인간은 이익을 추구할 때보다 손실을 회피하기 위해 더 열심히 노력하기 때문에(2장 참고) 증오 단체를 수혜자로 활용하는 사람들이 목표 달성에 성공하는 즐거움을 맛볼 가능성이 높다. 스틱K닷컴의 자료도 이를 증명해 주고 있다. 증오 단체를 수혜자로 정한 사람들의 성공률이 그렇지 않은 사람보다 5퍼센트 정도 더 높은 것으로 나타났다.

약속 실천 계약은 자신의 사전 공약을 행동으로 옮길 수 있는 매우 단도직입적 방법이다. 계약이라는 방식을 통해 사람들이 바람직하지 못한 행동보다 바람직한 미래 행동을 더 매력적으로 느낄 수 있도록 해주는 시스템을 제공한다. 스틱K닷컴에서는 바람직하지 못한 행동의 결과, 즉 목표 달성에 실패할 경우 자신의 카드로 결제가 되도록 하는 시스템을 사용하고 있다.

지금까지 사전 조치 실시하기와 관련해서 서로 살짝 다른 두 가지 방식을 살펴보았다. 하나는 행동(또는 선택)의 비용을 바꾸고, 다른 하나는 결과의 비용을 바꾸는 방식이다. 예를 들어 지나와 내가 집안에 있는 텔레비전을 모두 없앴을 때 우리는 텔레비전 시청의 비용을 바꾸는 방식을 택한 것이다. 이제 텔레비전을 보고 싶으면 친구네 집에 가든지, 호텔방을 빌리든지, 아니면 텔레비전을 구입해야 한다(텔레비전을 구입한다 해도 케이블 신청을 하지 않는 이상 재미있는 프로그램을 보기도 힘들겠지만).

그와 반대로, 스틱K닷컴은 사이트 사용자들에게 행동의 결과를 바꿀 수 있도록 해주는 방식이다. 사전에 정한 목표를 충족하지 못할 경우 사용자가 자신에게 벌칙을 부과할 수 있다. 앞선 예처럼 향후 8주 동안 일주일에 1킬로그램씩 감량할 것이며 매주 100달러의 내기 벌금을 걸겠다고 미리 조치를 취하는 방식이다. 이 방식은 원하지 않는 결과(감량 실패)를 가까운 미래에(벌금이라는 조항을 더해서) 더욱더 원치 않는 결과로 만들어 준다. 그러나 눈앞에 보이는 행동의 비용 또는 혜택을 직접 바꾸지는 않는다. 빵을 먹고 싶으면 먹을 수는 있다. 하지만 자신이 초과 섭취한 칼로리를 불태우지 않으면 일주일 후에는 그에 대한 대가를 치러야만 하는 위험을 안게 된다.

내 생각은 이렇다. 행동에 기반을 둔 사전 조치 실행 방식이 결과에 기반을 둔 방식보다 더 효과적이다. 어떤 행동(먹기)과 결과(체중)가 다른 시점에서 발생한다면, 결과에 벌칙을 거는 방식은 행동을 조절하는 방식만큼 효과적이지 않다. 2장에서도 언급했듯이, 사람들은 미래에 발생하는 일에 대해서는 엄청난 할인율을 제공해서 가치를 절하한다. 따라서 결과에 따라 벌금을 부과하는 방식으로 효과를 거두려면 벌칙을 아주 엄하게 적용할 수밖에 없다. 하지만 평상시에 누군가가 지켜볼 수 없거나 제한할 수 없는, 또는 벌칙을 가할 수 없는 행동인 경우에는 결과에 벌칙을 가하는 방식이 더 어울릴 수도 있다.

하지만 이건 어디까지나 내 생각일 뿐이다. 어떤 환경에서 어떤 방식이 더 효과가 있는지에 대해서는 좀 더 정확한 자료가 나와야만 확인할 수 있을 것이다.

사전 조치 실행 방식이 효과를 거두는 이유

모두가 알다시피, 지나치게 현재를 중시하고 미래를 경시하는 인간의 성향 때문에 더 나은 행동을 하고자 계획을 세우고도 행동에 옮길 시간이 다가오면 미루는 습관이 자연스레 나타난다. 다행히도 사람들은 스스로를 통제하는 데 문제가 있다는 사실을 알고 있다. 진심으로 잘 해 보고자 세운 계획이 목표를 향해 가는 길에 흐지부지되어 버린 경험이 누구에게나 있을 것이다. 사전 조치 전략은 이런 인간의 심리를 꿰뚫어 보고 이를 이용한다. 올바른 길에 들어선 우리를 계속 낭떠러지로 유혹하는 손길이 있다는 걸 인식하고 그 유혹을 제거하거나 대안을 변형시키는 방식으로 우리 자신을 돛대에 효과적으로 동여맬 수 있는 시스템을 제공한다. 이런 식의 해결 방안이 필요하다는 사실을 사람들이 인식하지 못한다면 이 방식을 사용하는 사람들이 이렇게 많지는 않을 것이다.

사전 조치 방식을 활용해 디자인하기

사전 조치 실행하기를 특정한 행동에 적용하는 일은 능동적 선택을 적용하는 과정과 매우 흡사하지만 약간의 변형이 필요하다. 사람들에게 어떤 결정을 내리라고 요구할 때는 상대적으로 바람직하지 못한 대안을 아예 택하지 못하게 만들거나 아니면 택하더라도 더 비싼 대가를 치르게 만들어야 한다. 이와 비슷하게, 사전 조치를 실행하는 데도 세 가지 핵심 절차가 있다. 먼저 사람들의 마음이 쏠리는 미래 행동을 알아내고, 사람들에게 그 대안을 불가능하거나 덜 바람직하게 만들 수 있도록 한 다음, 마지막으로 그 선택에 따라 실행이 이루어지도록 만들어야 한다.

이 세 가지 절차를 어떻게 활용할 수 있는지 우리 생활에서 예를 찾아보자. 어떤 직원이 있다. 그는 구내식당에 갈 때마다 건강에 좋은 음식을 더 먹어야겠다고 생각한다. 구내식당에서는 직원이 신분증을 갖다 대면 식사 비용이 월급에서 빠져나가는 결제 시스템을 사용한다. 또 어떤 음식이 건강에 좋은지 설명까지 해놓고 있다.

사전 조치 방식을 적용하는 첫 단계는 내 마음을 빼앗는 행동이 무엇인지를 알아내는 일이다. 구내식당에서 마음이 끌리는 행동이라면 건강에 좋은 음식을 포기하고 지금 당장은 기분을 좋게 해주지만 나중에 후회할 확률이 높은 음식을 집어 드는 것이다(예를 들어, 파이 한 조각을 위해 과일 한 조각을 지나치는 행동). 자신이 원하는 행동이 사전 조치 실행 방식에 어울리는지 알아보려면 다른 사람들도 건강식 섭취를 새해 각오에 포함시켰을까 하고 스스로 질문해 보라. 그럴 거라는 대답이 나온다면 이 방식에 어울린다고 할 수 있다. 건강식 섭취는 사전 조치 실행을 적용하기에 아주 알맞은 선택이다.

두 번째로, 사람들을 솔깃하게 만드는 미래 행동을 아예 불가능하거나 아니면 덜 매력적으로 만드는 선택을 제안할 필요가 있다. 이 시점에서 당신은 사람들이 미래에 내려야 할 결정을 변형하도록 도움을 제공한다. 여기서 변형이란 유혹적인 대안을 완전히 없애는 게 아니라 전보다 덜 솔깃하게 살짝 바꾸는 일을 말한다. 구내식당에서 직원들이 원하는 건강식을 미리 주문할 수 있도록 해주는 것이 이 변형에 해당된다. 매주 금요일에 직원들은 다음 주에 자신이 먹고 싶은 음식을 미리 주문할 수 있다. 직원들이 미리 주문을 하면 구내식당에서는 식사 준비 계획을 세우는 데도 도움이 되므로 음식 값에서 15퍼센트를 할인해 준다.

그런데 이게 건강하지 않은 음식을 덜 매력적으로 만드는 것과 무슨 관계가 있을까? 먼저, 건강식을 미리 주문하면 할인 혜택을 받을 수 있다. 다음으로 더 중요한 건, 건강식을 주문한 직원이 나중에 일반 식단을 먹고자 한다면 건강식 주문에 대한 환불을 해주지 않는다. 즉 일단 건강식을 먹겠다는 결심을 약속한 사람이 식단을 바꾸려면 건강식과 일반식 둘 다 비용을 치르도록 만든다.

마지막 단계로, 사람들이 사전 조치를 통해 내린 선택에 맞춰 실행에 옮겨야 한다. 예를 들어, 구내식당에서는 직원들에게 미리 주문을 받아서 주문받은 요일에 그대로 식단을 제공하고 15퍼센트를 할인해 줄 수 있는 시스템을 갖춰야 한다. 그러기 위해서 간단한 사이트를 만들어 직원들이 사번을 입력하고 원하는 건강식품과 요일을 선택하면 회사에서는 15퍼센트 할인된 가격으로 급여에서 공제할 수 있도록 한다. 직원들은 자신이 신청한 음식 영수증을 출력해 구내식당에서 식당 직원에게 제출하도록 한다. 조금 복잡하기는 하지만, 식당에서는 주문받은 음식들을 날짜에 맞춰 미리 포장해 두었다가 미리 주문한 직원들만 사용하는 계산대에서 바로 나눠 줄 수도 있다.

사전 조치 실행 방식을 적용하는 일이 간단해 보이긴 해도 고려해야 할 사항들이 몇 가지 있다. 이 사항들을 어떻게 다루느냐에 따라 사전 조치 실행하기 방식의 성공 여부가 결정될 수도 있다.

첫째, 미래에 어떻게 행동하기를 바라는지 또는 어떤 미래 결과를 달성하고 싶은지와 관련해서 사람들과 함께 있는 자리에서 결정을 내려 달라고 요청할 수 있어야만 한다. 예를 들어, 원치 않는 임신을 피하고 싶어 하는 가임 연령의 여성을 대하는 의사라면, 반드시 직접 만나서 또는 자신을 대신할 만큼 숙련된 사람을 통해 면담하면서 다양한 피임 방법에 대해 설명하고 여성이 사전 조치 방식으로 피임을 원할 경우 LARC 방법 사용이 가능하도록 해야 할 것이다. 앞서 우리 회사의 사례에서도, 걷기의 건강 혜택에 관한 교육 과정에 참석했던 사람들에게 양식을 작성해 달라고 부탁했었다. 이 양식을 통해 개인들에게 나중에 걷기 활동에 참여할 기회를 제공하는 사전 조치 실행을 하도록 설계한 셈이다. 사전 조치 과정이 자연스럽게 발생할 때도 있지만, 사전 조치 실행을 약속하는 기회를 별도로 만들어 내야 할 때도 있다.

또한 사전 조치 실행하기 방식을 만드는 습관 설계 디자이너는 적절한 '예외 규정'을 허용하면서도 동시에 실행을 요구하는 '강력한 구속력'을 지닌 방법을 강구해야 한다. 체중 감량을 목표로 약속 실천 계약을 작성한 경우를 예로 들어 보자. 약속 실천 계약서에는 사용자가 '빠져나갈 수 있는' 조항(예를 들어, 계약서를 작성한 여성이 임신했다는 사실을 알게 됐다)과 예외를 허용할 수 없는 조항(예를 들어, 피자 50퍼센트 할인 쿠폰이 생겼으니 사용해야 한다)을 준비하는 것이 바람직하다. 하지만 예외 허용과 거절 사이에서 적절한 균형을 찾아내기가 쉽지는 않다. 각 사례가 예외 조건에 해당되는지 개인별로 확인하고 결정하는 데 상당한 노력이 필요하기 때문이다. 예외 규정을 너무 허술하게 만들거나 또는 사용자가 유혹에 빠졌을 때 드는 비용이 너무 낮으면 사전 조치 방식은 그 힘을 잃게 된다. 예를 들어 보자. 미국 의회는 예전부터 분수에 넘치도록 과다 지출을 하는 조직으로 잘 알려져 있다. 그래서 의회는 가압류라는 의미의 시퀘스트레이션sequestration, 즉 법적 장치를 통해 스스로를 구속하는 방법을 택했다. 미국 정부가 빚을 내서 돈을 너무 많이 쓰는 것을 막기 위해, 연간 예산으로 책정된 일부 금액을 쓰지 못하도록 '가압류'함으로써 강제로 돈을 아껴 쓰게 하는 방법이었다. 만약 적자를 줄일 수 있는 방법을 도출해 내지 못하면 공화당과 민주당 모두 매우 힘든 상황에 처하도록 사전에 구속 장치를 사용한 것이었다. 시도는 좋았다. 하지만 양 당은 합의를 이끌어 내지 못했다. 목표 달성에 실패해도 가해지는 벌칙이 너무 약했고 빠져나갈 구멍이 너무 컸기 때문이다.

마지막으로, 사전 조치 실행하기 방식을 가장 효율적으로 활용하기 위해서는, 능동적 선택과 옵트아웃을 모두 사용해서 이 방식의 효율성을 극대화할 수 있어야 한다. 여기서 능동적 선택이란, 사람들에게 일상적인 과정을 시작해서 마치는 동안 사전 조치 실행을 고려해 보라고 요구하는 것이다. 이렇게 하면 사전 조치 실행하기에 대해 생각하는 사람들의 비율이 상당히 높아지게 된다. 사전 조치 실행에 대해 결정해 달라는 요구를 받지 않은 사람들은, 이들에게 특별한 홍보를 하지 않는 이상, 사전 조치 실행에 대해 생각하지 않는다고 보면 된다.

일단 누군가가 사전 조치 실행 여부를 결정해야 하는 상황에 처했을 때 사전 조치 실행을 위한 디폴트 조항, 예컨대 바라는 목표, 계약 유효 기간, 벌칙의 정도 등을 기본으로 설정해서 제공하면 상당한 효력을 발휘한다. 스탠퍼드의 연구원들이 운동량을 늘리고 싶어 하는 직원들을 위해 만든 약속 실천 계약을 예로 살펴보자. 계약서에는 직원들 스스로 운동 횟수, 운동 시간, 목표를 달성하지 못했을 때의 벌칙을 결정할 수 있도록 했다. 계약 참여는 온전히 직원들의 자발적 의사에 따라 결정되었다. 계약에 참여한 직원들에게는 8주, 12주, 16주의 계약 기간이 기본 설정으로 적힌 계약서를 무작위로 나눠 주었다. 직원들은 기본으로 설정된 계약 기간 대신 자신이 원하는 기간을 선택할 수 있었다. 그런데 직원들이 별도로 선택한 계약 기간은 자기가 처음 받은 계약서에 기본으로 설정된 계약 기간과 크게 다르지 않았다.

이번 장에서는 사전 조치 전략에 대해 알아보았다. 사전 조치 실행하기는 자신이 나중에 취할 가능성이 있는 좋지 않은 행동을 덜 바람직하게 (또는 불가능하게) 만드는 조치를 지금 결정하도록 하는 방식이다. 다음 장에서는 미루기를 좋아하는 인간의 성향을 이용해 행동 개선을 이끌어 내는 방법에 대해 살펴볼 것이다.

디폴트 세팅 전략

바람직한 선택을 기본값으로
설정하고 옵트아웃을 제공하라

2015년, 의료 역사상 최대 규모의 신장 교환 이식 수술에 70명의 관계자가 참여했다. 환자들 중 반은 신장 이식이 급한 사람들이었다. 나머지는 친구, 가족 그리고 생명을 구하는 일에 동참하고 싶은 사람들이었다. 수술은 수십 명의 외과의사와 의료진의 집도 아래 11개 주에 있는 17개 병원에서 이루어졌다. 이렇게 유전적으로나 조직학적으로 적합하지 않은 장기 기증자와 수혜자 사이에 이루어지는 공동 교환 수술을 도미노 익스체인지domino exchange라 한다. 일종의 릴레이 이식이라 할 수 있다.

도미노 익스체인지가 이루어지기까지의 과정을 살펴보기 위해 다음 상황을 가정해 보자. 내게는 신장 이식이 필요한 친구가 있다. 나는 신장을 기증할 의사가 있지만 친구와 나는 서로 일치하지 않는다. 그런데 옆 동네에 사는 부부도 우리와 유사한 곤경에 처해 있다. 남편인 조는 신장을 이식받아야 한다. 아내인 질이 자신의 신장을 기증할 의사가 있지만 두 사람도 유전적으로나 조직학적으로 일치하지 않는다. 이때, 만약 내 신장이 조에게 적합하고 질의 신장이 내 친구에게 적합하다면 교환 이식 수술이 가능해지는 것이다.

이런 유형의 교환 이식은 여러 쌍의 사람들을 이어 가며 이루어질 수 있다. 굳이 힘든 점이라면, 수혜자와 기증자가 일치하는 다른 쌍을 찾아야 하고 서로서로 기증한 신장을 상대방에게 잘 전달할 방법을 찾아야 한다는 점이다. 2015년에 있었던, 미국 신장 등록소National Kidney Registry에서 공식적으로 '체인 357Chain 357'이라고 이름 붙인 도미노 익스체인지는 현재까지 역대 최대의 신장 교환 이식 수술 기록으로 남아 있다. 하지만 전문가들은 도미노 익스체인지를 통해 미국에서만 1년에 추가적으로 4,000건의 신장 이식이 더 이루어질 수 있다고 내다보고 있다. 그러면 현재 1년에 대략 1만 6,000건인 신장 이식이 2만 건으로 증가하게 된다.

좋은 소식임에 틀림없다. 하지만 나쁜 소식도 있다. 신장 이식 수요를 공급이 따라가지 못하고 있으며 점점 그 격차가 벌어지고 있다는 사실이다. 2007년 말까지 신장을 이식받기 위해 대기 중인 환자가 7만

2,000명에 달했다. 그중 4분의 3에 이르는 사람들이 이미 사망했거나 이식 수술을 받기 전에 사망하게 될 것이다.

신장 이식이 힘든 가장 기본적인 이유는 장기 공급이 충분하지 않다는 점이다. 도미노 익스체인지가 힘을 얻는 것은 그 때문이다. 기증자는 자신이 아는 사람에게 신장을 기증해서 돕고 싶어 한다. 하지만 직접 기증이 불가능한 경우, 교환 이식에 동참하면 자신이 돕고 싶은 환자에게 간접적으로나마 도움을 줄 수 있으므로 원하는 바를 이루는 셈이 된다.

그런데 신장을 기증받을 수 있는 또 다른, 훨씬 더 공급 규모를 늘릴 수 있는 방법이 있다. 사망한 지 얼마 안 된 사람의 신장을 적출해 사용하는 방법 또는 사후 장기 기증이다. 사망자가 죽기 전에 사후 장기 기증 의사를 기록으로 남겼다면 시신의 신장 적출은 훨씬 수월해진다. 미국에서는 사후 장기 기증 의사를 밝히지 않은 사람의 시신에서 장기를 적출할 수 없다. 대신에 친족의 결정이 있으면 가능하다. 하지만 결정을 내려야 하는 그들의 마음은 얼마나 아프고 상실감은 얼마나 크겠는가.

일부 국가에서는 사망자가 생전에 거부 의사를 밝히지 않는 이상 장기 기증에 동의했다고 간주한다. 달리 설명하면, 사망자가 생전에 자발적으로 신장 기증에 동의해야만 인정하는 옵트인opt in 방식을 사용하는 국가들이 있는 반면에 사망자가 생전에 별도로 기증 거부를 밝히지 않는 한 사후 신장 기증을 기본으로 인정하는 옵트아웃_{opt out} 방식을 사용하는 국가들도 있다. 표 5-1은 국가별 장기 기증 동의 비율을 나타낸다. 즉 유럽 11개국에서 국가별로 사후 기증에 활용할 수 있는 적절한 기증자의 비율을 말한다. 흐린 막대로 표시한 덴마크, 네덜란드, 영국, 독일에서는 개인이 기증하겠다는 명백한 동의가 있어야만 사후에 자동적인 장기 기증을 허락한다. 반면에 진한 막대로 표시한 7개국에서는 개인이 기증을 거부한다는 의사를 밝히지 않는 이상 사후 장기 기증에 동의했다고 인정한다. 두 그룹 사이에 현격한 차이가 있음을 알 수 있다.

┃ 표 5-1 ┃ 국가별 장기 기증 가능 동의 비율. 왼쪽의 (흐린 막대) 4개국은 확실한 동의를 요구하는 (옵트인) 반면, 오른쪽 (진한 막대) 7개국은 옵트아웃 방식을 사용한다. E. J. Johnson & D. Goldstein, (2003). MEDICINE: Do Defaults Save Lives? *Science*, 302(5649), 1338–1339 자료 활용.

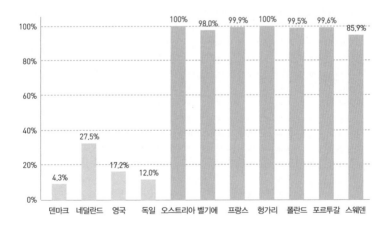

바람직한 행동을 기본 대안으로, 즉 디폴트default로 설정해 놓고 이를 원치 않는 사람만 빠져나갈 수 있게 만드는 옵트아웃 방식은 개인의 선택을 존중하면서도 행동의 변화를 이끌어 낼 수 있는 강력한 메커니즘이다. 옵트아웃 방식은 웬만하면 그냥 내버려 두는 인간의 성향을 인지하고 적절히 활용한 방식으로 효과가 매우 좋다. 미루는 습관 때문에 자신이 원하는 행동을 따라가지 못하고 잘못된 행동에 빠져 지내는 사람들을 묶어 놓고 이상적인 행동을 할 수 있도록 도와주는 역할을 하는 것이 바로 옵트아웃 방식이다.

더 크고, 더 나은 투자

401(k)는 퇴직연금제를 지칭한다. 근로자에게 과세 대상 소득의 일정 부분을 과세 이전에 연금에 적립할 수 있게 해주는 제도로, 1978년에 미국 의회가 내국세 입법 제401조에 k항을 추가하면서 유래된 용어다. 이 추가 조항은 고용주와 근로자 둘 다에게 중요한 변화를 의미했다. 미국은 1970년대 후반부터 증시 침체 등으로 고용주들이 최저 적립 기준액 달성을 위해 내야 하는 연금 부담액이 커져 경영에 부담을 느끼고 있었다. 그리고 직원들은 자신들의 퇴직금으로 적립되는 돈의 운용에 대해 발언권이 거의 없었다. 그러다가 이 새로운 제도를 시행하면서 경영주는 직원들의 재정적 안정을 위해 계속 기여하고 직원들

은 개인이 직접 투자 상품을 골라 노후에 대비할 수 있게 되었다.

401(k) 플랜을 제공하는 고용주들의 수가 빠르게 늘면서 1983년 말에는 대기업의 반 정도가 이 플랜을 도입했거나 도입할 계획이었다. 하지만 근로자들의 참여율이 그리 높지 않았다. 세금 혜택과 선택의 유연성을 제공함에도 불구하고 이 플랜에 가입하지 않은 직원들이 많았다. 직원들을 대상으로 교육도 실시했지만 상황은 나아지지 않았다. 은퇴 계획 교육에 참가한 종업원들은 대부분 401(k)에 참여해야 한다거나 또는 현재 내는 적립금 액수를 늘려야 한다는 데는 동의했지만 실제로 실행에 옮기는 사람은 거의 없었다는 조사 결과도 있었다.

더욱 궁금했던 점은 재정적 혜택이 직원 행동에 미치는 영향이 미미했다는 사실이다. 기업은 일정 금액을 '갹출matching'해서 근로자의 401(k) 계좌에 적립할 수 있다. 따라서 직원 입장에서는 공짜로 추가 금액을 적립받는 셈이다. 그런데 고용주의 갹출 비용을 늘렸음에도 직원 참여율 면에서 실질적인 효과는 매우 약했다.

모든 게 혼란스럽고 실망스러울 뿐이었다. 직원들은 은퇴를 위해 돈을 모아 두어야 한다는 사실을 알고 있었고 그렇게 했어야 했다. 하지만 세제 혜택을 제공하고 직장에서 일정 금액을 더해 주겠다는데도 참여율은 30~40퍼센트 사이를 맴돌고 있었다. 게다가 납입금이 많을수록 가장 많은 혜택을 받게 될 사람들의 참여율은 더욱 낮았다.

그때 뛰어든 사람이 3장에서도 소개했던 데이비드 레입슨과 그의 동료들이었다. 레입슨은 현재에 편향하는 인간의 성향을 알고 있었고 그런 성향에서 비롯된 미루는 습관 때문에 이 문제가 발생한다는 점을 이해하고 있었다. 아무리 의도가 좋아도 직원들 입장에서는 401(k) 플랜에 참여하려면 일련의 복잡한 결정을 내려야 하는 과정이 귀찮았을 테니 말이다.

1   401(k) 플랜에 참여해야 하나?
2   얼마를 납입해야 하나?
3   납입한 돈을 어떻게 다양한 자산 형태로 그리고 어떤 금융사에 운용을 맡겨야 하나?

그 어떤 결정도 중요하지 않은 것이 없다. 예를 들어, 납입금을 결정하는 문제는 당장 직원이 손에 쥐는 월급의 실수령액이 달라진다는 뜻이며, 이는 가정 경제의 현금 흐름 관리라는 점에서 쉬울 수도 있지만 쉽지 않을 수도 있는 문제이기 때문이다. 일단 모든 결정을 마쳤다 치자. 그다음은 회사의 인사팀에 알리고 협의를 거치고 나면 또 서류 작성이 기다리고 있다. 간단히 말해서, 퇴직연금 제도에 참여해서 받을 혜택은 미래에 발생하지만, 이런저런 수고 비용은 모두 지금 발생한다. 근로자가 납입하는 돈, 결정하기까지 들인 노력, 게다가 모든 서류를 확인하고 서명하는 일까지 모두 지금 당장 발생하는 비용이다.

근로자의 편안한 은퇴 생활을 위해 빈약했던 연금제도를 고쳐 놓았지만 막상 서류 작성까지 마치고 401(k)플랜이라는 목표지점까지 도달하는 사람이 많지 않았다.

레입슨은 퇴직연금 플랜 가입 과정에 근본적인 문제가 있음을 깨달았다. 그리고 그 문제를 고칠 수 있는 아주 단순한 해결책도 알고 있었다. 레입슨과 그의 동료들은 당장 근로자들의 미루는 습관 길들이기에 착수했다. 한 가지 간단한 변화를 통해, 레입슨은 30~40퍼센트에 불과했던 플랜 참여율을 90퍼센트 가까이까지 끌어올릴 수 있었다. 플랜 가입에 어떤 강제성도 부여하지 않고 근로자 개인의 선택에 맡기면서 말이다. 이들이 미국의 퇴직연금 적립이 지니고 있던 문제를 해결하는 데 기여한 바는 상당하다고 할 수 있다.

그렇다. 레입슨은 바람직한 대안을 디폴트로 설정해 놓고 원하는 사람들은 옵트아웃 할 수 있도록 전략을 수정했다. 모든 직원에게, 별도의 요청이 없는 한, 회사에서 미리 정한 납입 비율과 자산 배분 방식에 따라 401(k) 플랜에 가입하게 될 것이라는 사실을 알리는 것이었다. 그리고 이를 원하지 않는 직원은 인사팀에 통지하는 간단한 방법으로 가입 거부 의사를 밝힐 수 있도록 하는 옵트아웃 방식을 실행했다.

이 과정에서 레입슨은 사람들의 뒤로 미루기 습관을 역이용하는 기술을 보여 주었다. 일반적으로 뒤로 미루는 습관은 현재 상태와 바람직한 행동 사이에서 방해물로 작용한다. 하지만 옵트아웃 방식을 사용하면 뒤로 미루는 습관이 바람직한 행동과 덜 바람직한 행동 사이에 자리 잡게 된다. 순서가 바뀌는 것이다.

그리고 마법 같은 일이 발생했다. 40퍼센트를 밑돌던 401(k) 참여율이 90퍼센트 정도까지 치솟았을 뿐만 아니라 직원들, 심지어 가입을 거절하기로 결정한 직원들 사이에서도 만족도가 매우 높게 나타났다.

처방의약품 사용에 옵트아웃 활용하기

3장에서 설명했듯이, 나와 동료들은 '능동적 선택 전략'을 환자들의 의약품 구매처와 관련한 결정에 적용해 큰 성공을 거두었다. 능동적 선택 방식으로 성공을 거둔 우리는, 옵트아웃 전략을 사용해 환자들의 선택권을 유지하면서도 가장 바람직한 의약품 구매행동을 유도할 수 있는 방법에 대해 고민하기 시작했다. 당시 우리는 환자들에게 가격은 저렴하고 효능은 동등한 복제약을 사용하도록 권유하고 있었다. 또 소매 약국에서 의약품을 구매하더라도 이왕이면 가장 낮은 가격으로 판매하는 약국을 찾도록 권장했다. 우리가 사용한 방식은 활용 가능한 환자를 모두 프로그램에 가입시킨 다음 45~60일 동안 옵트아웃 할 수 있는 기회를 제공하는 것이었다.

표 5-2는 옵트아웃을 사용한 우리 프로그램의 결과를 보여 준다. 바람직한 대안을 디폴트로 설정하면서 바람직한 행동을 따르는 환자들

| 표 5-2 | 의약품 구매행동과 관련한 옵트아웃 방식의 효과. 성공률은 옵트아웃 전략 실행 후 바람직한 의약품 구매 형태를 보이는 환자의 비율을 뜻한다. 자료 출처: 니스Nease 외(Health Affairs 2013), 익스프레스 스크립츠 내부 분석

바람직한 행동	성공률
브랜드 약품이 아닌 일반약품	93~99%
소매 약국이 아닌 가정배달	88%
일반 약국보다 가격이 싼 약국	90%

이 99퍼센트까지 증가했다. 게다가 환자들에게 구매행동을 바꾸라는 어떤 강요도 개입되지 않았기 때문에 환자들이 프로그램 결과를 수용하는 정도도 상당히 높았다.

옵트아웃을 사용해서 디자인하기

옵트아웃 방식을 어떤 식으로 활용하는지 이해를 돕기 위해 한 가지 가정을 해보기로 하자. 우리는 동네 가구주 연합을 운영하고 있다. 얼마 전 다른 집주인들과 협의를 통해 모두 공동 주거관리 비용을 내서 운용하기로 결정했다. 각자 신용카드 자동이체 결제 방식으로 1년에 한 번 내는 최소한의 금액을 결정한 것이다. 그렇게 모은 돈은 거리 보수 및 유지, 공공용지 조경, 가을철 정기적인 낙엽 청소 및 수거, 겨울철 집 앞 눈 치우기 등에 사용하기로 했다.

보아하니 우리 연합의 회원들 중에는 봄이 되면 사람을 고용해 지붕 홈통을 청소하는 사람들이 많았다. 하지만 지붕 홈통 청소에 대해서는 사전에 협의하지 않았기 때문에 각자 부른 청소 트럭들이 몰려오면서 길이 붐빌 때도 가끔 있다. 어떤 때는 홈통 청소를 깜박했다는 집주인들도 종종 있다.

그래서 이 문제를 해결하기 위해 동네 전체의 홈통 청소를 한 곳에 맡기기로 결정한다. 공동으로 일을 맡기면 모든 가구주가 비용을 절감할 수 있고 교통 혼잡도 줄일 수 있다. 대부분 이 방법을 좋아하겠지만 반대하는 사람도 있다는 사실을 알고 있는 우리는 옵트아웃 전략을 사용하기로 한다. 즉 가구주들에게 이렇게 알리는 것이다. 이 방식에 동참하지 않겠다는 의사를 미리 통보하는 분이 없는 한, 선택된 업체에게 홈통 청소를 맡길 것이며 비용은 여러분의 신용카드에서 자동적으로 공제될 것입니다.

이 예에서 알 수 있듯이, 옵트아웃 방식은 몇 가지 간단한 절차만 거치면 사용 가능하다. 바람직한 선택을 디폴트로 설정하고(즉 행동하지 않으면 참가하도록 대안을 정하고) 디폴트를 원치 않을 때 사람들이 할 수 있는 행동을 제공한다(즉 옵트아웃). 그런 다음 개인들이 고른 선택(또는 행동에 옮기지 않기로 한 선택)에 따라 실행한다.

절차들이 굉장히 간단하고 쉬워 보이지만 조심해야 할 점도 있다. 디폴트 옵션을 확실히 잡아서 타성을 활용하고자 할 때이다. 디폴트를 활용하면 큰 효과를 거둘 수 있긴 하지만 사용하기 전에 몇 가지 중요한 현실적 고려사항들에 대해 알아 둘 필요가 있다.

첫째, 기본 대안인 디폴트를 거절하는 것이 최상인지 아닌지 결정할 수 있을 만큼 사람들이 충분한 정보를 지니고 있는지 확인해야 한다. 특히 습관 설계 디자이너라면 디폴트로 정해진 방식을 따르지 않겠다고 결정한 사람이 이후에도 현재와 같은 상황을 유지할 수 있는지 충분한 정보를 제공해 알리도록 신경 써야 한다. 만약 그 사람이 현재보다 불리한 상황에 처할 가능성이 있다면 그 정보를 제공해서 당사자가 결정하는 데 활용할 수 있도록 해야 하는 책임감은 더욱 커진다.

둘째, 습관 설계 디자이너는 사람들이 선택을 내려 놓고 나중에 그 결정을 바꾸려는 행위를 허락할지 말지 처음부터 결정해야 한다. 3장에서도 보았듯이, 예외를 인정하는 명확한 과정을 제공하든지 아니면 아예 예외 조항을 두지 않을 수도 있다. 어떤 접근방식이 더 나은지는 고려하고 있는 결정의 유형, 예외를 인정해 줄 때 드는 비용, 인정해 준 예외를 실행할 수 있는 능력 여부, 문화적 기대 등 여러 요소들을 따진 후 결정해야 한다.

마지막으로, 옵트아웃 방식이 효력을 발휘하려면 디폴트에서 빠져나온 사람들을 효과적이고 효율적으로 처리해야만 한다. 그게 뭐 어렵나 싶겠지만, 현실적으로는 습관 설계 디자이너들은 거의 모든 경우에서 디폴트를 거절한 사람들 때문에 추가적인 노력과 비용을 들여야 한다. 예를 들어, 인사부에서는 401(k) 연금플랜 가입을 기본 설정으로 받아들인 사람들과 옵트아웃을 통해 거절한 사람들을 구분해서 급여 지급 부서와 상의해야 한다. 옵트아웃 하지 않고 디폴트를 받아들인 사람들의 납입금만 급여에서 원천 징수되도록 별도 작업을 해야 하기 때문이다. 능동적 선택 전략과 마찬가지로 옵트아웃에서도 사람들은 자연적으로 선택하는 사람들과 선택하지 않는 사람들처럼 두 개 이상의 소집단으로 나뉘는데, 각 소집단을 처리하는 방식이 다를 수밖에 없다. 이렇게 소그룹 차원에서 처리하는 방식이 다르기 때문에 시스템을 다시 만들거나 지속적인 운영을 위해서 추가적인 노력이 계속 이어져야 한다.

옵트아웃이 그렇게 좋으면 능동적 선택은 왜 필요한가?

경험상으로나 퇴직연금 사례에서 보나, 일반적으로 옵트아웃은 능동적 선택보다 효과가 뛰어나다. 그러나 옵트아웃 방식을 사용하려면 습관 설계 디자이너가 개인을 프로그램에 자동적으로 편입시킬 수 있어야 하는데, 가끔은 물자 지원, 관련 법, 때로는 윤리적인 문제 때문에 그렇게 하지 못할 때가 있다. 예를 들어, 습관 설계 디자인을 사용하면 기부금 액수가 늘어날 수도 있겠지만 그렇다고 자선단체가 개인의 은행계좌에서 마음대로 돈을 인출할 수는 없다. 개인이 기부에 동의하겠다고 능동적으로 동의해야만 인출이 가능하다.

하지만 당신이 법적으로 옵트아웃 방식을 사용하는 데 아무런 문제가 없고 옵트아웃과 능동적 선택의 실행 비용이 비슷한 상황이라면, 당연히 옵트아웃을 선택해야 하지 않겠는가?

글쎄, 꼭 그렇지만은 않다. 전체 대상 중에서 바람직한 대안으로 이동하는 사람들의 비율만 놓고 본다면 옵트아웃 방식이 가장 큰 효과를 거둘 확률이 높다. 하지만 바람직하지 않은 대안이 오히려 자신에게는 가장 좋다고 믿기 때문에 그렇게 선택한 사람들이 많다면 옵트아웃을 실행하는 데 여러 문제가 발생하게 되고 성과도 미미해진다. 개인의 입장에서는 능동적 선택 또는 옵트아웃을 결정하는 데 세 가지 핵심 요소의 상호 작용을 따져 선택하면 된다.

1 능동적 선택을 실행할 경우, 모든 사람에게 대안들 중에서 선택하도록 요구하는 데 드는 노력 – 짧게, AC(Active Choice) 노력이라 하자.

2 옵트아웃을 실행할 경우, 옵트아웃 하기로 결정한 사람들에게 부과되는 노력 – OO(Opt-Out) 노력이라 하자.

3 옵트아웃을 실행할 경우, 디폴트가 자신에게는 최상의 대안이 되지 않는다고 믿는 사람들의 비율 – OO(Opt-Out) 비율이라 하자.

분명히 능동적 선택을 실행하는 데 들어가는 노력(#1)이 클수록 옵트아웃의 매력은 더 커진다. 반대로 옵트아웃을 해야만 하는 사람들에게 부과되는 노력(#2)이 올라갈수록 능동적 선택의 매력은 더 올라간다. 이와 유사하게, 옵트아웃을 할 수밖에 없는 사람들의 비율(#3)이 높아질수록 능동적 선택의 매력은 높아진다.

언제 능동적 선택을 실행하고, 언제 옵트아웃을 실행하는 게 좋을까? 이를 알아내기 위해서는, 옵트아웃에 들어가는 노력과 비교해서 능동적 선택에 상대적으로 얼마나 많은 노력이 들어가는지 알아낸 후 이를 옵트아웃 할 사람들의 비율과 비교하는 방법을 기준으로 삼는 것이 일반적이다. 위에서 정한 용어들을 사용해서 두 방식의 상대적 노력을 다음과 같이 구할 수 있다.

OO과 비교한 AC의 상대적 노력 = AC 노력 ÷ OO 노력

자, 이제 언제 능동적 선택을 실행할지, 언제 옵트아웃을 실행할지 정할 수 있게 되었다.

OO 노력과 비교한 AC의 상대적 노력이 OO 비율보다 낮으면, 능동적 선택을 사용한다.

OO 노력과 비교한 AC의 상대적 노력이 OO 비율보다 높으면, 옵트아웃을 사용한다.

다음의 예를 살펴보면 어떻게 비교가 이루어지는지 이해할 수 있을 것이다. 앞서 나왔던, 유지 약제를 복용하는 사람들 사례를 이용해 다음과 같은 상황을 가정해 보자. 우리는 가정배달 서비스를 통해 의약품을 수령하는 것이 소매 약국에 가서 구매하는 것보다 여러모로 더 낫다고 믿는다. 따라서 이제는 모든 사람을 기본적으로 가정배달 서비스에 가입시키는 옵트아웃 방식을 사용할지 아니면 환자들에게 가정배달과 소매 약국 방문 구매 중에서 능동적으로 선택하라고 요구하는 방식을 사용할지 결정해야 한다.

능동적 선택과 옵트아웃 사이에서 선택하기 위해서는, 옵트아웃 할 거라고 우리가 믿는 사람들의 비율은 물론이고 각 방식을 실행하는 데 들어가는 노력에 대해서도 따져 봐야 한다. 여기서는 능동적 선택 또는 옵트아웃에 들어가는 시간으로 각 방식에 들어가는 노력을 대신하기로 한다.

우리는 펫스마트 체러티스에서 사용했던 방식과 매우 유사한 방식으로 능동적 선택 방식을 실행할 계획이다. 좀 더 구체적으로 설명하자면, 소매 약국에서 처방의약품을 구입하는 과정에서 환자가 계산대에 섰을 때 계산대 모니터에서 향후 가정배달 서비스로 의약품 구매를 원하느냐고 묻는 화면이 나타나도록 할 계획이다. 환자가 선택을 하는 데 요구되는 노력은 아주 적다. 계산을 위해 돈을 지불하는 과정은 예전과 다를 바 없다. 단지 환자 앞에 아주 명확한 대안 하나가 계산대 화면에 나타났을 뿐이며 환자 입장에서는 버튼을 한 번 누르기만 하면 되기 때문에 큰 노력이 든다고 할 수 없다. 우리가 예상하기로는, 이 결정에 소요되는 시간은 평균 15초 정도다. 그와 반대로, 옵트아웃 방식을 사용하면 환자가 거부 의사를 밝히기 위해 수신자 부담 전화를 걸고 신분을 확인하는 과정 등등을 거쳐야 한다. 우리는 이 과정에 평균 5분 정도가 소요되리라 예상한다.

이제 능동적 선택과 옵트아웃에 들어가는 노력을 상대 비교할 수 있다.

OO과 비교한 AC의 상대적 노력 = AC 노력 ÷ OO 노력

OO과 비교한 AC의 상대적 노력 = 15초 ÷ 5분

OO과 비교한 AC의 상대적 노력 = 5%

만약 프로그램에서 옵트아웃 하는 사람의 비율이 5퍼센트를 넘을 것이라고 믿는다면 우리는 능동적 선택 방식을 택해야 한다. 5퍼센트를 넘지 않는다고 믿으면 옵트아웃을 사용하는 편이 낫다. 5퍼센트는 상당히 낮은 옵트아웃 비율이라 할 수 있다. 우리는 예로 든 가정배달 서비스 가입 권유 프로그램에서 옵트아웃 하는 사람들의 비율이 5퍼센트를 넘을 것이라고 생각한다. 따라서 능동적 선택 방식을 실행하기로 결정하면 되는 것이다.

앞에서 능동적 선택과 옵트아웃을 실행하는 데 드는 비용은 동일한 수준이라고 했던 말을 기억하기 바란다. 하지만 실제로는 그렇지 않은 경우가 많다. 습관 설계자의 입장에서는 자신의 프로그램을 적용시킬 사람들을 일일이 상대해야 하기 때문에 일반적으로 선택을 요구하는 방식이 더 힘들다. 반면에 옵트아웃 방식에서는 옵트아웃 하기로 한, 즉 디폴트를 거부한 사람들만 정확히 잡아내면 된다. 게다가 선택을 요구할 때는 당신이 제시한 대안 가운데 상대방이 원하는 대안이 포함되어 있는지를 명확히 해야 한다. 그러므로 옵트아웃 방식과 비교했을 때 능동적 선택 요구 실행에 손이 더 많이 간다.

도의적인 면에서 본다면 어떨까? 기본 설정을 거절하는 행위가 선택을 요구하는 행위에 비해 훨씬 더 성가시고 귀찮은 일이 아니라면 그리고 디폴트를 거절할 사람들의 비율이 그리 높지 않을 것이라고 가정한다면, 법적으로나 사용적인 면으로나 실행에 문제가 없다면 옵트아웃 방식을 사용하는 것이 좋다.

이번 장에서는 인간의 타성을 활용하는 방법에 대해 살펴보았다. 당신이 원하는 선택의 길 위에 사람들을 세워 놓고 원하지 않는 사람들만 빠져나갈 수 있는 기회를 제공하면 당신이 정한 대안을 그대로 따르는 사람들의 비율은 급격히 증가한다. 디폴트 세팅 전략은 세 가지 파워 전략 중 마지막 세 번째이다. 다음에는 세 가지 향상 전략 중 첫 번째 방식에 대해 알아보기로 한다. 첫 번째 전략의 핵심은 바로 이것이다. 누군가의 50비트의 관심을 당신에게 끌어올 수 없다면 50비트의 관심이 있을 만한 곳으로 찾아가라.

PART 3

작고 단순한
전환의 힘

흐름에 올라타기 전략
눈길을 끌 수 없다면
눈길이 머물 만한 곳으로 가라

다음에 마트에 가거든 시리얼 코너를 한번 살펴보기 바란다. 시리얼 종류가 얼마나 많은지 알면 아마 놀랄 것이다. 시리얼 종류만큼이나 사람들이 좋아하는 종류도 다양하다. 웹 사이트 랭커닷컴Ranker.com 에서는 시리얼들의 인기 순위 리스트를 제공하고 있다.

1   프로스티드 플레이크Frosted Flakes – 켈로그Kellogg's

2   캡틴 크런치Cap'n Crunch – 케이커오츠Quaker Oats

3   럭키 참스Lucky Charms – 제너럴밀스General Mills

4   시나몬 토스트 크런치Cinnamon Toast Crunch – 제너럴밀스

5 허니 닛 치리오스Honey Nut Cheerios — 제너럴밀스

6 프루트 룹스Froot Loops — 켈로그

7 캡틴 크런치스 크런치 베리스Cap'n Crunch's Crunch Berries — 퀘이커오츠

8 애플 잭스Apple Jacks — 켈로그

9 프루티 페블스Fruity Pebbles — 포스트Post

10 라이스 크리스피스Rice Krispies — 켈로그

이 목록을 보면 두어 가지 생각이 바로 떠오른다. 하나는, 제품과 그 이름에서 드러나듯이, 인기가 많은 시리얼에는 설탕을 많이도 '구워 넣는' 것 같다. 또 하나는, 제조사가 철자나 발음에 별 신경을 쓰거나 걱정을 하지 않는 것 같다. 저 순위에서 겨우 45위에 머무르고 있지만 내가 제일 좋아하는 그레이프-넛츠Grape-Nuts도 표기 규범에서 자유롭지 못하다. 난 하이픈을 저렇게 사용해서 두 단어를 연결하는 걸 본 적이 없다.

하지만 역시 저 순위 목록에서 보이는 가장 중요한 점은 제조사 두 곳이 인기 상위 제품을 장악하고 있다는 사실이다. 제너럴밀스와 켈로그의 제품이 상위 열 개 중 일곱 개를 차지한다. 퀘이커오츠의 제품이 두 개 올라 있긴 하지만 실질적으로 캡틴 크런치스 크런치 베리스는 '과일 향이 나는 딸기류 형상'의 것들을 이리저리 섞어 만든, 캡틴 크런치의 아류작이나 다름없다. 아침식사 대용으로 먹는 시리얼 시장

은 연매출이 100억 달러에 이르는 엄청난 사업이다. 그런데 제너럴밀스와 켈로그가 그중 반이 넘는 부분을 차지하고 있다.

이 두 제조사가 성공을 거두는 이유는 무엇일까? 당연히 맛있는 시리얼을 만드는 게 가장 중요하겠지만 그게 다는 아니다. 맛 이외에도 (직접적으로나 아니면 간접적으로 돈까지 쥐며) 상점과 협의하여 자사의 제품을 눈에 가장 잘 띄는 곳에 진열하기 위해 공들인다는 사실이 매우 중요하다. 고객들의 눈높이와 비슷한 위치에다 '페이싱facing'이 많도록 진열하는 게 중요하다. 제품의 상표 한 개가 보이도록 진열하는 것이 원 페이싱이므로, 한 줄에 시리얼 네 상자를 놓으면 포 페이싱이 된다.

포장상품packaged goods을 팔 때는 페이싱과 진열 위치가 중요하다. 경영대학원 인시아드INSEAD와 와튼이 일련의 연구를 통해 발표한 결과에는 이렇게 나와 있다. '평균적인 브랜드의 제품과 고객들을 대상으로 했을 때, 페이싱의 수를 두 배로 늘리면 고객이 제품을 주목하는 비율이 28퍼센트, 다시 한 번 살펴보는 비율이 35퍼센트 증가했으며 그 제품에 대해 고려하고 선택하는 비율이 10퍼센트 증가했다.' 계산이 금방 나온다. 100억 달러짜리 시장에서 소비자의 선택이 10퍼센트 증가한다면 절대 우습게 볼 일이 아니다.

켈로그와 제너럴밀스는 물론 소비재를 제조하는 회사라면 거의 다 아는 한 가지 사실이 있다. 소비자의 눈길을 직접 끌 수 없다면 소비자의 눈길이 머무를 만한 곳으로 가야 한다는 것이다. 식료품점에서 이 말은 곧, 충분한 존재감을 나타내는 페이싱으로 눈높이 또는 양쪽 끝 진열대에 제품을 배치해야 소비자의 눈에 띈다는 뜻이다.

다시 말해서, 상대의 주의집중을 자신이 원하는 방향으로 끌고 올 수 없다면 작전을 완전히 바꿔야 한다. 상대의 주의집중이 향할 만한 곳으로 가는 것이다.

계기 마련해 주기

굳이 상점에서 일하지 않아도 '흐름에 올라타기' 전략을 사용할 수 있다. 냉장고 위에다 가족들을 위해 또는 거울에 자기 자신을 위해 붙인 메모, 동료의 컴퓨터 모니터에 남긴 포스트잇 또는 상대방 의자에 두고 온 서류 등 이 중에서 하나라도 해보았다면 당신은 이미 습관 설계 디자인 전략을 일상에서 사용했다. 당신은 상대방의 관심을 끌 수 있는 위치에 무언가를 남겨 두었다. 그것을 신호cue라 한다. 당신이 두고 온 무언가가 상대방의 주의집중이 자연스럽게 흘러가는 과정에서 특정 유형의 행동을 유도하는 자극제 역할을 하는 계기가 된다.

아마존Amazon과 넷플릭스Netflix는 사용자의 집중력 흐름에 올라타는 것이 얼마나 강력한 힘을 발휘하는지 알고 있다. 두 회사 모두 소비자의 행동 그리고 제품이나 영화 시청률에 대해 엄청난 양의 자료를 수

집하고 분석한다. 소비자 개인에게 어떤 제품이나 영화가 어울리는지 정확하고 구체적으로 추천해 주기 위해서다. 이 회사들은 디지털 스크린이 당신의 소중한 50비트의 주의집중력을 끌어당긴다는 사실을 안다. 그리고 당신의 시선을 희소자원 다루듯 소중히 여긴다. 당신이 관심을 느낄 확률이 높은, 당신이 중요하다고 생각하는 것을 골라 추천 의향을 전달한다(생각해 보라, 정확한 분석이 없으면 모든 자료는 휴지나 다름없다).

익스프레스 스크립츠도 환자의 시선 흐름에 올라탈 수 있는 기회를 활용한 적이 있다. 가정배달 약국에서 레이저 기능을 장착한 기계를 사용하면서 이를 활용할 수 있는 방법을 생각해 냈다. 환자 약병에 약을 채운 후, 기계의 레이저 기능을 활용해서 뚜껑에 메시지를 새기도록 한 것이다.

오락기기 앞에 서서 튀어나오는 두더지를 잡기 위해 망치를 들고 눈에 불을 켠 아이들처럼 우리는 해결해야 할 문제를 찾기 시작했다. 그러다가 처방받은 약이 다 떨어지는 시기가 되면 일반 환자들은 물론 가정배달 서비스를 받는 고객들 역시 많이 떨어져 나간다는 사실을 알게 됐다. 특히 마지막 처방약을 받은 사람, 즉 계속 약을 받기 위해서는 새로운 처방을 받아야 하는 사람들 중 3분의 1 정도가 가정배달 서비스를 떠나고 있었다.

습관 설계의 관점에서 봤을 때, 가정배달에서 소매 약국으로 고객들이 이탈하는 현상은 놀라운 일이 아니었다. 환자는 약이 다 떨어졌거나 떨어져 간다는 사실을 알지 못할 수도 있다(부주의). 또는 알고는 있는데 의사에게 연락해서 새로운 처방전 받기를 미루고 있는지도 모른다(타성). 이는 약이 다 떨어져야만 새로운 처방전을 받으려는 환자들이 많다는 뜻이다. 의사의 전화만으로도 처방이 가능한 경우도 있지만 환자를 만나 봐야만 처방전을 줄 수 있는 경우가 더 많다. 그럴 때 종종 환자들은 방문 예약을 차일피일 미룬다. 간단히 말해서, 많은 환자들의 부주의와 타성 때문에 투약 행위 사이에 간격이 생긴다는 말이다. 그래서 새로운 처방을 받을 때쯤이면 우편으로 약을 받느라 기다리는 게 귀찮아질 테고 결국 소매 약국에서 약병을 채우기로 마음먹게 되는 것이다.

이런 어려움을 잘 알고 있는 우리는, 처방전의 마지막 약을 받는, 즉 이 약 다음에는 처방전을 새로 받아야 하는 환자들에게 보내는 약병의 뚜껑에 다섯 가지의 서로 다른 메시지, 즉 신호를 새겨 넣기로 했다(표6-1 참조). 우리는 통제집단과의 비교를 통해 각각의 메시지가 어떤 효과가 있는지 실험했다. 통제집단은 새로운 처방전을 받아야 하지만 뚜껑에 아무런 메시지도 적혀 있지 않은 약병을 받은 사람들이다. 우리는 환자들에게 무작위로 서로 다른 글귀, 즉 신호를 뚜껑에 새겨 보내 보았다.

다섯 가지 메시지 모두 아무런 메시지를 보내지 않았을 때와 비교

표 6-1 | 새로운 처방전 발급을 유도하기 위해 우리가 실험한 다섯 가지 메시지.

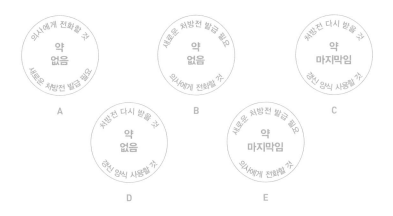

하면 효과가 좋았다. 처방전을 새로 받는 확률이 1.5~2.7퍼센트 정도 증가했다(그나저나 가장 효과가 좋았던 메시지는 A '의사에게 전화할 것―약 없음―새로운 처방전 발급 필요'였다). 증가율 수치만으로는 별 의미가 없어 보일지도 모르겠지만, 전체 환자들을 놓고 봤을 때는 가정배달 서비스를 떠날 수도 있었던 환자들을 첫해에만 수십만 명 붙잡아 둘 수 있었다는 뜻이다.

우리는 환자들의 주의집중 흐름에 들어가기 위한 방법으로 병뚜껑을 사용했다. 집으로 배달된 약을 받았을 때 환자들이 약병 뚜껑에 적힌 글자를 확인하리라는 것을 알고 있었기 때문이다. 약병 뚜껑에 새긴 메시지라는 신호를 제공하는 것만으로 미루는 습관을 완전히 깨 버릴 수는 없겠지만 환자들의 부주의에 흠집 정도는 낼 수 있으리라 생각했다. 그리고 실험 결과는 우리의 생각이 옳았다는 것을 보여 준다.

디지털 계기판, 모바일 헬스 그리고 경고

자동차의 계기판도 운전자의 시선이 모이는 곳으로 다가갈 수 있는 방법 중 하나다. 운전하다가 살짝만 고개를 숙이면 속도, 연료탱크, 냉각수 온도, 엔진오일, 방향등, 라디오 등등 모든 상태를 확인할 수 있는 계기판이 시야에 들어오니까 말이다. 아니다, 어쩌면 자꾸 고개를 숙이는 것보다는 그냥 계속해서 전방을 주시하는 게 더 안전할지도 모르겠다. 영국 군대에서는 전투기 조종사들도 이와 유사한 문제를 안고 있다는 사실을 인지했다. 전투기 계기판에 수많은 정보가 나타나겠지만 조종사는 계기판에 시선을 고정하기보다는 조종석 밖을 바라보고 있어야 하는 게 맞다. 1950년대 말, 영국 왕립 비행단Royal Aircraft Establishment에서 일하던 과학자 J. M. 네이시J. M. Naish는 전방 시현 장치heads-up display를 개발했다. 조종사가 고개를 숙여 조종석의 계기판을 보지 않고도 전방을 주시한 상태에서 원하는 정보를 앞 유리를 통해 볼 수 있도록 전방 시선 높이와 방향에 설치한 세계 최초의 투명 시현 장치였다.

디지털 기술을 응용해 시선의 흐름을 따라가고자 만든 것 중에서 가장 불운한 운명을 타고난 것이 구글 글래스Google Glass다. 구글 글래스는 안경에 컴퓨터와 투영 기능을 함께 담은 기기라 할 수 있다. 안경을 쓰고 작동시키면 눈 오른쪽 작은 창에 뜨는 중요한 (하지만 어찌 보면 중요하지 않은) 정보들을 볼 수 있도록 한 것이다.

하지만 시선을 가로채는 이 기술을 맛보기 위해 1,500달러를 주고 이 안경을 굳이 써볼 필요는 없다. 이제 적어도 미국에서는 수많은 사람들이 블랙홀에 빠져들 듯이, 손에 고이 들고 다니는 작은 스크린에 자신의 모든 주의집중력을 빼앗기고 있다. 바로 스마트폰이다. 그리고 그 영역은 스마트워치로 확대되고 있다.

언제 어디서나 사용할 수 있는 이 작은 스크린들이 늘 사람들의 시선을 끌어당기는 듯하자 의료 분야에서도 이를 활용하고자 나섰다. '모바일 헬스'를 향한 움직임은, 고도로 연결되어 있는 세상을 활용해 인간의 건강을 관리하고 증진하는 일에 도움을 주려는 목적에서 시작한다. 전 미국 보건복지부Department of Health and Human Services 장관 캐슬린 시벨리우스Kathleen Sebelius는 모바일 헬스의 가능성에 대해 열변을 쏟는다.

모바일 헬스의 가능성은, 우리 세대의 가장 큰 기술적 돌파구를 마련한다는 뜻이며 동시에 우리 세대의 가장 큰 어려움을 해결하기 위한 방안을 활용한다는 뜻입니다.

샌디에이고 스크립츠 헬스Scripts Health의 최고관리연구자이자 심장병 전문의 에릭 토폴Eric Topol 또한 '스마트폰은 미래 의학의 중심이 될 것이며 보건의료의 계기판 역할을 할 것'이라고 주장한다.

모바일 헬스라는 멋진 신세계를 바라보는 토폴의 시선에 대해 NBC 방송의 스나이더맨Snyderman은 이렇게 소개했다.

토폴은 가까운 미래에 인류가 혈류 속에 있는 센서를 통해 디지털화할 것이라고 합니다. 토폴의 설명은 이렇습니다. "혈액 속에 센서를 삽입하면 이 센서가 혈류를 돌아다니면서 온갖 정보를 파악할 수 있는데요, 감지한 세포가 동맥 내막에서 떨어져 나온 것이라면 심근경색의 위험이 있다는 신호죠. 아니면 첫 번째 암 세포가 혈류에 들어온 것일 수도 있고 혹은 천식이나 비만을 대비해 활성화하는 면역 체계일 수도 있죠. 무엇이든 알아낼 수 있다는 겁니다. 이렇게 혈류에 있는 센서가 모든 걸 감지해서 스마트폰으로 알려 주는 거죠."

센서가 이런 경고 사인을 감지하면 스마트폰으로 특별 신호를 보내게 됩니다. 마치 자동차 엔진에 이상이 생기면 계기판에 불이 들어오는 것과 같은 이치를 활용해서 이 신호가 신체 어느 부위에서 이상 조짐이 보인다는 것을 알려 주는 겁니다. 이렇게만 된다면, 갑자기 심장마비로 쓰러져 목숨을 잃는 일도 사전에 방지할 수 있게 될 겁니다.

혈류에 이상한 물체가 돌아다닌다는 상상을 하면 거부감이 드는 사람들도 있을 것이다. 하지만 토폴이나 내 나이 정도 되는 남자들은 1960년대에 나온 영화 〈바디 캡슐Fantastic Voyage〉을 기억할 것이다. 물론 몸에 딱 들러붙는 의상을 입고 출연했던 라켈 웰치Raquel Welch가 기억을 되살리는 데 도움이 되는 것도 사실이다. 어쨌든 과학자들이 잠수함을 아주 작은 크기로 축소시킨 다음에 뇌사에 빠진 사람의 혈관에 투입하고 이 잠수함이 혈류를 돌아다니면서 문제를 찾아내서 해결한다는 이 영화의 줄거리는 모바일 헬스와 맥이 통한다. 오늘날의 스마트폰은 이미 EKG, 즉 심전도 모니터 역할을 하고 있다. 심장이 박동할 때마다 변하는 얼굴색의 미묘한 차이를 포착해 맥박을 예측한다. 또 눈이 나쁜 사람에게는 가장 알맞은 도수의 안경을 추천해 준다. 혈당, 혈압은 물론 수면의 질까지 온갖 것들을 측정해 준다.

정말 궁금한 점은, 과연 이 모든 디지털의 마술이 사람들에게 긍정적이고 더 나은 변화를 불러올 것이냐는 점이다. 조기 발견이 반드시 좋은 것이냐는 점에 대해 많은 의문이 쏟아지는 데는 그만한 이유가 있다. 예를 들어, 다트머스 의학대학원의 의사이자 연구원인 길 웰치Gil Welch와 그의 연구팀은 현재 기술이 우리가 정확히 파악하지 못하는 부분의 이상 징후까지 감지하는 능력을 갖추고 있다고 주장한다. 다시 말해, 디지털 기술이 감지해 내는 모든 이상 징후가 반드시 치료할 필요가 있는 것인지 아니면 그냥 둬도 괜찮은 것인지 현재의 의학 기술로는 알지 못한다는 말이다. 치료란 늘 위험을 동반하기 마련이라는 사실을 감안할 때 반드시 짚고 넘어가야 할 질문이 아닐 수 없다.

웰치에 비하면 내가 걱정하는 부분은 좀 더 일상적이라 할 수 있다. 하지만 더 나은 행동을 촉진하기 위해 '시선의 흐름에 올라타기' 전략을 사용하려는 습관 설계 디자이너들에게는 상당히 중요한 부분이다. 무슨 말인지 좀 더 설명해 보겠다. 토폴은 신체 내부에 심은 센서가 스마트폰으로 신호를 보내면 스마트폰이 울리면서 우리에게 뭔가 이상이 생겼다는 사실을 알려 준다고 한다. 자동차 계기판에 '엔진 이상' 등이 들어오는 것과 같은 이치라고 했다.

여기서 잠깐 멈추고 생각을 해보자. 자동차 계기판에서 가장 쉽고 정확하게 알 수 있는 표시는 엔진오일을 교환할 때가 됐음을 알릴 때 켜지는 등이다. 솔직히 유용한 기능이다. 마지막으로 엔진오일을 교환하고 나서 얼마나 많이 달렸는지 운전자는 기억하지 못할 때가 많다. 하지만 이건 어떤가. 나는 적당한 교환주기보다 늘 1,000킬로미터 정도 더 달리고 나서 엔진오일을 교환한다. 이런 사실에 비추어 보면, 내가 적당한 엔진오일 교환주기를 그다지 믿는 사람이 아니라고 결론 내리는 사람도 있을지 모르겠다.

하지만 기억해야 할 게 있다. 인간에게 이미 부주의와 타성을 향한 성향이 내재되어 있다는 말은 우리의 기본 의도와 관찰된 행동 사이에 종종 격차가 발생한다는 뜻이다. 이는 곧, 내가 비록 늘 적정한 교환주기에 따라 행동하지는 않지만 주기적인 엔진오일 교환이 좋다는 사실은 믿고 있을 수도 있다는 말이다.

엔진오일 교환을 미루는 내 행동이 의도-행동의 차이 때문이라면, 왜 계기판에 켜지는 등이 내 문제를 해결하지 못하는 걸까? 그 대답은 이거다. 계기판 방식을 사용해 주의집중의 시선에 올라타는 방식은 우리가 요구하는 행동이 지금 이 자리에서 보상을 해줄 때만 효과가 있다. 아니면 요구하는 행동을 이행하기가 아주 쉬울 때 효과가 있다. 바람직하지 못한 또는 덜 바람직한 행동은 부주의 그리고 타성에 의해 발생한다는 점을 기억하라. 오일교환 등에 들어오는 불은 부주의라는 문제를 해결해 준다. 하지만 타성은 건드리지 못한다. 오일교환이 재미있는 일이라고 할 수는 없다. 따라서 오일을 교환하는 행동은 당장에는 비용만 발생시키고 보상은 나중에나 따른다. 이럴 때마다 등장하는 것이 인간의 미루기 습관이다. 구글에서 엔진오일 경고등 위에 붙이는 비닐 테이프와 관련한 글 조회 수가 130만 건이 넘는걸 보면 나에게만 국한된 문제가 아닌 게 분명하다.

자, 이제 이게 모바일 헬스라는 멋진 비전과 무슨 연관이 있는지 생각해 보자. 토폴의 예상대로 스마트폰, 디지털 안경, 인터넷과 연결된 화장실 거울, 말하는 냉장고 등 상상도 못할 방법을 통해서 우리는 바로 눈앞에서 건강 정보와 경고를 보게 되는 놀라운 기술의 향연을 맛보게 될 것이다. 하지만 이런 훌륭한 기술이 주의를 상기시키는 역할에서 멈춘다면, 이런 기술들의 실행이 단추 하나 누르는 정도로 쉽지 않다면, 지금 이 자리에서 보상을 제공하지 못한다면, 부주의는 해결해 주지만 타성은 건드리지 못하는 모바일 헬스가 모든 문제를 해결할 수 없다는 말이다.

흐름 찾기

능동적 선택 방식을 사용할 때는, 기존의 과정에서 흐름을 리모델링한 후 구체적이고 계획적인 선택을 하도록 요구한다. 그리고 선택이 내려진 후에만 다음 과정이 이루어지도록 한다. 누군가가 결정을 내릴 때까지 충분히 그 사람의 주의집중을 잡아 둔다는 게 능동적 선택의 핵심이다.

시선의 흐름에 올라타기 방식은 능동적 선택의 부드러운 버전이라 할 수 있다. 상대의 주의력을 끌어당기기 위해 방해하는 과정을 넣는 대신에, 행동 요구를 개시하는 신호를 이미 상대의 주의가 가 있을 만한 곳에 삽입한다. 인간의 오감을 활용해 그 계기를 제공할 수도 있다. 여러 감각을 통해 신호를 전달하는 예를 보자.

- **시각** : 자동차 계기판의 엔진오일 경고등, 컴퓨터 모니터에 붙인 포스트잇, 화장실 거울에 테이프로 붙인 메모장

- **청각** : 세탁물 건조기가 시간이 다 됐을 때 울리는 삐 소리, 약 먹을 시간에 맞춰 울리는 알람, 브레이크 패드가 닳으면 나는 끽 소리
- **후각** : 가스 유출 시 위험을 감지하기 위해 천연가스에 첨가하는 화학 성분 냄새

현재까지는 주의집중의 흐름에 올라타기 위해 촉각이나 미각을 사용하는 경우가 많지 않지만 미래에 어떤 활용 방법이 나올지 궁금하긴 하다. 예를 들어, 애플 워치Apple Watch는 알림이나 메시지를 받으면 손목에 가벼운 두드림으로 알려 주는 기능을 현재 사용하고 있다.

시선의 흐름에 올라타기를 활용해 디자인하기

사람들의 주의가 쏠리는 곳에 자리 잡는 전략을 사용하기 위해서는 두 가지 단계만 거치면 된다. 젊은 부부의 일상을 통해 예를 들어 보겠다. 이들에게는 갓 태어난 아기가 있다. 그래서 부인은 남편에게 귀가하는 길에 일회용 기저귀를 사다 달라고 주기적으로 부탁한다.

두 가지 과정만 거치면 부인은 남편의 소중한 주의집중력에 편승해서 좋은 의도를 활성화할 수 있다. 시선의 흐름에 올라탄다는 말은 누군가의 주의가 이미 쏠려 있는 곳으로 간다는 뜻이라는 걸 잊지 말자. 당신이 사용하려는 신호(상기시켜 주는 것 또는 특정 행동의 요청)가 시

각적이라면 이미 상대방의 시선이 가 있는 곳을 찾아야 한다. 예를 들어, 부인은 남편의 열쇠고리를 사용하기로 결정한다. 남편이 차를 타러 나가려면 열쇠를 집을 수밖에 없으니까. 차의 계기판이나 앞 유리를 활용할 수도 있지만 차 열쇠가 아무래도 더 쉽고 효과적이다.

두 번째 단계는 상대방이 가능한 한 쉬운 방법으로 행동 요청을 실행에 옮길 수 있도록 신호를 삽입하는 것이다. 이 예에서는, 기저귀 구입을 상기시키는 의도에 따라 부인이 남편의 열쇠고리에 3×5인치 크기의 카드를 부착하는 것이다. 그리고 그 카드에 기저귀를 사 오라고 적은 부인의 요청에 따라 남편이 행동할 수 있도록 20달러짜리 지폐를 클립에 물려 둔다.

주의의 흐름에 올라타기 전략에는 딱 두 단계만 있으면 되지만, 전략이 효과를 보기 위해서는 몇 가지 기억해야 할 점들이 있다. 첫째, 바람직한 행동을 방해하는 요인이 소홀함 때문인지 확인해야 한다. 주의에 올라타기 전략은 부주의를 공략할 때 효과가 가장 좋다. 만약 문제가 소홀함이 아니라 타성 때문이라면, 즉 바람직한 행동을 하려면 현재 많은 노력이 들어가고 대가는 나중에 돌아오는 일이라면, 옵트아웃 전략이나 사전 조치 전략을 취할 수 있는 기회 제공하기 또는 선택 요구하기 방식을 고려해 보라. 이 부부의 경우에는, 남편이 기저귀 구입을 하지 않는 이유가 단순히 부인의 부탁을 잊어버리기 때문이라고 해둔다.

둘째, 상대방의 주의가 쏠리는 곳으로 가기 위해서 디자이너는 상대방의 주의를 충분히 끌 수 있는 위치에 신호를 제공해야 한다. 현대 과학기술의 발달을 이용하면 매우 쉬울 것 같아도 조심해야 할 부분이 있다. 예를 들어, 광고는 사람들의 주의력을 끌어당기기 위해 믿을 만한 기제로 텔레비전에 의존했다. 사람들이 소파에 앉아 방송을 보면서 광고도 같이 보게 되기 때문이다. 텔레비전이 나온 초기 시절에는 그랬다. 광고 시간에 소파에서 일어나서 채널을 바꾸는 수고를 들이느니 그냥 앉아서 광고를 보는 게 덜 귀찮았으니까. 하지만 리모트 컨트롤과 DVR이 출현하면서 이제 그런 시대는 끝났다.

상대방의 주의를 끌기 위해 신호를 제공할 수 있는 위치는 무궁무진하다. 아마도 머리에 가장 먼저 떠오르는 곳이, 자동차 계기판처럼 활용할 수 있는 스마트폰이 아닌가 싶다. 이제 스마트폰은 대세로 자리잡았고, 스마트폰을 가진 사람이 얼마나 자주 화면을 들여다보는지는 설명할 필요도 없다. 게다가 메시지를 만들어 스마트폰으로 보내는 일은 상대적으로 많은 돈이 들지도 않는다. 단점이라면, 수많은 회사와 조직에서 이 사실을 이미 알고 있고 우리의 관심을 잡기 위해 온갖 방법을 동원하고 있다는 점이다. 간단히 말해서, 주의의 흐름에 올라타기 위해 스마트폰을 사용하는 전략은 이제 구식에 속한다. 스마트폰 사용자들이 귀찮은 메시지를 차단하는 방법을 알아내고 있기 때문이다. 당신이 보내는 메시지가 상대방에게 즐거움과 즉각적인 도움을 주는 것이라면 당신에게도 기회가 있을지 모른다. 하지만 다른 사람들도 당신과 똑같은 계기판을 공략하려 한다면 조심해야 한다. 당신의 메시지로 향하는 사람들의 관심은 현저히 줄어들 테니까 말이다. 다시 한 번 말하지만, 관심의 희소가치를 깨닫고 사람들의 주의와 시선을 소중히 다뤄야 한다.

이 전략을 망치는 지름길이 있다고 한다면, 그것은 중요하거나 필요하지도 않은 신호 또는 행동으로 옮길 수 없는 계기를 제공하는 행위라 할 수 있다. 예를 들어, 적절한 엔진오일 교환주기가 오려면 아직 3,000킬로미터나 남았는데 운전자에게 엔진오일 교환에 대해 상기시켜 준다면 효과는커녕 운전자의 짜증만 유발할 수도 있다. 신호를 제공하는 가장 좋은 타이밍은, 상대방이 그렇잖아도 그 일을 해야겠다고 생각할 때 내지는 바로 그 직전이다. 이와 마찬가지로, 만약 상대방이 이미 바람직한 행동을 실행했다면 계기를 제공하지 말아야 한다. 예를 들어, 운전자가 적정한 시기가 오기 얼마 전에 이미 엔진오일 교환을 마쳤다면 미리 알림 기능을 사용하지 말아야 한다. 이 부부의 경우에는, 아내가 남편에게 기저귀 구입을 부탁하고 싶을 때만 열쇠고리에 메모를 부착했으므로 상관이 없다.

이번 장에서는, 사람들의 관심과 주의력이 모일 만한 곳으로 가는 것이 얼마나 중요한지 알아보았다. 그렇게 한다면 특정 행동을 원하는 우리의 요청이 충분한 관심을 끌고도 남을 수 있다. 다음 장에서는 더 나은 결정을 촉진하기 위해 사용 가능한 선택을 재구성하는 방법을 생각해 보기로 한다.

리프레이밍 전략
선택 재구성만으로도
전혀 다른 결과를 만들 수 있다

젊은이들의 사랑은 늘 우여곡절을 겪기 마련이지만 로미오와 줄리엣의 사랑은 시작부터가 문제였다. 로미오의 몬태규 가문과 줄리엣의 캐플릿 가문은 철천지원수다. 하지만 가질 수 없는 것보다 더 갖고 싶은 게 있으랴. 로미오와 줄리엣은 운명적인 사랑에 빠진다. 두 사람의 사랑이 큰 문제에 봉착했다는 사실을 깨달은 줄리엣은 너무나도 간단한 해결책을 생각해 낸다. 로미오에게 성을 바꾸라고 제안한 것이다. 로미오가 그렇게 할 수 없다면 자신이 성을 바꾸겠다고 한다. 줄리엣의 논리를 셰익스피어는 이렇게 적었다.

오, 로미오, 로미오! 그대는 어찌하여 로미오인가요?

저를 위해 그대의 아버지를 부인하고 그대의 이름을 거부하세요.

그럴 수 없다면 당신이 내 사랑임을 맹세해 주세요.

그러면 제가 캐플릿이라는 이름을 버리겠어요.

몬태규가 뭐지? 손도 아니고 발도 아닌데.

팔도, 얼굴도 아니고

어느 신체 부위도 아닌데. 오, 제발 다른 이름을 가져요.

이름이란 뭘까?

장미가 다른 이름으로 불린다 해도 달콤한 향기엔 변화가 없을 것을.

엔지니어인 나는 줄리엣이 언어를 대하는 방식에 동의한다. 즉 단어란 정보를 담은 용기일 뿐이다. 모든 사람이 단어의 의미에 동의할 때만 그 단어는 힘을 발휘할 수 있다. 장미를 다른 이름으로 불러도 장미는 여전히 장미다. 그렇지 않은가?

글쎄, 성급한 속단은 금물이다. 단순해 보이는 하나의 사실 속에 여러 의미가 담겨 있을 때가 많다. 그렇기 때문에 어떤 사실을 어떻게 '프레이밍framing'하느냐에 따라 긍정적인 해석을 낳기도 하고 부정적인 해석을 낳기도 한다. 따라서 사람들 마음속에 이미 존재하는 좋은 의도를 활성화하는 데 어떤 표현을 사용하느냐가 매우 중요하다. 같은 뜻이라도 좋은 단어를 사용하면 상대방의 50비트밖에 안 되는 주의력을 훨씬 더 잘 끌어들일 수 있다.

이런 접근방식이 얼마나 중요한지 이해를 돕기 위해 3장에서 다뤘던 펫스마트에 대해 다시 생각해 보자. 펫스마트에서는 고객들이 구입한 물건을 가지고 계산대에 섰을 때 모니터에 이런 질문이 뜨도록 했다.

'집 없는 애완동물 구조를 위해 기부하시겠습니까?'

마음이 짠해진다. 집이 없는 애완동물이라니? 그래, 아들내미 운동화는 나중에 사주면 된다.

집 없는 애완동물이라는 표현은 많은 의미를 담고 있다. 애완동물은 도둑고양이나 들개 무리가 아니다. 그리고 왠지 주인 몰래 나갔다가 잠시 길을 잃은 동물의 느낌도 아니다. 말 그대로 애완동물이다. 애완동물은 동물이 아니다. 가족의 일원이다. 애완동물은 사람과 함께 있어야 하므로 집에서 지내야 한다. 사람들은 집 없는 애완동물이라는 단어를 보면서 바로 이런 생각을 떠올린다. 뭔가 정말로 아주 안 좋은 일이 있었구나. '주인'이 죽었거나 힘든 상황에 처했거나 아니면 더 이상 애완동물을 사랑하지 않는다고 생각한다. 그 이유가 뭐든, 집 없는 애완동물이란 단어는 자동적으로 한 가정에 닥친 불행한 사연과 그로 인해 희생당한 죄 없는 동물을 연상시킨다. 애완동물이 집도 없이 살아가기엔 이 세상이 너무 춥고 험하지 않은가 말이다.

자, 단어가 중요한가? 그렇다, 당연하다. 정말 중요하다. 만약 펫스마트에서 이런 표현을 사용해 기부 의사를 물었다고 가정해 보자. '동물 보호소를 위해 기부하시겠습니까?' 왠지 인간적인 요소가 없어 보이고(동물과 애완동물, 보호소와 집), 관계를 맺는 데 도움을 준다기보다 건물을 더 좋게 만드는 데 도움을 준다는 생각이 든다. 하지만 집 없는 애완동물이라는 단어는 정서적으로 엄청난 감성을 자극하며 다가온다. 이 두 마디에 가정에 대한 개념, 소속감, 화합, 순수는 물론 비극과 배신까지 모든 요소가 함축되어 있는 것이다. 집 없는 애완동물.

정치에도 단어는 중요하다

미국 정치계에서 세라 페일린Sarah Palin은 아주 극단적인 지지파와 반대파를 동시에 지닌 인물이다. 전 알래스카 주지사인 페일린은 대선에서 존 매케인의 러닝메이트로 공화당 부통령 후보였고 〈폭스뉴스Fox News〉에서 정치평론가로도 일했다. 현재 미국에서 찬반양론이 갈리는 주제 중 하나는 정부와 의료 서비스가 만나는 지점이다. 의료 서비스라는 말에서 건강, 돈, 가족 등 누구에게나 중요하고 민감한 단어들이 연상된다. 당연히 페일린은 오바마 정부가 추진하는 의료 서비스 개혁을 반대하는 데 앞장섰다.

그런 페일린이 의료 서비스 개혁에 반대하는 자신의 지지자들을 결집시키는 데 엄청난 성공을 거둘 수 있게 도와준 요소가 있다. 우연인지 의도적인지 모르겠지만, 페일린이 페이스북에 글을 올리면서 사용한 '사망선고 위원회death panels'라는 단어다. 이 짧은 두 단어를 듣는 순간 사람들은 왠지 인정머리 없는, 약간 변비에 걸린 듯한 엘리트 그룹을 저절로 떠올리게 된다. 사망선고 위원회는 의료 비용을 줄여 우리 어머니와 이웃 같은 약자들을 방치하고 보험회사를 살찌우는 데만 관심 있는 관료조직을 연상시킨다. 정부에서 이런 조직을 만들어 의료 지원 여부를 결정지을 것이라는 소문은 사실이 아닌 것으로 판명이 났지만 많은 사람들이 오바마 정부에게서 의심의 눈길을 거두지 않았다. 이 두 단어가 강력한 효력을 발휘한 것이다.

정치적 이득을 위해 신중하고 적절한 단어 선택에 신경 쓰는 사람은 공화당 의원뿐만이 아니다. 아래 나오는 단어들이 같은 의미를 지녔으면서도 얼마나 상이한 정치적 의견을 담고 있는지 생각해 보라.

석유 파내기drilling VS 석유 탐사하기exploring

세금 감면tax cut VS 세제 지원tax relief

상속세inheritance tax VS 사망세death tax

병력의 점진적 증강troop escalation VS 병력의 급증troop surge

보편적 건강 보장universal coverage VS 워싱턴 장악Washington takeover

우익의 정권 장악 시도right-wing power grab VS 유권자 항거voter revolt

양심적 병역 거부자conscientious objector vs 병역 회피자draft dodger

무숙자homeless person vs 부랑자bum

이런 식의 단어 사용은 끝도 없다. 아동 낙오 방지법의 이름을 'No Child Left Behind', 즉 '단 한 명의 아이도 뒤처지지 않도록 하겠다'라고 짓는데 어느 누가 이 법안에 반대할 수 있단 말인가? 한번 생각해보라. 친구들끼리 모여서 정치 얘기, 특히 이 법안에 대해 얘기하다가 누군가가 이렇게 말하면 어떨까. "내가 아는 애들 중에는 포기해도 좋은 아이들이 두어 명 있는데." 그 말을 들은 사람들이 어떻게 반응하겠는가 말이다.

던지고자 하는 메시지를 신중하게 선택한 단어로 교묘하게 포장하는 사례는 언제 어디서나 찾을 수 있다. 표현 방식을 달리하면 효과도 달라진다. 커뮤니케이션 전략가이자 여론조사 전문가인 프랭크 런츠Frank Luntz의 말처럼, 중요한 것은 당신이 무엇을 말하느냐가 아니라 사람들이 무엇을 듣느냐이다. 그리고 사람들이 무엇을 듣는지는 서로 의사소통할 때 어떤 생각이 활성화되느냐에 달려 있다. 단어 선택이 그래서 중요하다. 단어는 사람들에게 어디에 주의를 기울이고 어디를 포기해야 하는지에 대한 실마리를 제공해 준다. 사건의 어떤 부분에 집중해야 하고, 뭐가 좋고 뭐가 나쁜지를 판단하는 데 도움을 주는 단서를 제공해 준다.

역사상 가장 뛰어난 공익광고

1971년 지구의 날, 환경보호 사업을 펼치는 비영리 기구인 '미국을 아름답게Keep America Beautiful'는 공익광고의 일환으로 '눈물 흘리는 인디언The Crying Indian' 편을 제작해 텔레비전으로 방영했다. 그 광고는 북소리를 배경음악으로 인디언 원주민으로 분장한 배우 아이언 아이즈 코디Iron Eyes Cody가 카누를 타고 햇살에 반짝이는 강을 노를 저으며 가는 장면으로 시작한다. 인디언이 노를 저을 때마다 강물에 떠다니는 쓰레기가 하나씩 보이기 시작한다. 그러면서 카메라는 강 주위가 온통 연기를 뿜어 대는 공장들로 둘러싸여 있는 모습을 잡아낸다. 쓰레기가 넘치는 강가에 도착한 인디언이 고속도로를 향해 발길을 옮긴다. 그때 성우가 깊은 음색을 담은 목소리로 말한다. '한때 이 나라의 상징이었던 자연의 아름다움에 대해 변치 않는 깊은 존경심을 지닌 사람들이 있습니다.' 성우의 말이 끝나자 고속도로를 달리는 차량에서 탑승자가 차창 밖으로 봉투를 던진다. 먹다 남은 패스트푸드가 들어 있는 쓰레기봉투가 주인공 인디언의 발 앞으로 굴러와 터지면서 음식물 쓰레기가 쏟아진다. 다시 성우가 비웃는 듯한 어조로 말한다. '그렇지 않은 사람들도 있습니다.' '공해를 일으킨 것도 사람이고 공해를 막을 수 있는 것도 사람입니다.' 카메라 방향으로 고개를 돌리는 인디언의 눈에서 한 줄기 눈물이 흘러내린다.

이 공익광고는 두 개의 클리오 광고상Clio Awards을 수상했고 애드 에이지Ad Age가 꼽은 20세기 100대 광고 캠페인에 선정되었다. 이 광고가 처음 방영됐을 당시 태어나지 않았던 사람들도 이 광고를 알고 있을 만큼 잘 만든 공익광고였다. 이 광고가 나왔을 때는 이미 환경보호를 위한 문화적인 분위기가 한창 조성되어 있긴 했지만 '눈물 흘리는 인디언'이야말로 사람들이 환경보호 운동에 앞장서게 하는 계기를 마련해 주었다고 할 수 있다.

이 광고가 그토록 뜨거운 호응을 불러일으킨 이유는 무엇일까? 정식으로 객관적인 연구가 실행된 적이 없으므로 무엇 때문이라고 정확히 말할 수는 없다(설득과 영향력 분야의 세계적인 전문가인 로버트 치알디니Robert Cialdini는 이 광고를 보다 더 완벽하게 만들 수 있었다고 한다. 그의 주장에 따르면, 강과 강둑에 버려진 쓰레기들은 사람들에게 쓰레기 투척이 어디서나 일어나고 있으며 따라서 용인될 수 있는 행위라는 암묵적인 메시지를 전달한다고 한다). 어차피 원인을 설명해 줄 정확한 연구가 없는 상태에서 나도 내 생각을 나름대로 밝히자면, 이 광고가 성공할 수 있었던 데는 두 가지 요인이 있다고 본다.

첫째, 그 광고는 매우 큰 사회적 문제를 인간적인 수준의 크기로 축소시켜 재구성했다. 공해가 나쁘다는 건 다 안다. 하지만 그 범위가 매우, 어쩌면 너무 크고 넓어서 감히 개인의 힘으로는 어쩔 수 없는 문제처럼 느껴진다. 하지만 쓰레기는 다르다. 쓰레기 버리기는 내가 관리할 수 있는 문제처럼 느껴진다. 쓰레기는 공해의 한 부분이지만 우리의 일상생활과 연관된 문제다. 공해는 대기업들의 문제지만 쓰레기는 사람들의 문제다. 광고의 주제는 공해였지만 시청자의 감성은 쓰레기와 연결되었다. 이런 기법을 '텔레스코핑telescoping'이라고 하는데, 사람들의 마음에 바싹 다가설 수 있는 강력한 방법이다. 공영 라디오방송에서 이 기법을 많이 사용하는데, 예를 들면 하루에 1달러 기부 약속을 부탁하면서 '커피 한 잔 값도 되지 않는 돈'이라고 말하는 것이다.

둘째, 그 광고는 쓰레기를 버리는 행동의 의미를 재구성했다. 쓰레기 투척이 불법일 뿐만 아니라 다른 사람들에게 무례를 범하는 행동임을 시사한다. 그리고 이 메시지를 검은 머리를 땋고 사슴 가죽으로 만든 옷을 입은 미국 인디언을 통해 전달한다. 인디언은, 적어도 당시 미국에서는 자연과 깊은 교감을 나누는 사람으로 인식되었기 때문이다. 쓰레기를 버리는 사람을 단순히 주위를 지저분하게 만드는 사람이 아니라 다른 사람들이 중요하고 소중하게 생각하는 가치를 훼손하는 사람으로 보이도록 만든 것이다. 사회적 규범에 초점을 맞추면서 어떤 행동의 의미를 재구성한 좋은 사례라 할 수 있다. 이 방식은 잘만 사용하면 강력한 힘을 발휘할 수 있다.

고객 서비스의 마술 같은 두 단어

내 큰아들이 가전제품 회사 고객 서비스 부서에 정규직원으로 취직했을 때였다. 당시는 직장 구하기가 아주 힘들 때였는데 월급도 잘 주는 회사에 취직했으니 그냥 넘어갈 수 없어 아들을 데리고 저녁식사를 하러 갔다.

음식점에서 우리 주문을 받은 종업원이 이렇게 말했다. "감사합니다. 손님들을 위해서 바로 갖다 드리겠습니다."

그 말을 들은 내 아들은 고객을 담당하는 사람들의 전형적인 말투라며 웃었다. 내가 그게 무슨 뜻인지 묻자, 자기 회사에서도 고객들에게 '고객을 위해서'라는 말을 꼭 사용하도록 팀장이 모든 직원에게 정기적인 교육을 시킨다는 것이었다.

다음의 두 문장이 차이가 있는지 한번 보라.

'바로 갖다 드리겠습니다.'

'손님들을 위해서 바로 갖다 드리겠습니다.'

이 짧은 두 단어를 문장에 덧붙이면서 의미의 흐름이 달라졌다. 거래에 중점을 두는 대화(손님은 음식 값을 지불하고, 나는 음식을 가져다 준다)에서 좀 더 사회적 상호작용에 의미를 두는 대화(직장을 구했다고 축하하는 자리를 마련했군요. 제가 특별한 자리가 되도록 해드리죠)로 부드럽게 옮겨갔다. 내 아들이 일하는 회사에서 이런 점까지 다 생각해 봤는지는 모르겠지만, 어쨌든 이 두 단어가 서비스를 받는 사람과 제공하는 사람 사이에서 이뤄지는 상호작용을 단순한 거래가 아닌 더 인간적인 관계로 만드는 데 도움을 주는 것만큼은 분명하다는 생각이 든다.

사회규범을 활용한 선택 리프레이밍

선택을 재구성하는 방법 중 하나는 사회규범을 리프레이밍하는 것이다. 익스프레스 스크립츠에는 행동경제학 분야에서 뛰어난 실력을 지닌 전문가들로 구성된 소비자 행동 자문위원회가 있다. 이 위원회의 위원 중에서 사회규범을 활용한 선택 재구성과 관련해 흥미로운 연구를 실시한 사람이 두어 명 있다. UCLA 교수인 노아 골드스타인Noah Goldstein은 설득 전문가 로버트 치알디니의 제자다. 노아는 사회규범을 활용해 호텔 투숙객들이 수건을 재사용하는 비율을 높일 수 있는지 알아보고 싶었다. 그는 세 가지 안내판을 준비한 다음 고객들에게 무작위로 실험해 보았다. 세 안내판은 문구 외에는 모든 것이 동일했다. 투숙하는 동안 수건을 재사용하라고 부탁하는 의미에서, 통제집단에게는 단순히 '환경보호를 위해서 협조해 주세요'라고 적은 안내판을 보여 주었다. 두 번째 안내판에는 사회규범을 활용해서 '환경보호에 협조하는 분들과 함께하세요'라고 적은 다음, 손님들 중 75퍼센트가 수건 재활용 프로그램에 참여했다고 적었다. 마지막으로 세 번째 안내판에는 사회규범을 사용하되 약간의 변형을 가한 문구를 적었다. 기본적으로는 두 번째 안내판의 문구를 사용하면서도 투숙객의 참여율을 객실 번호와 연계해 '이 객실 701호에 묵었던 고객의 75퍼센트가 수건 재활용 프로그램에 동참하셨습니다'라고 적었다.

통제집단에서는 투숙객 중 37퍼센트가 한 번 쓴 수건을 다시 사용했다. 사회규범을 활용한 문구를 본 투숙객은 44퍼센트로 참여율이 증가했고, 사회규범을 객실 번호에 연관시킨 문구를 본 투숙객은 참여율이 49퍼센트에 달했다. 실험을 주도한 노아도 말했지만, 이 실험 결과는 뜻밖이었다. 자신이 곧 몸을 누일 침대를 먼저 사용했던, 알지도 못하는 사람들에 의해 행동의 변화가 일어난다니 말이다.

전력 소비를 줄이는 데도 사회규범이 활용된다. 역시 소비자 행동자문회의 위원이자 예일대학교 교수인 이언 에어즈Ian Ayres와 그의 동료들은 사람들이 전력 소비를 줄이도록 만드는 흥미로운 전략을 고안해냈다. 사람들에게 보내는 고지서에 에너지 소비를 줄이는 방법과 더불어 전력 사용량을 이웃과 비교해서 보여 주도록 한 것이다. 일단 작은 규모로 실험을 시작한 연구팀은 이런 형식의 고지서를 받은 사람들과 일반 고지서를 받은 사람들의 전력 사용 기록을 시간을 두고 추적했다. 연구원들은 사회규범을 활용한 고지서를 받은 사람들이 1~2퍼센트 정도 전력을 덜 사용하게 되었다는 결과를 얻었다. 이 정도 수치가 무슨 의미가 있겠느냐고 생각할 수도 있지만, 사람들에게 자발적으로 전력 사용을 줄여 달라고 부탁했다면 과연 몇 명이나 동참했을까를 생각해 볼 때 결코 미미한 수치라 할 수는 없다.

사회규범은 조심해서 사용해야 한다. 규범이란 것은 자기가 속한 단체와 아주 밀접하게 연관되어 있기 때문이다. 존 베시어스John Beshears와 그의 동료들은 401(k) 참여율을 끌어올리기 위한 메시지를 보내는 데 사회규범 방식을 사용했다. 존은 회사가 지원하는 개인 퇴직연금 제도를 충분히 활용하지 못하는 직원들을 대상으로 참여를 이끌어 내는 방법의 일환으로 사회규범을 활용하기로 했다. 그는 대상 직원들에게 그들과 비슷한 연령대의 다른 직원들은 참여율이 72~93퍼센트에 이른다는 사실을 알렸다. 사회규범을 활용한 방식이 효과를 보긴했다. 노조에 가입하지 않은 직원들에게만. 사회규범 접근방식이 비노조 직원들 사이에서 2퍼센트의 참여율 증가를 불러왔다. 그러나 노조 직원들에게는 오히려 역효과를 낳았다. 노조원들의 참여율은 3퍼센트 이상 감소했다. 전하는 메시지에 담신 사회규범 요소가 강할수록(예를 들어, 비슷한 연령대의 사람들이 퇴직연금 제도에 참여하는 비율이 높을수록) 노조원들의 참여율은 더 떨어졌다.

더 나은 행동을 이끌어 내기 위해 사회규범을 활용할 때는 정말로 조심해야 한다는 점을 이 사례에서 알 수 있다. 분명한 사실은, 사회규범이 단체(이웃 주민들, 같은 방에 묵었던 사람들, 같은 소속팀의 동료)를 떠올리게 한다는 점이다. 누군가 그 단체에 속해 있다는 말은 반대로 속해 있지 않은 사람들도 있다는 말이다. 그리고 그 단체에 속하지 않은 사람들이 '단체 안'에 있는 사람들의 행동에 맞서는 반응을 보일 수도 있다. 실제로 전력 사용을 줄이기 위해 사회규범을 활용했던 사례를 좀 더 가까이 들여다보자. 사회규범 방식을 사용했을 때, 보수 성향의 가정에 비해서 진보 성향의 가정에서 2~4배 더 큰 효과가 나타났다. 반대로 자기 가정의 전력 소비가 평균 미만이라는 정보를 접한 보수 성향의 가정에서는 오히려 전력 소비를 늘리는 역효과가 발생했다.

손실 회피를 활용한 선택 리프레이밍

인간의 행동 변화를 촉진하기 위해 재정적 유인을 사용할 때 반드시 명심해야 하는 한 가지가, 2장에서 언급했던 손실 회피 성향이다. 당신은 돈을 절약할 수 있는 방법을 알고 있다. 그래서 다른 사람들도 그 방법을 사용하게끔 만들고 싶다면 어떡해야 할까? 자신이 처한 상황을 바라보는 의사결정자의 시각을 바꾸는 의사소통 방법을 사용하라. 즉 바람직한 행동을 바라보는 의사결정자의 관점을 바꾸는 작은 전환 방법을 사용하라.

내가 익스프레스 스크립츠에 있을 때 겪었던 일이다. 비싼 브랜드 약품 대신에 값은 저렴하지만 효과는 동등한 복제약품으로 바꿔서 사용하면 돈을 절약할 수 있는데도 많은 환자들이 그 기회를 활용하지 못하고 있었다. 손실 회피 성향에 따르면, 사람은 이득을 추구하기보다 손실을 피하기 위해 더 열심히 노력한다. 그래서 우리는 환자들에게 저렴한 약으로 바꾸면 절약할 수 있는 돈에 관해서는 이야기하지 않기로 했다. 대신에 바꾸지 않았을 때 손해 보는 돈이 얼마나 되는지 강조하는 의사 전달 방식으로 언어를 재구성하기로 했다. 좀 더 자세히 설명하자면, 저렴한 대안이 있는데도 비싼 브랜드 약품을 사용하는 행동을 '돈을 불태워 버리는 것'에 비유했다. 약을 바꾼 사람들이 두 배나 늘어날 만큼 이 방식은 효과가 있었다.

재정적 유인과 관련한 프레이밍에서 명심해야 할 게 한 가지 더 있다. '일괄bundling' 대 '열거enumerating'다. 즉 여러 가지 예나 사실을 한데 묶을 것이냐 아니면 죽 늘어놓을 것이냐를 결정해야 한다. 일반적으로 손실이 이득보다 더 커 보이므로 여러 손실들을 하나로 묶는 게 좋다. 큰 거 한 방에 쓰러지는 게 잔 펀치를 계속 맞다가 '골병들어' 쓰러지는 것보다 덜 아프다는 논리라 생각하면 된다. 반대로 이득은 저평가되는 경향이 있으므로 일일이 나열하는 것이 낫다.

이렇게 손실은 묶고 이득은 나열하는 방식을 잘 활용한 한 예로, 아마존이 제공하는 유료 회원용 배송 제도인 아마존 프라임Amazon Prime을 들 수 있다. 사용자는 이 서비스에 가입하면서 회비를 한 번에 다 내야 하지만 1년 동안은 별도로 배송 비용을 지불하지 않아도 된다. 매번 물건을 구입할 때마다 (배송 비용 때문에) 사용자들이 손해 보는 듯한 느낌을 받지 않도록, 아마존 프라임은 여러 번의 손실을 한 번의 회비로 묶어 놓았다. 물건을 고르기 위해 아마존에 들어가면 어떤 품목이 아마존 프라임 쇼핑으로 구입 가능한지 볼 수 있다. 그리고 소비자가 물건을 구입할 때마다 아마존에서는 배송이 무료라는 점을 상기시켜 준다. 손실들은 묶어 버리고 이득은 매번 나열해 주는 것이다.

이제 재구성하기 방식이 얼마나 효과가 있는지, 눈 가리고 아웅 하는 식으로 교묘하고 기만적인 표현을 사용해 핵심 논점이나 문제를 슬쩍 피해 가는 방식보다 더 효과적이라는 사실을 알 수 있을 것이다. 프레임은 우리가 세상을 바라보는 렌즈다. 프레임에는 늘 기본적인 선입견이 존재하기 마련이다. 프레임은 중립적인 성격을 띠는 적이 거의 없기 때문에 어떤 결정을 다른 결정보다 더 쉽게 또는 더 매력적으로 만들어 준다. 이제부터는 프레이밍을 좀 더 광범위하게 들여다보고 습관 설계 디자이너들이 더 나은 결정을 활성화하기 위해 어떤 방법을 사용하는지 알아보자.

신비한 미끼 효과

가장 흥미로운 선택은 '트레이드오프trade-offs'가 개입된 선택이다. 하나를 얻으면 하나를 잃게 되는 것이 트레이드오프다. 고급 아이스크림은 맛은 좋지만 가격이 비싸다. 여기서 트레이드오프는 맛과 가격

사이다. 당신이 좋아하는 감독이 만든 영화가 새로 나왔다 치자. 당신이 그 영화를 보고 싶어 극장에 도착하니 그 시간에 시작하는 영화표는 이미 매진되었다. 당신은 다음 회가 시작할 때까지 기다릴 것인지 아니면 그다지 관심이 가는 영화가 아니지만 다른 영화를 볼 것인지 결정해야만 한다.

때로는 트레이드오프가 확실하게 드러날 때도 있지만 그렇지 않을 때도 있다. 당신이 대안들을 어떻게 제시하느냐가 사람들이 트레이드오프를 어떻게 받아들이느냐에 상당한 영향을 끼친다.

신비한 '미끼 효과_{decoy effect}'를 예로 들어 보자. 당신은 처음 방문한 도시를 여행 중이다. 저녁이 되자 당신은 호텔 안내데스크에서 일하는 친절한 직원에게 저녁식사를 할 만한 곳을 추천해 달라고 부탁한다. 그 직원은 두 가지 대안을 제시한다. 한 곳은 별 다섯 개를 받은 음식점으로 호텔에서 차로 25분 정도 가야 한다. 다른 곳은 별 세 개를 받은 음식점이지만 5분 거리밖에 안 된다. 20분을 더 운전하더라도 별을 많이 받은 음식점으로 가야 하나 말아야 하나 당신이 고민하던 그때, 그 직원이 또 다른 음식점을 알려 준다. 세 번째 음식점은 별 다섯 개를 받은 음식점인데 차를 타고 35분을 가야 한다. 세 번째 대안은 첫 번째 대안보다 나은 점이 하나도 없다. 그러므로 당신이 음식점을 결정하는 데 아무런 영향도 끼치지 않는 게 정상이다.

그런데 영향을·끼친다. 세 번째 대안은 그보다 확실히 우수한 다른 대안의 매력을 배가시킨다. 이 경우에는 약간 더 가까운 거리에 있는 별 다섯 개짜리 음식점의 매력이 증가한다. 만약 안내데스크 직원이 두 번째 음식점을 상대적으로 좋아 보이게 하는 조건의 대안(예를 들어, 5분 거리에 있는 별 하나짜리 음식점)을 세 번째 대안으로 제시했다면, 당신은 아마도 가까운 거리에 있는 별 세 개짜리 음식점을 택할 확률이 높았을 것이다. 미끼 효과의 작동 원리를 완벽하게 설명할 수는 없다. 하지만 세 번째 대안의 제시가 우리가 선택을 내리면서 트레이드오프 해야만 하는 두 가지 특성 중 한쪽으로 우리의 주의를 끌어당기는 역할을 한다는 설명은 일리가 있다.

여러 가지 특성 중 한 가지 특성에 주목하게 만드는 방법은 미끼 사용 외에도 또 있다. 순서를 정리한 대안을 제시하는 방식도 효과가 좋다. 전통 이탈리아 음식점에서 사용하는 메뉴를 예로 들겠다. 식사를 할 때 안티파스티antipasti, 즉 전채 요리가 먼저 나온다. 두 번째로 나오는 것은 (첫 번째라는 뜻을 지닌) 프리모primo인데, 일반적으로 파스타를 말한다. 그다음은 세콘도secondo로, 주로 고기나 생선 위주의 메인 요리가 나온다. 이탈리아 사람들이 이렇게 먹으면서도 살이 안 찌는 이유를 모르겠지만 대부분 몸매 관리를 잘하는 것 같다.

이탈리아 음식점의 메뉴는 음식을 가격으로 구분하는 대신 어떤 순서로 식사를 해야 하는지를 교묘한 방식으로 보여 준다. 먼저 애피타이저를 먹은 다음에 파스타를 먹고 그 후에 단백질을 섭취해야 한다는 식으로 알려 준다. 물론 모든 이탈리아 음식점에서 이런 방식을 사용한다고 할 수는 없지만 흔히들 이 방식을 사용한다. 메뉴는 프레임, 즉 당신의 식사를 체계화하는 틀을 만들어 낸다. 따라서 트레이드오프는 이 애피타이저 대 저 애피타이저, 이 파스타 대 저 파스타처럼 보통 그 틀 안에서 일어난다.

가장 간단한 유형의 메뉴는 일차원적으로 순서를 나열하는 방식의 메뉴다. 일차원적 기준에 따라 순서를 나열한다면, 음식점에서는 가격이 기준이 될 수 있고, 피임약 같은 경우에는 효능이 기준이 될 수도 있다. 어떤 특성도 기준으로 사용할 수 있다. 일단 핵심 특성에 따라 목록의 순서를 정하면 의사결정 과정에서 어떤 기준에 따라야 하는지 확실하게 알 수 있다. 10장에서 살펴보겠지만, 여성에게 피임 방법을 소개할 때 가장 효과적인 방법부터 시작해서 효과가 가장 적은 방법 순으로 소개하는 방식이 좋은 의도를 활성화하는 데 강력한 힘을 발휘한다는 것을 알 수 있다.

리프레이밍으로 디자인하기

리프레이밍 전략의 적용 방법을 이해하는 데 도움을 줄 수 있는 예를 들어 보겠다. 인적 자원 분야 전문가인 짐은 막중한 책임을 맡게 되다. 그는 현재 내는 건강보험료가 내년에 인상될 것이라는 사실을 직원들에게 알려야 했다. 짐이 세 가지 절차를 통해 이 메시지를 어떻게 효율적으로 전달할 수 있었는지 살펴보자.

먼저, 가장 큰 효과를 일으킬 수 있는 관점으로 메시지를 바꿔 넣을 수 있는 새로운 프레임을 찾아야 한다. 이게 쉬운 일만은 아니다. 이번 예에서도, 직원들의 건강보험료 지급액이 늘어나는 데 비해 사람들이 반길 만한 점은 찾을 수 없다. 하지만 한 가지 활용할 수 있는 요소가 있다. 직원들이 건강보험료 지급액을 늘리지 않으면 결국에 고용주는 의료보험 혜택을 완전히 없앨 수밖에 없다는 사실이다. 바꿔 말하면, 고용주가 제공하는 의료보험 혜택을 보전하려면 변화가 필요하다는 점을 활용하기로 한다.

다음으로, 새로운 프레임을 활성화하기 위해 사용할 수 있는, 사람들의 마음속에 이미 존재하는 어떤 개념을 찾아내야 한다. 이번 예에서는, 직원들에게 소중한 무언가를 온전하게 보호하고 유지하는 것이 우리가 활성화하고자 하는 핵심 아이디어다. 한동안 생각한 끝에, 멸종 위기에 처한 보호 동물 명단이라는 개념을 활용하기로 결정한다. 멸종 위기 보호종이라는 말은 누구나 한 번은 들어 봤을 만한 단어다. 더구나 이 말은 듣는 사람에게 보호하지 않으면 사라지고 말 멸종 위기 동물을 지켜야 한다는 생각을 자연적으로 떠올리게 만드는 강력한 힘을 지니고 있다. 따라서 이 단어는 좋은 선택이다.

마지막으로, 그 프레임을 활용하는 메시지를 개발하고 효율적으로 사용해야 한다. 여기서는 의료 혜택을 멸종 위기 보호 동물이라는 개념과 연결시키기로 한다. 그리고 간단한 메시지를 만든다. '의료비가 몇 년째 상승하면서, 앞으로 계속해서 여러분이 의료 혜택을 받으실 수 있을지 모르겠습니다. 멸종 위기에 처한 소중한 의료 혜택을 지켜갈 수 있도록 우리가 도와야 합니다. 여러분이 월 20달러, 하루에 1달러도 되지 않는 돈을 더 내신다면 여러분이 현재 받고 있는 혜택을 지켜나갈 수 있습니다.'

또 다른 유형의, 다소 얕은꾀를 사용하는 듯 보이는 리프레이밍은, 선택을 그대로 유지하되 또 다른 한정된 대안을 제시함으로써 선택을 제한하는 방법이다. 현명한 부모라면 이 방법이 얼마나 효과가 좋은지 알 것이다. 자, 당신의 자녀가 등교 준비를 하고 있다. 그런데 추운 겨울인데도 외투를 입지 않겠다고 버틴다. 이때 '아빠/엄마가 하라는 대로 해' 전략을 사용하는 것도 한 방법이다. 집안 분위기가 얼마나 가라앉는지 부모라면 다 알고 있겠지만 말이다. 다른 접근방식을 사용하면 상황을 재구성할 수 있다. 두 가지 옵션을 제안하고 자녀에게 둘 중 하나를 고르도록 하는 방법이다. '지금 그냥 외투 입고 갈래 아니면 혹시 나중을 위해서 들고 갈래?'

당신이 사용하는 언어를 재구성하는 데 당장 큰 비용이 들지는 않는다. 회의에서 사용하는 언어나 웹 사이트, 이메일에서 단어만 바꾸면 되기 때문이다. 하지만 올바른 사용을 위해서는 두 가지 부분에서 시간과 노력을 들여야 한다. 첫째, 사용하는 단어의 중요성을 이해하는 능력 있는 커뮤니케이터, 즉 의사 전달자를 고용해야 한다. 당신 조직에서 홍보 문구나 웹 사이트 글을 쓰는 직원은 사람들이 선천적으로 손실, 집단 그리고 현재에 예민한 반응을 보인다는 사실을 이해하고 있는가? 당신 조직에서 일하는 사람들은, 뛰어난 의사 전달자란 사람들의 마음 한구석을 이미 차지하고 있는 순수한 가치를 활성화할 수 있는 표현 방식에 능하다는 점을 알고 있는가?

둘째, 당신이 사용하는 모든 메시지를 실험해 보기를 강력히 권한다. 실험할 때는, 아무 메시지도 전달하지 않는 통제집단 활용까지 포함해서, 직접 해보는 것이 가장 좋다. 이 방식이 중요한 이유는, 종종 확실한 효과가 기대되는 메시지가 별 효과를 거두지 못할 때도 있기 때문이다. 심지어 역효과를 내는 경우도 있다. 게다가 전문가들이라는 사람들은 메시지가 개인에게 미칠 영향과 그 효과를 쓸데없이 과신하기도 한다. 따라서 어떤 부분이 효과가 있고 없는지, 얼마나 효과가 좋은지에 대해서는 본인이 직접 증거를 찾아 나서는 것이 매우 중요하다.

위에 언급한 장애물이 있긴 하지만 리프레이밍은, 바람직한 행동에 참여하고 장기적으로 자신에게 도움이 되는 선택을 내리는 사람들의 비율을 높여 주는 매우 효과적이고 강력한 방법이다.

일곱 가지 전략 중에서 효율적으로 적용하기 가장 힘든 전략이 아마

리프레이밍일 것이다. 리프레이밍에는 섬세한 손길이 필요하다. 도를 넘는 순간 사람들은 당신의 메시지가 나쁜 소식을 감추거나 억지로 변형시키기 위한 방법으로 사용되고 있다고 (즉각) 판단해 버린다. 그와 반대로, 잘 설계한 리프레이밍은 사람들에게 자기가 처한 상황을 다른 관점에서 합당한 시각으로 바라볼 수 있는 기회를 제공한다. 또한 큰 효과를 거두는 리프레이밍은 사람들의 머릿속에 이미 자리 잡은, 충분히 받아들이고 있는 개념을 백분 활용한다. 따라서 뛰어난 실력의 의사 전달자와 글 쓰는 사람들은 자신이 활용할 수 있는 다양한 레퍼토리를 갖추고 있는 경우가 많다.

　우리는 이미, 인간이 부주의와 타성을 타고난다는 사실을 알고 있다. 그리고 이 책에서는 그것을 습관 설계의 문제라 부른다. 이번 장에서는 더 나은 행동과 선택을 이끌어 내기 위해, 사람들이 직면한 선택을 재구성하는 방식이 얼마나 강력한 힘을 발휘하는지에 주목했다. 다음 장에서는 아주 흥미로운 방식을 살펴보고자 한다. 사람들이 현재 즐겨 하는 행동 위에 바람직한 행동이 업혀 가도록 하는 방식이다.

업혀 가기 전략
사람들이 좋아하는 행동의 부산물로
바람직한 행동이 나오게끔 디자인하라

밥Bob과 리처드 셔먼Richard Sherman 형제는 월트 디즈니가 제작한 여러 영화의 삽입곡을 쓰면서부터 작곡가로서 명성을 얻기 시작했다. 디즈니가 신작 〈메리포핀스Mary Poppins〉에 삽입할 주제곡들을 두 형제에게 부탁해 왔다. 줄리 앤드루스Julie Andrews가 주연을 수락하면서 모든 일이 순조롭게 돌아갔다. 작업에 착수한 셔먼 형제는 여러 곡을 써내려 갔고, 특히 '그녀의 철학Her Philosophy'이라는 곡을 만들었을 때는 줄리 앤드루스에게 잘 어울릴 만한 곡이라고 생각했다. 하지만 나중에 리처드 셔먼은 이렇게 말했다. "앤드루스는 그 곡을 마음에 들어 하지 않았습니다. 산뜻한 느낌이 없다고요. 메리 포핀스 캐릭터에 어울리는 경쾌한 곡이 아니라고 느꼈던 거죠. 메리 포핀스의 개성을 확실히 드러내 줄 수 있는 노래를 원했습니다."

셔먼 형제는 다른 노래를 쓰기 위해 고심했다. 밝은 느낌으로 가자는 데는 두 사람 다 동의했지만 둘 다 만족할 만한 노래는 쉽게 나오지 않았다. 그러던 어느 날 오후, 밥이 집에 돌아왔을 때였다. 학교에서 돌아온 어린 아들 제프를 본 밥은 아들에게 학교는 잘 갔다 왔는지 물었다.

동생인 리처드는 그때 형 밥이 조카와 나눈 대화가 결정적인 역할을 했다며 부자간의 대화를 소개했다.

형이 "아들, 오늘 뭐 했어?" 이렇게 물으니까 제프가 "소아마비 예방 접종 받았어요."라고 대답했답니다. 그래서 형이 다시 "많이 아팠어?" 라고 물으니까 제프가 이렇게 말했답니다. "아니요, 하나도 안 아팠어요. 약을 각설탕 안에다 넣은 다음 조그만 플라스틱 숟가락으로 떠서 입으로 꿀꺽했는데요. 그냥 사탕이랑 똑같았어요. 맛있던데요." 그다음 날 형이 넋이 나간 표정으로 오더니 이렇게 말하더군요. "드디어 제목이 떠올랐어. 제목을 생각해 냈다고."

형제는 곡의 초안 작업에 들어갔고 다음 날 아침 새 노래를 들은 디즈니는 매우 흡족해했다. 이렇게 해서 설탕 한 숟갈이라는 뜻의 '어 스푼풀 오브 슈거A Spoonful of Sugar'가 탄생하게 되었다.

　습관 설계 디자이너가 갖춰야 할 무기 중 여섯 번째가 업혀 가기 전략이다. 업혀 가기는 바람직한 행동을 이끌어 내겠다고 정면으로 맞부딪치기보다는 사람들이 이미 즐기고 좋아하는 행동의 부수적인 현상으로 바람직한 행동이 이루어지도록 하는 방식이다. '피기배킹piggybacking(목말 타기)'의 뜻 그대로, 우리가 원하는 바람직한 행동이 사람들이 하고 싶어 하는 일의 '등에 업혀 가도록' 하는 식이다. 밥의 아들이 다니는 학교에서는 소아마비 예방접종을 실시하면서 각설탕에 예방접종이 업혀 가도록 했다고 보면 된다.

박하의 힘

업혀 가기가 대다수 미국인에게 건강한 습관을 심어 준 일등공신의 역할을 한 적이 있다. 바로 양치질 습관이다. 기자인 찰스 두히그Charles Duhigg는 그의 저서 『습관의 힘The Power of Habit』에서 이에 대한 이야기를 소개한다. 사실 인간이 이를 닦기 시작한 지는 수천 년이 지났지만(이집트인들은 나뭇가지나 잎을 사용했다), 실제로 양치질을 하는 사람은 그리 많지 않았다. 그러다가 20세기 초, 펩소던트Pepsodent 치약이 등장하면서 이후 10년 동안 양치질 습관이 급속도로 퍼져 나갔다.

　어떻게 이런 행동의 급격한 변화가 가능했을까? 경쟁업체들과 달리, 펩소던트는 민트 향을 첨가하고 치아에 자연적으로 형성되는 '얇은 막'인 치태를 제거해 준다는 점을 강조했다. 처음으로 사람들은 양치질이 좋은 느낌을 선사해 준다는 걸 느끼기 시작했다. 이에 낀 텁텁한 막이 제거되고 입에는 알싸하면서 상쾌한 느낌이 감돌았다. 달리 말하면, 미래에 발생할 충치를 예방하는 일, 즉 양치질이 선사하는 진정한 건강상의 이점을 양치 후 그 순간에 느끼는 상쾌하고 깨끗해지는 느낌에 얹혀 태운 것이다.

더 나은 행동을 유도하기 위한 업혀 가기 전략은 개인 욕실뿐만 아니라 공공 화장실에서도 활용 가능하다. 리처드 탈러와 캐스 선스타인Cass Sunstein의 저서 『넛지』에서 소개한 사례를 살펴보자. 보통 남자들은 소변을 보다 보면 소변기 밖으로 '튀어 나가는' 게 많다. 네덜란드 암스테르담에 있는 스키폴공항Schiphol Airport의 화장실도 예외는 아니었다. 그때 한 관리자가 아이디어를 냈다. 남자 소변기 안쪽 중앙에 파리 사진을 부착해서 목표물을 설정해 놓은 것이다. 그 이후로 그 목표물을 조준하고 집중 발사하는 남자들이 많아지면서 밖으로 튀어 나가는 소변의 양이 80퍼센트나 줄어들었다. 이제는 전 세계 남자 화장실의 소변기에서 쉽게 발견할 수 있는 파리가, 남자들의 소변 보는 행위를 조심스럽게 해야 하는 행동에서 남자들이 가장 좋아하는 조준 발사하기 게임으로 바꿔 놓았다.

예기치 않게 운동하기

몇 년 전에 폭스바겐은 '재미 이론The Fun Theory'이라는 캠페인을 후원한 적이 있다. 디자이너들은 먼저 사람들에게서 원하는 올바른 행동을 정했다. 그러고 나서 더 많은 사람들이 올바른 행동에 참여하도록 유도하기 위해 그 행동을 하면 재미있는 반응이 일어나도록 만들었다. 예를 들어, 지하철역 계단을 생각해 보라. 많은 사람들이 계단과 에스컬레이터 중에서 편리한 에스컬레이터를 선택한다. 캠페인을 시작하기 전날 밤, 디자이너들은 계단에다가 피아노 건반 기능을 장착해 놓았다. 지하철 승객들이 오르내리며 계단을 밟을 때마다 피아노 소리가 울리도록 한 것이다. 그러자 점점 많은 사람들이 계단을 이용하게 되는 놀라운 결과가 나타났다. 이 캠페인은 쓰레기통 사용, 빈병 재활용, 속도 제한 준수같이 올바른 행동을 권장하는 여러 분야에서 유사한 방법을 활용해 사람들의 참여를 이끌어 냈다. (http://www.thefuntheory.com에서 이 캠페인의 다양한 사례를 소개한 비디오와 창의력 넘치는 아이디어들을 찾아볼 수 있다.)

우리 부부도 집에서 업혀 가기 전략을 사용한다. 내 아내가 집안에서 텔레비전을 전면 추방하자고 주장했지만, 딱 한 군데만은 예외다. 넷플릭스나 아마존처럼 저렴한 온라인 비디오 서비스를 받을 수 있는 모니터 한 대를 지하실에 남겨 두었다. 그리고 트레드밀 바로 앞에 모니터를 두었다. 이런 식으로 배치를 하면 편한 마음으로 누워서 넋 놓고 텔레비전을 시청할 수가 없다. 트레드밀 위에 올라서야 화면이 보이기 때문이다. 하지만 그 덕분에 해야 하는 운동을 할 수 있다. 모니터와 트레드밀의 배치를 통해서 운동이 오락에 업혀 가도록 만든 덕분이다. 즉 트레드밀 위에서 뛰는 운동이 집에서 텔레비전을 보는 행동의 자연적인 부산물이 된 것이다.

웃음에 업혀 가기 : **버마-셰이브**

클린턴 오델Clinton Odell은 1925년에 버마-셰이브Burma-Shave라는 상품을 선보였다. 버마-셰이브는 솔이 필요 없는 면도용 크림이라는 점을 앞세워 면도 역사에 새로운 지평을 열었다. 하지만 진짜 이름을 알리게 된 데에는 독특한 광고 캠페인이 큰 몫을 차지했다. 버마-셰이브는 1928년 무렵 작은 광고판들을 도로에 일정한 간격으로 설치해 놓았다. 운전자들이 도로를 따라 주행하면서 연속적으로 이어진 광고판의 문구들을 읽을 수 있게 만든 것이다. 미니애폴리스에서 처음 설치했던 그 광고판은 이내 미국 전역으로 퍼져 나갔다.

처음에는 단순히 제품 구매를 권유하는 광고 메시지로 시작했지만 점차 문구에 유머를 더했다. 다음을 보면 버마-셰이브 광고 메시지가 진화하는 모습을 볼 수 있다.

1927년 : 현대적으로 면도하세요 / 솔 없이 / 거품 없이 / 마찰 없이 / 대용량 35센트 – 약국에서 구입 / 버마-셰이브

1928년 : 면도의 SHAVE에서 'H'를 빼서 / 세이브하고 아끼세요 / 살결을 아껴요 / 시간과 돈을 아껴요 / 솔질도, 거품도 없이 / 버마-셰이브

1929년 : 모든 성인 남자는 / 이제 평소보다 / 6분 더 / 주무셔도 됩니다 / 사용해 보세요 / 버마-셰이브

1930년 : 당신의 남편이 / 못되게 굴고 / 투덜대고 툴툴대고 / 고래고래 고함치나요 / 거친 그에게 선사하세요 / 버마-셰이브

1935년 : 잘 지키세요 / 안전한 우측 주행이 / 목숨을 구해 줍니다 / 반 파운드 용기 크림이 / 피부를 지켜 줍니다 / 버마-셰이브

버마-셰이브가 한창 주가를 올릴 때는 면도솔을 사용하지 않는 면도용 크림 시장에서 두 번째로 높은 시장점유율을 차지하기도 했다. 이 광고가 왜 이렇게 잘 먹혔을까? 첫째, 버마-셰이브는 '시선의 흐름에 올라타기' 전략을 특히 미국 중부의 장거리 운전자들을 주 타깃으로 삼아 시도했다. 하지만 버마-셰이브의 광고 문구가 진화한 과정 또한 주목하지 않을 수 없다. 처음에는 단도직입적인 제품 권유 문구로 시작했으나 나중에는 유머를 가미했고, 그다음에는 유머에 안전 메시지를 더해 갔다는 점이다. 버마-셰이브 광고는 재미를 주는 방법으로 진지한 주제를 전달하면서 광고가 업혀 가도록 했다는 것이 핵

심이다. 이보다 더 좋은 방법을 찾기가 쉽지 않을 것이다.

버마-셰이브 광고판은 오래전에 자취를 감췄지만, 행동을 변화시키기 위해 유머를 사용하는 방식은 여전히 성행한다. 시카고에 기반을 둔 멀티미디어 생산업체 젤리비전Jellyvison 같은 회사들은 대화식의 웹 토론interactive Web conversation 개발을 전문으로 하는데 상당한 성공을 거두고 있다. 젤리비전이 만든 웹 사이트에서 나누는 대화를 많은 사람들이 재미있어 하기 때문이다. 익스프레스 스크립츠에서도 의약품 가정배달 선택 프로그램을 실행하면서(3장 참조) 환자들에게 가정배달의 혜택에 대해 교육을 실시했는데, 그때 대화식의 웹 토론 사용이 도움이 되는지 실험해 본 적이 있다. 우리가 사용한 대화형 웹에서는 가벼운 유머와 만화풍의 그래픽을 사용했다. 사람들에게 즐거움을 주는 가운데 우리가 원하는 의약품 가정배달 교육을 덤으로 얹어 놓자는 의도였다. 결과는 꽤 긍정적이어서 대화량이 53퍼센트에서 64퍼센트로 뛰어올랐다.

로또의 행운은 집에서도 잡을 수 있다

복권의 스릴을 제공하면서 혈액회석제 약을 복용하도록 유도한 전략도 눈여겨볼 만하다. 로또 게임을 즐기는 가운데 부수적으로 약 순응도가 높아지도록 만든, 배울 점이 있는 접근방식이었다. 연구에 앞서 참여자들은 특수 제작된 전자 약상자를 공급받았다. 전화선과 연결된 이 상자는 환자들이 규칙적으로 약을 먹는지 연구원이 확인할 수 있도록 만들어졌다. 실험군의 환자들에게는 매일 복권이 지급되었다. 복권에서 10달러를 획득할 수 있는 확률은 5분의 1, 100달러를 딸 수 있는 확률은 100분의 1이었다. 복권에 당첨된 참가자가 그날 약을 복용한 환자면 상금을 주고, 약을 복용하지 않은 환자면 상금을 주지 않겠다는 주의사항을 건넸다(손실 회피 심리를 교묘하게 이용한 것이다). 대조군에 있는 환자들에게는 약상자만 주고 복권에는 참여할 기회를 제공하지 않았다. 결과부터 말하자면, 대조군에 비해 실험군의 환자들이 자주 약을 복용하고 INR(혈액 응고 시간의 국제 표준화 단위) 수치를 더 잘 조절하는 결과를 보였으나, 통계적인 차이는 그리 크지 않았다. 101명이라는 비교적 소규모의 피험자로 이루어진 연구라서 격차가 두드러지지 않은 듯했다.

유사한 방법을 사용해서 체중 감량을 돕기 위한 수단으로 효과가 있는지 알아본 실험도 있다. 참가자들에게는 16주에 걸쳐 일주일마다 약 500그램씩 몸무게를 줄여 가도록 했다. 이 연구의 실험군에 속한 참가자 중에서 매일 몸무게의 목표치 달성 여부를 보고한 사람에게는 복권이 주어졌다. 혈액희석제 연구에서처럼 10달러를 획득할 수 있는 확률은 5분의 1, 100달러를 획득할 수 있는 확률은 100분의 1이었다. 대상군의 참여자들은 한 달에 한 번 연구실에 와서 체중 측정만 하면 되도록 했다. 복권을 받은 실험군의 사람들이 평균 5.9킬로그램의 체중 감량에 성공한 반면에, 대상군의 사람들은 평균 1.7킬로그램 감량에 만족해야 했다(복권은 16주 후 중단되었고, 7개월이 지나자 두 그룹 사이의 차이는 더 이상 통계적으로 아무 의미를 나타내지 않았다). 16주의 체중 감량 단계 이후에 추가로 8주 동안 체중 유지 단계를 실시해서 전체적인 체중 감량 기간을 연장시켰을 때도 나타난 결과는 비슷했다(실험군이 상당한 체중 감량에 성공했지만 한참 시간이 흐른 후의 결과를 보면 수치의 차이에서 통계학적 중요성을 찾을 수 없었다).

업혀 가기 디자인하기

업혀 가기 전략을 어떻게 실행에 옮기는지 보여 주기 위해서, 미국 주洲의 주도 이름을 외우기 위해 노력하는 초등학생들에게 도움을 주려는 선생님을 예로 들어 보겠다. 이 전략을 실전에 활용하려면 2단계의 과정이 필요하다. 우선 우리가 장려하고자 하는 행동이 무엇인지 구체적으로 정한 후에, 사람들 대부분이 즐거워하고 좋아하는 다른 행동이 무엇인지 찾아내야 한다. 자연스럽게 사람들의 호감이 가는 행동 위에 교사가 원하는 행동을 올려놓기 위해서다. 이 초등학교 교사는 〈아메리칸 아이돌American Idol〉이나 〈더 보이스The Voice〉같이 아이들 누구나가 관심을 가지는 장기자랑 쇼에 주목한다. 이런 유형의 프로그램에 아이들을 참여시키거나 구경하게 하면 아이들의 행동을 이끌어 내기 좋다는 결론에 도달한다.

다음 단계로, 이끌어 내고자 하는 행동을 그 매개체에 편승시키는 방안을 강구해야 한다. 이게 상당히 까다로운 부분이다. 거부할 수 없을 만큼 재미있고 즐거운 행동에 참여하는 과정에서 원하는 바람직한 행동이 자연스럽게 부수적 현상으로 나타나도록 해야 한다. 이 교사는 학생들을 다섯 팀으로 나누고, 각 팀별로 노래 한 곡씩을 만들라는 과제를 던져 준다. 단, 노랫말에 각 주와 주도의 이름을 명확하게 연결지어 삽입해야 한다는 규칙을 제시한다. 자신들의 노래를 선보일 장기자랑 대회는 3주 후에 열리게 되며, 학생들 모두 이 대회에 어떤 식으로든 참여해야 한다.

업혀 가기 전략은 지금 이 순간 사람들의 재미를 끌어당기는 행동이나 행위를 이용한다는 점에서 아주 효과적이다. 그렇지만 습관 설계 디자인 전략으로 활용하기 전에 몇 가지 명심해야 할 사항이 있다.

첫째, 성공적으로 올라탈 만한 행동을 찾기 위해서는 상당한 사고와 창의력이 요구된다. 사람들이 기존에 하고 싶어 하는 행동을 통해 당신이 원하는 바람직한 행동이 부산물로 자연스럽게 나오게 하려면 어떤 행동을 선택해야 하는지 시간을 두고 잘 생각해 보라. 일반적으로 마음에 드는 행동을 찾아내기까지 시행착오를 거치게 된다.

또한 업혀 가기 전략을 잘 구사하려면 보통은 과정을 한두 군데 재구성하는 노력이 수반된다. 우리 집 지하실에서 운동하기도 그렇다. 트레드밀 바로 앞에 모니터를 장착해야 했고, DSL 모뎀을 통해 영상을 수신하는 장치를 연결해야 했으며, 트레드밀의 소음 속에서도 음향이 잘 들리도록 오디오를 설치하는 등 일련의 수고를 들여야 했다. 예방접종의 경우에는, 별다른 재구성 없이도 원하는 행동을 각설탕 위에 쉽게 얹어 놓을 수 있었다. 하지만 이는 예방약이 원래 먹을 수 있게 만들어졌기 때문에 가능한 일이었다. 복권 게임 위에 약 복용을 얹어 놓는 실험에서는 완전히 새로운 도구를 만들어 환자들에게 제공해야 했다. 환자들이 진짜 복권 '놀이를 하고 있다'고, 즉 정말로 재미를 느끼는지 관찰자가 파악할 수 있는 장치가 필요했기 때문이다. 게다가 복권도 공짜가 아니어서 매일 환자들에게 5분의 1 당첨 확률의 10달러와 100분의 1 당첨 확률의 100달러를 실지로 지급해야 했다. 계산해 보니, 약을 먹은 환자 한 명당 매일 평균 3달러를 지급한 셈이다. 또한 수표 발행, 지급 내역 기록, 세금 관련 서류 작성 등 여러 가지 행정적인 업무도 처리해야 하는 수고가 들었다.

이런 장애물에도 불구하고 업혀 가기 전략은 더 많은 사람들을 바람직한 행동에 참여하게 하고 장기적인 측면에서 유익한 선택을 내리게끔 유도하는 데 매우 강력하고 효율적인 방식이라 할 수 있다.

지금까지 부주의와 타성이라는 양대 과제를 극복하는 해결책으로써 능동적 선택, 자발적 잠금, 디폴트 세팅, 흐름에 올라타기, 리프레이밍, 업혀 가기 등 여섯 가지 전략을 살펴봤다. 이번 장에서 소개한 업혀 가기 전략은 쉽다는 것이 얼마나 강력한 것인지를 보여 준다. 올바른 행동을 가능한 한 하기 쉽게 만들면 기대 이상의 효과를 거둘 수 있다. 이 말은 곧 잘못된 선택을 어렵게 만들 필요가 있다는 말과도 일맥상통하며, 다음 장에서 이에 대해 소개하도록 하겠다.

PART 4

최상의 전략은
사람들의 습관 속으로
파고든다

간이화 전략

단순하고 쉽게 만들 수만 있다면
그 자체가 최상의 전략이다

2008년 7월 첫째 주, 유가가 갤런당 4달러를 넘어서며 최고조에 달했다. 적은 유지 비용으로 대형 차량을 굴리는 데 익숙했던 미국인들은 인내심이 한계에 도달하며 울화통을 터뜨렸고 자부심에 적지 않은 상처를 받았다. 이라크에서 벌어지는 전쟁이 지지부진하게 이어지는 가운데, 달러는 유로화 대비 약세를 기록하고 심지어 알바니아의 레크Lek와 대비해서도 약세를 나타냈다. 검찰총장 시절 월스트리트 거물들의 부정행위에 철퇴를 가하며 그 인기를 바탕으로 뉴욕 주지사에 오른 엘리엇 스피처Eliot Spitzer는 호텔에서 고급 매춘 여성과 성매매를 한 사실이 밝혀지면서 하루아침에 천당에서 지옥으로 추락했다. 제니퍼 애니스톤Jennifer Aniston은 연하 남친 존 메이어John Mayer와 결별했고, 버락 오바마는 인기 대결에서 존 스튜어트Jon Stewart를 10퍼센트 포인트 차이로 뒤쫓고 있었다. 그리고 바로 그 주에 미국은 독립기념일, 즉 생일을 맞이하고 있었다. 즐겁기만 한 생일은 아니었겠지만.

유가 인상으로 가장 큰 타격을 받은 사람들은 당연히 경제력이 떨어지는 사람들이었다. 이들은 기름값이 갤런당 2달러일 때도 근근이 생계를 유지하고 있었는데 3달러, 4달러로 치솟는 기름값을 감당할 수 없게 되었다. 사람들은 모이면 '석유 생산 정점peak-oil'에 도달한 게 아니냐며 서로 심각한 표정을 지었다. 석유 생산 정점이란 국제 석유 추출 속도가 최고조에 도달했다가 이후로 석유가 고갈될 때까지 지속적으로 생산이 줄어들기만 하는 시점을 말한다. 그게 사실이라면 유가는 계속해서 상승할 것이다. 그 이후로 대중교통을 이용하기 시작한 사람들이 생긴 걸 보면 사람들이 당시 상황을 얼마나 심각하게 받아들이고 있었는지 상상할 수 있다.

이들 다음으로 타격을 받은 사람들은 미국의 젊은이들이다. 치솟은 기름값 덕분에, 예전 같으면 아버지 차를 빌려 쇼핑몰로 달려갔을 젊은이들이 부모에게서 옛날이야기를 듣느라 귀에 못이 박힐 정도였다. 전국의 부모들이 아이들을 상대로 연설에 나섰다. '내가 네 나이 때는 기름이 갤런당 X였거든.' 여기서 가격 X는 물론 부모 나이가 많을수록 덩달아 줄어들었다. 고루한 사고방식에 젖은 부모들은, 자신의 부모들도 그렇게 생각했듯이, 자신이 자식들과 얘기가 통한다고 믿었다. 자식들은 조부모와 마찬가지로 부모들도 과거에 묻혀 살고 있다고 믿었다. 인생은 돌고 도는 법이지만, 이건 마치 앞으로 나아가지 못하고 계속 뛰는 레코드판 같았다.

연료비 상승의 여파는 여드름이 채 가시지도 않은, 어디론가 떠나고 싶어 하는 십대들에게도 미쳤다. 하지만 미국인들이 어떤 사람들인가. 어려운 상황이 닥쳤을 때 이를 시합 내지 경쟁으로 승화시키는 재주가 뛰어난 사람들이 미국인이다. 삶이 레몬을 선사한다고 그냥 평범한 레모네이드를 만들지 않는다. 미국인들은 레모네이드 만들기 시합을 벌인다. 그리고 결국 최고의 레모네이드를 만들어 내고야 만다.

그해 여름에 '세계 연료 절약 선수권대회World Fuel Economy Championship'가 열렸다. 그 시합에서 미국 중서부 출신의 웨인 저디스Wayne Gerdes가 혼다 인사이트Honda Insight 차량을 몰고 1갤런당 213.8마일을 쥐어짜내는 기록으로 우승했다. 그리고 뉴 옥스퍼드 아메리칸 딕셔너리New Oxford American Dictionary는 에너지를 절감하는 운전기술을 사용하여 연비를 최대한으로 높인다는 뜻의 '하이퍼마일링hypermiling'을 그해 최고의 신조어로 선정했다.

사람들은 연료 먹는 하마 같았던 휘발유 차량을 연비가 높고 페인트 광택이 살아 있는 하이브리드 차량으로 교체하기 시작했다. 그해 4월까지 하이브리드 차량 판매가 4만 대를 기록했고, 이는 그전 해 5월의

4만 5,000대에 이어 두 번째로 높은 하이브리드 차량 판매 기록이었다. 당시에는 이게 현명한 선택이었을 것이다. 세계 경기 침체로 자동차 수요가 급감하고 기름값이 폭락할 줄은 아무도 몰랐을 테니까 말이다.

당시 2008년 상황으로 돌아가서, 어느 부부가 내려야 했던 결정에 대해 생각해 보자. 조와 젠이라는 부부가 있다. 두 사람은 각자 차를 소유하고 있고 1년 주행 거리도 비슷하다. 조는 낡은 트럭을 모는데 이번에 좀 더 연비가 좋은 신형 모델의 트럭으로 바꿀까 생각 중이다. 젠은 스포티한 소형 승용차를 타는데 하이브리드 차량을 눈여겨보고 있다. 신혼인데다 예산도 충분치 않은 두 사람에게는 새 차를 한 대 구입할 여력밖에 없다. 만약 이 부부가 연료 절감을 목표로 삼고 있다면, 어떤 차를 구입해야 할까? 조언에 앞서, 현재 두 사람이 각자 타는 차량과 사고 싶은 신차에 대한 정보를 담은 표 9-1을 먼저 보자.

| 표 9-1 | 조와 젠의 차량에 대한 연료 효율성. 좌측은 조의 현재 트럭과 구입을 고려 중인 새 트럭의 연료 효율성 비교. 우측은 젠이 현재 타는 쿠페와 구입을 고려 중인 하이브리드 차량의 연료 효율성 비교 수치를 나타냄.

조의 결정		젠의 결정	
현재 트럭	16mpg	현재 쿠페	30mpg
신형 트럭	20mpg	신형 하이브리드	50mpg

이 표를 본 사람들 대부분은 젠이 하이브리드 차량으로 바꾸는 게 더 좋다고 한다. 1갤런당 주행할 수 있는 거리(MPG, 갤런당 마일)를 따졌을 때, 젠이 차량을 바꿀 때 늘어나는 주행거리(20=50-30)가 조가 차량을 바꿀 때 늘어나는 주행거리(4=20-16)에 비해 다섯 배 정도 더 많아지니까 그럴 만하다. 그런데 사실은 어느 차량으로 바꿔도 연료 절감 차원에서는 차이가 없다.

계산을 해보겠다. 두 사람이 각자 일주일에 100마일을 운전한다고 치자. 조의 트럭은 1갤런에 16마일을 달리니까 6.3갤런(100마일÷16mpg)의 연료를 소비한다. 조가 원하는 신형 트럭은 5갤런(100마일÷20mpg)의 연료를 소비하니까, 일주일에 약 1.3갤런(6.3-5)의 연료를 절약하는 셈이다. 한편 젠의 쿠페는 1갤런에 30마일을 달리니까 3.3갤런(100마일÷30mpg)의 연료를 소비한다. 젠이 갖고 싶어 하는 하이브리드는 2갤런(100마일÷50mpg)을 사용하니까, 일주일에 1.3갤런(3.3-2)의 연료를 절약할 수 있다. 절약할 수 있는 연료의 양을 봤을 때, 연료 효율성이 한참 떨어지는 조의 트럭과 정확히 동일한 수치가 나온다.

여기서 핵심은, 때로는 눈에 보이는 게 다가 아니라는 점이다(신혼인 조와 젠도 결혼이 꿈만 같은 게 아니라는 걸 배우게 될 테지만). 리처드 래릭 Richard Larrick과 잭 솔 Jack Soll이 〈사이언스 Science〉에 기고한 논문에서 밝혔듯이, 이런 계산적 착각에는 정책적 의도가 담겨 있다. 표 9-1처럼 갤런당 마일을 효율성의 척도로 표기해서 보여 주는 것은 우리의 관심을 잘못된 방향으로 이끄는 행위다. 당연히 조의 오래된 트럭을 없애 버리는 것이 진정한 기회를 갖는 길인데 우리의 주의를 다른 곳으로 돌려놓는다.

보통의 사람들은 이런저런 계산을 하기 복잡해하고 머리 아파한다. 그래서 환경에 미치는 결과에 대해서까지 생각할 여력이 없다. 당신도 이런 사람들 중 하나라면 아마 스스로 이런 편견에 사로잡힌 질문을 하고 있을 것이다. '젠처럼 현대적이고 유행을 아는 여성이 왜 조처럼 시골 노동자 같은 남자와 결혼했을까?'

우리는 왜 이 문제를 제대로 보고 풀지 못하는 것일까? 수학이 원래 어려워서 그런 거 아닐까?

글쎄, 수학이 어려운 건 맞다. 어쩔 때는 골이 빠질 정도다. 하지만 흥미로운 점은, 이 상황에서는 정답을 찾는 것이 그리 힘들지 않다는 사실이다. 오히려 오답을 얻기가 너무 쉽다. 우리는 때로 급하게 잘못된 결론을 내려 버리고 왜 그렇게 됐는지, 뭐가 잘못된 것인지조차 모를 때가 있다.

우리가 완전히 틀린 건 아니다. 어쩌면 그게 문제일 수도 있겠지만. 조와 젠의 사례를 보면서 우리는 차량에 대한 비교, 특히 두 차량의 효율성에 대한 비교를 해야겠다는 사실을 바로 인지한다. 그래서 우리 뇌는 바로 그 정보가 무엇을 의미하는지, 비교하기에 적절한지 따지지도 않고 뛰어들어 차이를 살펴본다.

이제 환경보호국에서 표기 방식을 바꾸기로 했다고 생각해 보자. MPG 대신에 GPH를 사용하기로 한다면 어떨까. 즉 1갤런당 주행하는 마일에서 주행거리 100마일당 소요되는 갤런의 양으로 표기를 바꾸는 것이다. GPH는 낮을수록 더 좋다. 특정 거리를 주행하는 데 드는 연료량이 줄어드니까.

그럼 다시 조와 젠의 결정으로 돌아가서 새로운 표기법을 적용해 보기로 한다. 맙소사, 어느새 계산이 다 되어 있다. 표 9-2에서는 똑같은 비교 정보를 MPG가 아닌 GPH 기준으로 보여 준다.

표기법을 바꾸니 두 사람이 바꾸고 싶어 하는 두 대의 차량 모두 연료 사용 면에서, 100마일당 절약할 수 있는 연료량이 1.3갤런 정도로 유사하다는 사실을 훨씬 쉽게 알 수 있다. 대부분의 유럽 국가에서는 이 방법으로 차량의 연료 효율성을 측정한다. 즉 일정량의 연료로 주

| 표 9-2 | '주행거리 100마일당 연료(GPH)' 표기법을 사용해 예측한, 조와 젠의 차량에 대한 연료 효율성. 이 표기법을 사용하면, 조와 젠이 동일한 거리를 주행한다는 가정 아래 어느 차량을 구입해도 똑같은 양의 연료를 절약할 수 있다는 사실을 훨씬 쉽게 알 수 있다는 사실에 주목하라.

조의 결정		젠의 결정	
현재 트럭	6.3gph	현재 쿠페	3.3gph
신형 트럭	5.0gph	신형 하이브리드	2.0gph

행할 수 있는 거리가 아니라 일정 거리를 달리는 데 드는 연료량을 본다는 말이다.

100마일당 갤런 표기법이 효율성을 측정하기에 훨씬 더 나은 방법이라면 우리는 왜 갤런당 마일 표기법을 사용하는 것일까? 주위 사람들에게 물어봤지만 그 이유를 아는 사람은 아무도 없었다. 내 생각으로는, 래릭 교수도 나와 비슷한 가능성을 제시했지만, 미국적 상황에서는 연료 효율성보다는 거리를 더 중요하게 여기기 때문이 아닌가 싶다(군대에서는 차량이 다음 연료 주입 시점까지 얼마나 멀리 갈 수 있는지에 더욱 관심이 있을지 모른다는 게 내 생각이다. 래릭 교수는 미국이 워낙 넓은 나라고 따라서 달리던 탱크가 외딴 시골길에 멈춰 서는 일이 없도록 한 번의 주유로 얼마나 달릴 수 있는지 거리를 계산하는 게 중요하기 때문이라고 생각한다). 또한 래릭은 작은 숫자로 큰 숫자를 나누기가 더 쉽다고 한다. 그래서 몇 타수만에 삼진을 당하는지 알려 주기 위해 '삼진당 타수at bats per strikeout' 표기 방식을 사용하나 보다. 갤런당 마일처럼, 삼진당 타수도 차이를 과장되게 표현한다. 매 타수마다 삼진당할 확률이 2퍼센트인 선수의 1 삼진당 타수는 50인 반면, 그보다 조금 더 높은 3퍼센트의 확률인 선수의 1삼진당 타수는 33이다. 래릭은 사람들이 계산기나 컴퓨터가 보편화되기 훨씬 이전부터 자동차를 운전하기 시작했고 연료 효율성을 따지며 호들갑을 떨다 보니, 그냥 하기 쉬운 방법으로 갤런당 마일 표기 방식을 사용한 걸로 보인다고 한다. 그리고 환경보호국에서는 그

방식을 그저 죽 따라간 것이다.

하지만 다른 업계도 다 마찬가지였을까? 나는 항공기 기장에게 항공업계에서는 연료 효율성을 어떻게 계산하는지 물었다가 깜짝 놀랐다. 항공업계에서는 마일당 연료 무게, 즉 비행기가 1마일을 날아가는 데 몇 파운드의 연료가 소모되느냐를 따진다는 것이었다. 이 방식이 제대로 된 방식이다. 1마일 비행당 들어가는 연료 무게의 차이를 보면 효율성의 차이를 바로 알 수 있으니 말이다.

그래서 이게 뭐가 중요하냐고? 나는 중요하다고 생각한다. 그리고 여러분도 이런 문제에 신경을 더 써야 한다고 생각한다. 선택과 정보를 제시하는 방법을 간단하게 바꾸기만 해도 우리가 이끌어 내려는 행동에 주는 효과는 그 이상이 되기 때문이다.

쉬운 게 왜 그리 좋을까?

쉬운 것에도 종류가 있다. 일단은 쉽다는 말에서 먼저 이런 생각이 떠오른다. 올바른 대안을 실천하는 데 드는 비용(또는 번거로운 상황)을 없애거나 낮추어 주면 사람들이 그 대안을 선택할 확률이 높아질 것이다. 바로 들어도 맞는 말 같긴 하지만, 2장에서 배웠듯이, 인간은 부주의를 타고난다는 관점에서 생각하면 이해가 더욱 잘 된다. 하면 좋지만 하기 힘든 행동들은 미래 혜택을 받기 위해 지금 비용을 지불해야 하는 경우가 대부분이다. 기억나겠지만, 미래에 나타날 결과는 심리적으로 그 가치가 반으로 줄어든다. 따라서 미래 결과는 현재의 번거로움보다 보상이 적어도 두 배 이상 커야만 한다. 바람직한 행동을 하기까지 따르는 여러 번거로운 상황들을 되도록 없애는 게 중요하다고 하는 이유가 바로 거기에 있다.

예를 들어, 개인 퇴직연금 환경과 관련해서, 레입슨과 동료 연구원들은 직원들이 401(k) 플랜에 가입하는 방법을 정말로 쉽게 만들었다. 직원들이 자신이 받은 포스트카드에 있는 네모 칸 안에 체크해서 인사부에 돌려주기만 하면 가입이 끝나도록 했다. 보통은 401(k) 플랜에 가입하려면 급여에서 얼마씩 갹출할 것인지, 얼마나 다양한 펀드로 분산할 것인지 등등 직원들이 선택해야 할 일들이 많다. 레입슨 팀은 직원들의 이런 번거로움을 모두 없애 준 것이다. 게다가 여전히 가입하지 않은 직원들에게 이런 식으로 카드를 보낼 때마다 가입률이 매번 15퍼센트 정도 증가한다는 사실도 알게 되었다. 내가 하고 싶은 말은, 더 나은 행동을 향해 나아가는 길에 놓인, 논리적으로 보면 작은 턱에 불과한 번거로움이 심리적으로는 높은 벽처럼 느껴진다는 것이다. 그러므로 사람들이 바람직한 행동에 참여하는 과정에서 겪는 번거로움이나 들이는 노력을 없애고자 하는 습관 설계 디자이너라면, 이 점을 생각해 봐야 한다. 물론 번거로움은 저절로 사라지지 않는다. 디자이너가 원하는 방향으로 상대방이 움직여 주지 않는다면 목표를 달성할 수 있는 방법을 알아내는 것은 디자이너의 몫이다.

앞에서 말한 쉽다는 개념과 달리, 다음에 말하는 수월함은 설명하기가 약간 애매하다. 신경과학자나 심리학자들은 이런 수월함을 '유창성 fluency'이라 부른다. 인간의 뇌는 유창성이 있는, 즉 쉽고 빠르게 이해할 수 있는 정보를 선호한다. 이 사실은 매우 중요하다. 왜냐하면 인간의 뇌가 이 유창성을 여러 중요한 속성들과 연결지어 생각하기 때문이다. 유창성이 높은 것일수록 우리는 그것이 사실이라고 판단하고, 그것을 더 마음에 들어 하고, 그것에 대해 더 확신을 갖게 되고, 그것이 더 인기 있고 더 일반적이라고 생각하고, 그것을 하기가 더 쉽다고 생각한다. 마치 옛날 어르신들이 어디가 불편하기만 하면 부위에 관계없이 발랐던 어떤 약처럼 유창성은 어디에나 연결된다는 말이다.

이 유창성을 당신이 생각하는 것보다 더 쉬운 방법으로 조작할 수도 있다. 예를 들어 보겠다. 어떤 도시를 글로 적을 때, 도시 이름을 읽기 쉬운 서체로 적으면 읽기 어려운 서체로 적을 때보다 더 가깝게 느껴진다. 그리고 도시를 설명할 때도 더욱 객관적인 사실들을 나열하게 된다. 사람들은 익숙한 화폐에 비해서 익숙하지 않은 화폐(예를 들어, 외국 화폐)의 가치를 과소평가한다. 미국 재무부에서 몇 년 전 모든 동전과 화폐의 도안 또는 색상을 바꾸면서 사람들의 지출이 늘어난 것도 이 때문일 수 있다.

유창성은 우리가 짓는 이름에도 영향을 받는다. 기업체가 주식거래소에 상장되는 날, 발음하기 쉬운 이름의 회사 주가가 발음하기 어려운 회사의 주가보다 훨씬 더 좋은 결과를 맞이한다. 눈에 편한 글씨체로 설명한 조리법에 비해 읽기 어려운 글씨체로 설명한 조리법은 읽는 사람들에게 왠지 음식을 준비하는 시간이 더 오래 걸릴 것 같은 느낌을 준다. 사람들은 발음하기 힘든 이름의 롤러코스터가 더 위험하다고 판단한다. 내가 일했던 익스프레스 스크립츠에서는 환자들이 돈을 절약할 수 있는 방법을 시시콜콜 홈페이지에 올릴수록 환자의 행동 변화에 주는 영향이 줄어든다는 사실을 알 수 있었다. 가공의 약을 만들어 예비조사를 실시했더니, 발음하기 힘든 약은 발음하기 쉬운 약에 비해 선호도가 떨어진다는 결과가 나왔다.

쉽다고 늘 좋은 건 아닌 이유

앞의 내용을 살펴본 당신은 이제 당신이 원하는 행동의 신뢰도와 호감도, 매력도를 높이기 위해서 정보 처리를 가능한 한 간단하게 만드는 게 좋다는 생각을 하게 되었을 것이다. 그 생각이 옳다. 하지만 예외가 있다. 만약 결정을 앞둔 사람들을 그대로 내버려 두었을 때 오히려 덜 바람직한 대안을 선택할 또는 실수할 가능성이 있다면 그때는 선택 과정을 어렵게 만드는 게 더 나을지도 모른다.

질문 형태로 예를 들어 보겠다. 모세가 방주에 동물들을 실을 때 각각의 동물을 몇 쌍씩 받아들였나? 결론부터 말하자면, 이 질문은 처음부터 잘못됐다. 방주를 만든 사람은 모세가 아니라 노아다. 그럼에도 대부분의 사람들은 암수 한 쌍이라고 대답한다. 성경에 대해 잘 몰라서 그랬다면 다른 질문을 해보겠다. 루이 암스트롱이 달에 첫발을 내딛으며 한 유명한 말은 무엇인가? 이 문제도 틀리는 사람들이 많다. 루이 암스트롱Louis Armstrong은 재즈계의 거물이고, 달에 처음으로 발을 디딘 사람은 닐 암스트롱Neil Armstrong이다(두 사람이 친척 관계는 아닌 게 분명하다).

연구원들은 사람들이 이런 '속기 쉬운' 질문에 정확하게 답할 수 있는 확률을 높이는 방법이 있다고 한다. 문제를 좀 더 읽기 힘든 글씨체로 적는 것이다. 연구원들은 사람들을 무작위로 두 편으로 나눈 다음 표 9-3에 있는 질문들을 읽도록 했다. 읽기 쉬운 서체로 적은 질문을 보고 정답을 말한 사람은 12퍼센트에 불과한 반면에, 읽기 힘든 서체로 적은 질문을 보고 정답을 말한 사람의 비율은 47퍼센트로 급등했다.

표 9-3 | 두 가지 다른 글씨체의 '모세' 질문. 좌측은 읽기 쉬운 서체로 적은 질문, 우측은 읽기 힘든 서체로 적은 질문.

모세가 방주에 동물들을 실을 때 각 동물을 몇 쌍씩 받아들였나?

오세가 방주에 동물들을 실을 때 각 동물을 몇 쌍씩 받아들였나?

이유인즉, 아마도 읽기 힘든 서체로 적은 질문이 사람들의 처리 유창성processing fluency을 감소시켰기 때문일 것이다. 바꿔 말해서, 사람들로 하여금 쉽게 대충대충 읽지 못하게 만들 정도의 비유창성disfluency이 개입되어 있다는 말이다. 사람들이 즉각적으로 결정하기보다는 판단 속도를 늦추고 좀 더 깊이 문제를 분석하기를 당신이 원한다면 그 사람들이 자동적인 반응에 따라 행동하지 못하게 만들어야 한다는 뜻이다. 만약 사람들이 집중해서 생각을 해야만 당신이 원하는 바람직한 행동을 선택할 확률이 높으면 전체적인 선택 과정의 유창성을 줄이는 것이 오히려 더 나을 수도 있다.

요점을 말하자면, 어떤 행동을 불러일으키는 당신의 요구가 자동적이고 직관적인 행동에 '편승'해서 달성될 수 있다면 유창성이 큰 힘이 되어 줄 것이다. 반대로, 당신이 끄집어내려는 행동의 의의와 중요성을 판단하기 위해서는 충분한 검토가 우선되어야 한다고 생각한다면 선택 과정에 비유창성을 첨가하는 것이 도움이 될 수도 있다.

현명한 간이화를 활용해 디자인하기

간이화 전략을 알려 주기 위해서 한 사업체의 예를 들어 보자. 이 사업체는 본사 직원들이 더 많은 신체 활동에 참여할 것을 권장한다. 구체적으로 말하자면, 이제 곧 건축에 들어갈 본사 건물에서 사지가 멀쩡

한 직원들에게 엘리베이터보다 계단 이용을 장려하기로 한 것이다.

현명한 간이화에서 첫 번째 단계는 선호하는 선택 또는 행동을 정보 전달 방식까지 포함해서 되도록 쉽게 만드는 것이다. 계단 이용을 가능한 한 용이하게 하기 위해 우리는 찾기 쉬운 곳에 계단을 만들 것을 권한다. 조명도 밝게 하고 시각적으로 흥미를 불러일으키거나 마음을 끌 수 있는 장소로 만들도록 한다.

다음으로, 그래도 사람들이 덜 바람직한 선택에 마음이 끌린다고 생각한다면 비유창성이 개입되도록 선택 과정을 리모델링할 수 있는지 고려해야 한다. 이 사업체 같은 경우에 우리가 권할 수 있는 사항은 건물 구조, 건축 법규, 전기 · 소방 등에 관한 법률이 허락하는 한 건물 입구에서 최대한 멀리 떨어진 곳에 엘리베이터를 설치하라는 것이다. 그럼에도 여전히 계단보다 엘리베이터 사용에 마음이 끌리는 사람들이 있다. 그런 사람들을 위해서는 엘리베이터 앞에 '시간을 내서 계단을 사용하라'고 권장하는 문구를 부착할 것을 권한다.

만약 올바른 선택 또는 행동을 가장 쉽게 이끌어 낼 수 있는 방법이 있다면 바로 사용하라. 하지만 현실에서는, 의사결정자를 위해 바람직한 옵션을 더 쉽게 만든다는 말은 다른 누군가의 일이 늘어난다는 뜻이다. 예를 들어 보자. 익스프레스 스크립츠의 환자들이 의약품 구입처를 소매 약국에서 가정배달로 바꾸고 싶어 한다면 보통 의사에게서 새로운 처방전을 받아야 한다. 이 과정을 최대한 쉽게 만들려면, 익스프레스 스크립츠가 환자를 대신해 의사에게 직접 연락해서 처방전을 받는 방법을 제안할 수 있다. 이렇게 하면 환자 입장에서는 일이 훨씬 줄어들겠지만 회사 입장에서는 더 많은 일을 해야 한다.

그뿐만 아니라, 최선의 선택 안을 가능한 한 쉽게 만들고 싶어도 법이나 규정 때문에 하지 못할 때도 있다. 예를 들어, 만성질환으로 유지약제를 복용하는, 즉 매일 약을 복용해야 하는 환자들은 새로운 약 처방을 받기 위해 의사에게 가는 일을 하루 이틀 미루는 경향이 있다. 이 문제를 해결할 수 있는 한 가지 방법은 한 번 처방받을 때 아주 많이 리필할 수 있도록(예를 들면, 2년 치를 한 번에 처방받을 수 있도록) 해주는 것이다. 하지만 내가 알기로는 약국에서 1년 치 이상의 약을 한 번에 처방해 주는 행위를 금지하는 주들이 많다. 게다가 이렇게 하면 복용하지 않고 버려지는 약이 얼마나 되는지도 알아봐야 하니 일이 많아진다.

마지막으로, 다른 사람들을 통해서는 절대 할 수 없는 행동들도 있다. 예를 들어, 누군가에게 돈을 주면서 자신을 대신해서 운동해 달라고 부탁할 수 있다면 정말 좋을 것이다. 실제로 돈을 주고 부탁할 수는 있겠지만 그렇다고 내 몸이 좋아지지는 않는다. 이렇듯 일부 경우에서는 간이화 전략이 그리 큰 효과를 거두지 못할 수도 있다.

이번 장의 핵심은, 사용자를 위해 무엇이든 되도록 쉽게 만들려는,

특히 디지털 디자이너들이 클릭 수를 최대한 줄이려는 그런 일반적인 경향과는 뚜렷이 다른 관점을 우리가 지닐 필요가 있다는 것이다. 사용자의 편이를 위하는 방식이 나쁜 건 아니지만, 이 방식에는 사용자가 자기만의 뚜렷한 관점을 지닌 반면에 디자이너는 프로세스에 대한 아무런 가치판단 없이, 어떤 흔적도 남기지 않는다는 뜻이 내재되어 있다.

그와 반대로 당신이 보기에 사용자의 행동이 계획적이지 않고 부주의와 타성에 따라 흘러 버릴 가능성이 있다면, 그때는 당신이 습관 설계자로서 행동을 어렵게 만드는 아니면 쉽게 만드는 접근방식을 적용함으로써 매우 중요한 역할을 할 수 있다. 만약 사람들이 올바른 방향으로 나아가고 있다면 그때는 쉬운 방법을 은인 대하듯 가까이하라. 쉽게 만드는 방법을 더 많이 사용하고 상호간에 신속하고 마찰 없는 교류가 발생하도록 하라. 반면에 사람들이 잘못된 방향으로 나아간다면 또는 깊이 생각하지 않고서는 최선의 대안이 무엇인지 결정하기 힘들어 한다면, 그때는 쉬운 방법을 원수 대하듯 멀리해야 할지도 모른다. 쉬운 방법을 덜 사용하고, 사람들이 판단 속도를 늦추고 좀 더 생각할 수 있게 하라.

여러 면에서, 간이화 전략은 다른 모든 전략의 핵심을 이루고 있다. 디폴트 세팅 전략은 올바른 선택을 쉽게 할 수 있도록 만들기의 축소판이고, 능동적 선택 전략은 사람들의 템포를 한순간 늦춰 주면서 자동적으로 잘못된 선택을 할 확률을 줄여 주는 전략의 전형이다.

다음 마지막 장에서는, 실력 있는 습관 설계 디자이너들이 상황에 맞는 전략들을 '선별'하고 '결합'해서 현실적인 문제들을 해결한 사례들을 통해 활용 방법에 대한 이해를 높이고자 한다. 그리고 습관 설계 디자인이 행동 변화를 꾀하는 여느 방식과 어떻게 다르고, 어떤 식으로 다른 접근방식의 약점을 보완해 주는지도 알아본다. 습관 설계 디자인에 따르는 위험과 그 위험을 피할 수 있는 방법에 대해서도 생각해 보기로 한다.

똑똑한 선택을 이끄는
습관 설계의 힘

대부분의 종교에서는 자녀가 축복의 존재라고 하지만 상식적으로 (그리고 역학적으로) 가장 중요한 건 타이밍이다. 출산은 인생에 큰 변화를 가져오는 중요한 행위인데 예기치 않은 임신을 하게 되면 여성, 특히 십대의 경우에는 막대한 희생을 치러야 한다. 부모라면 자녀가 고등학교를 졸업하고 대학에 가고 재정적으로 독립해서 좋은 배우자를 만나 안정적인 관계를 유지하며 살아가기를 바라는 것이 인지상정이다. 그렇지만 계획에 없는 임신을 하게 된 여성에게는 이 모든 바람이 바람 앞의 등불처럼 위험에 처할 수도 있다. 예기치 않은 임신으로 태어난 아이들 또한 마찬가지다. 예기치 않게 또는 적절하지 않은 시기에 임신을 한 엄마 배 속에 있는 아기는 적절한 태교를 받을 확률이 감소하고 조산이나 발달장애의 확률이 증가한다.

　다행스러운 점은, 여성들이 매우 효율적인 피임 방식을 통해 임신 시기를 조절할 기회를 얻음으로써 자신과 배우자가 자녀 양육에 가장 적절한 시기를 찾을 때까지 자녀 출산을 미룰 수 있다는 사실이다. 이는 여성들에게 대학 또는 그 이상의 교육기관에 진학할 기회, 그리고 졸업 후에는 자신의 꿈을 추구하고 대가를 받는 노동시장에 진입할 수 있는 기회를 확장시켜 준다. 또한 피임은 결혼할 때도 도움이 된다. 남성과 여성 모두 두 사람 사이의 관계에서 서로가 원하는 바를 더 잘 알게 된 후 자신에게 맞는 파트너를 선택할 수 있는 기회를 얻을 수 있기 때문이다.

　그러나 피임 기술은 제 몫을 완벽하게 해내지 못하고 있다. 미국에서는 예기치 않은 임신이 총 임신 사례의 반을 차지한다. 이는 1년에, 놀랍게도, 340만 명의 여성이 뜻하지 않은 임신을 한다는 뜻이다. 예기치 않은 임신이 특정 집단에게만 영향을 끼치는 것은 아니지만, 그래도 가장 큰 위험을 맞이하는 집단은 경제적인 여력이 없는 사람, 즉 소득이 적은 여성들이다.

　4장에서도 봤지만, 이런 불상사는 미리 방지할 수 있다. 자궁 내 피임 장치와 주입식 호르몬 같은 장기 작용 가역 피임LARC은 예기치 않은 임신 방지에 뛰어난 효과를 보이고 있으며, 실패율은 연간 1퍼센트도 되지 않는다. 그런데 안타깝게도 임신을 피하려는 여성들 대부분이 이 방법을 사용하지 않는다.

이 피임 방법 사용을 가로막는 가장 확실한 장애물은 금전적인 면이다. 연간으로 환산하면, 효율이 떨어지는 다른 방법에 비해 비용이 저렴하지만 상당한 액수의 비용을 한 번에 지불해야 한다는 문제가 있다. 그런데 금전적 접근만으로는 이 문제를 해결하기에 충분하지 않다는 데 또 다른 문제가 있다. 캘리포니아에서 실시하는 가족계획 프로그램인 패밀리 팩트Family PACT에서는 연방정부가 규정한 최저 생활 유지에 필요한 소득 수준에 미치지 못하는 저소득층을 대상으로 피임 서비스를 제공했다. 이렇게 패밀리 팩트가 현금 지출 비용을 대신 해결해 주었는데도 2009년에 그 프로그램을 통해 피임한 사람들 중 LARC 방법을 택한 사람은 5.1퍼센트에 불과했다. 미국 건강보험개혁법Affordable Care Act, ACA은 상업적 의료보험에 가입한 모든 여성에게 비용 부담을 완전히 덜어 준다. 하지만 이렇게 피임을 힘들게 하는 장애물을 제거해 주어도 LARC 방식을 사용하는 사람은 거의 늘어나지 않고 있다.

LARC 피임 방식은 예기치 않은 임신을 피하고 싶은 여성들에게 매우 효과적인 방식이고, 따라서 여성 자신과 그 가족들에게 더 나은 삶을 영위할 수 있도록 해준다. 그런데도 이 방식을 사용하는 사람들이 많지 않다. 주머니에서 나가는 돈의 부담을 줄여 준 것만으로는 이 방식을 장려하기에 충분하지 않다는 사실이 드러난 것이다. 그렇다면 어떻게 해야 하나? 세인트루이스의 한 연구팀에서는 몇 가지 습관 설계 전략들을 활용함으로써 가족계획의 풍속도를 바꾸기 위한 계획을 세웠다.

피임 선택 프로젝트

세인트루이스 워싱턴대학교 연구팀은 1만 명의 여성들에게 피임법을 제공함으로써 지역 내 여성들의 예기치 않은 임신을 줄이겠다는 과감한 프로젝트를 실시했다. 연구팀은 LARC 방식이 가장 효과가 좋은데도 실제로 이 방법을 사용하는 사람은 극히 일부에 지나지 않는다는 사실을 알고 있었다. 이 프로젝트를 계획할 당시 LARC 방식을 택하는 사람은 5퍼센트도 되지 않았다. 경구 피임법을 사용하는 사람이 대부분이었다. 연구팀은 LARC 방식의 사용을 10퍼센트까지 끌어올릴 수 있기를 바라는 마음으로 프로젝트를 실시했다.

향후 4년 동안 9,256명의 여성을 대상으로 프로젝트가 실행되었다. 여성 한 명 한 명에게 모든 피임법에 관한 정보를 제공했다. 익명의 재단에서 재정적 지원을 받아 진행된 이 프로그램에 참가한 여성들은 어떤 피임 방식을 선택하든 본인에게 돌아오는 비용 부담이 전혀 없었다. 상담원들은 참가 여성들에게 피임에 관한 정보를 제공하는 교육을 받았고, 참가 여성들이 원하면 오래 기다리지 않아도 면담이 가능할 만큼 상담원의 수도 충분했다. 프로그램 참가자가 의료원에 방문해서 자신이 원하는 방식을 결정하면, 프로그램에서는 참가자가 원하는 피임법을 바로 그날 사용할 수 있도록 해주었다.

선택 CHOICE 프로젝트는 여러 가지의 습관 설계 전략을 사용했다.

- **자발적 잠금 전략.** 경구 피임약처럼 계속 약을 리필해야 하는 방법은 효과를 보려면 복용법을 철저히 지켜야 한다. 그와 반대로, LARC 방식은 단 한 번의 결정만으로 원하지 않는 임신을 피할 수 있게 해준다. 여성이 피임을 하겠다는 사전 약속을 실행하고 그 이후에는 신경 쓰지 않아도 되도록 만드는 기법이다.

- **리프레이밍 전략.** 선택 프로그램은 단계별 카운슬링을 사용했다. 참가 여성들에게 피임 방법들에 관해 상담해 주면서 아주 효율적으로 '순서를 재구성하는' 방식을 사용했다. 처음에 연구원들은 피임 상담을 해주는 의사들이 주로 여성이 현재 사용하고 있는 피임법 또는 여성이 가장 익숙하게 생각하는 피임법 위주로 대화를 시작한다는 사실에 놀랐다. 당연히 대화는 대부분 경구 피임법 위주로 진행되면서 여성의 결정에서 경구 피임법이 기준 역할을 하는 결과를 낳았다. 그래서 선택 프로젝트에서는 방식의 효과에 따라, 효과가 가장 높은 방법부터 낮은 방법까지 모든 피임 방법을 다 알

려 주는 상담 방식을 개발했다. 그 결과, 대화에서 피임법의 효과로 대화의 중심이 이동하게 되었고 여성들은 피임 방법을 선택하는 데 효과를 기준으로 장단점을 따지는 경향을 보였다.

- **능동적 선택 전략.** 선택 프로그램에서는 참가자들에게 대안을 알려 주기 위해 숙련된 상담원들을 활용했다. 덕분에 의료진들은 LARC 방식을 택한 여성들에게 즉시 시술하는 데만 집중할 수 있었다. 이렇게 함으로써 여성들은 자신이 선택을 내린 당일에 서비스를 받는 것이 가능해졌다. 참가자들에게 의료원을 방문하는 동안 결정을 내리라고 강요하는 일은 없었다. 그럼에도 선택과 실천 사이에 발생하는 순연 기간을 제거함으로써 피임 의사를 확인하고 실천하기까지 효율적으로 이어갈 수 있었다.

- **간이화 전략.** 선택 프로젝트가 뛰어난 프로그램이 될 수 있었던 이유가 바로 이 부분 덕분이었다. 스태프들은 참가자들의 경험을 중심으로 모든 일이 돌아가도록 고도의 훈련을 받았다. 각 참가자의 선택에서 가장 효과적인 방법을 얻어 내기 위해 모든 장애물을 걷어 냈다. 참가자가 재정적 부담에서 완전히 벗어날 수 있게 해주었고 각자가 원하는 방법대로 서비스를 받고 떠날 수 있도록 해주었다. 프로그램 실행 기간 동안 방문 상담 외에도 만남과 전화 상담 등 폭넓은 지원을 통해 여성들이 궁금해하거나 두려워하는 점들을 바로바로 해결해 주고자 했다. 예를 들면, 참가자들에게 성병

정기검진을 받으러 의료원에 다시 오라고 요구하는 대신 여성이 가정에서 직접 성병 감염 여부를 확인할 수 있는 검사 기구를 제공했다. 그렇다고 선택 프로그램이 모든 과정을 쉽게만 만든 것은 아니다. 현명하게 단순화했다. 연구원들은 참가자들마다 상담 시 모든 피임 방법에 대해 종합적인 설명을 듣도록 했다. 피임 방법에 대해 처음부터 끝까지 설명을 듣는 동안 참가자들이 스스로 원하는 피임 방법을 결정하는 과정에서 제한된 주의집중력을 활용할 수 있도록 디자인한 것이다.

습관 설계 디자인을 활용한 선택 프로젝트는 깜짝 놀랄 만한 결과를 이끌어 냈다. 참가자들 중 LARC 방법을 선택한 비율이 75퍼센트로 치솟았다. 그리고 LARC를 선택한 사람들, 십대도 포함해서, 대부분은 나중에도 같은 방식을 고수했다. 중복 인공임신중절repeat abortions 건수가 캔자스시티에서는 증가한 반면에 세인트루이스 지역에서는 감소했다. 미국 전체의 십대들에 비해 선택 프로젝트에 참가한 십대들의 임신, 출산, 낙태 비율이 75퍼센트 더 낮다는 사실은 믿기 어려울 정도다. 프로젝트 실행 후 3년이 지난 시점에 여전히 프로그램에 참여하는 참가자 비율이 80퍼센트 이상으로 유난히 높은 재방문율을 보였다. 어느 면으로나 대단한 성공을 거둔 프로젝트임에 틀림없다.

선택 프로젝트는 인간이 이미 지닌 올바른 의도를 활성화하기 위해 전체 경험을 새로이 설계하는 방법을 여실히 보여 준 강력한 사례라 할 수 있다. 선택 프로젝트 참가자들은 예기치 않은 임신을 방지하려는 의지로 가득했지만 종종 뜻하지 않은 경험을 했던 사람들이었다. 자발적 잠금, 리프레이밍, 능동적 선택, 간이화 등 복수의 습관 설계 전략을 활용함으로써 선택 프로젝트를 이끈 사람들은 예기치 않은 임신을 획기적으로 줄일 수 있었다. 이들이 바로 습관 설계 디자이너인 것이다.

습관 설계 디자인 최대 활용하기

일곱 가지 전략 중 어떤 전략을 사용하는 것이 좋을지 궁금할 수 있다. 습관 설계 디자인을 현실에서 사용하기 시작한 지 그리 오래되지는 않았지만 그동안의 경험을 통해 어떤 상황에서 어떤 전략이 가장 적합한지 결정하는 데 도움을 줄 수 있는 정보를 마련했다. 표 10-1은 서로 다른 상황에서 어울리는 전략을 선택하는 과정 내지 순서를 나타내는 플로차트다. 자신의 선택을 따라가다 보면 마지막에 그 상황에 가장 어울리는 전략이 나타난다.

플로차트를 잘 살펴보면 두어 가지 중요한 점이 나타난다. 첫째, 차트가 '파워' 전략을, 물론 적절한 경우에 한해서, 우선시한다는 점이다. 즉 차트는 파워 전략 사용이 가능하다면 파워 전략으로 시작하라

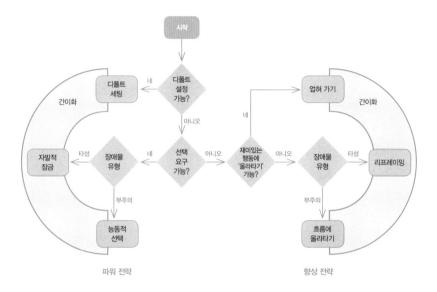

고 제안한다. 둘째, 차트는 당신이 사람들의 바람직한 선택 또는 행동 참여를 가로막는 장애물의 본질에 대해 생각해 볼 기회를 제공한다. 문제가 부주의 때문이라면 그에 맞는 전략을 추천할 것이고, 타성 때문이라면 그에 적절한 다른 전략을 제시해 줄 것이다. 이 두 가지 점 (향상 전략보다 파워 전략을 우선시하기, 그리고 주요 장애물의 본질이 부주의냐 아니면 타성이냐)을 고려해 선택하는 과정을 플로차트에 그려 냈다. 차트의 왼쪽에는 파워 전략, 오른쪽에는 향상 전략이 있다. 타성을 활용하는 전략은 차트의 위쪽으로, 부주의를 해결하는 전략은 아래쪽으로 나아가도록 표시했다. 옳은 선택은 쉽게, 그릇된 선택은 어렵게 만드는, 최고의 전략이라 할 수 있는 간이화는 위아래의 전략들을 이어주는 곡선 띠에 표시되어 있다.

앞서 보았듯이, 전략들을 결합해서 사용할 때 가장 강력한 힘이 발휘되는데, 결합하는 방법은 과학 실험과 마찬가지로 시행착오를 겪으면서 찾아내야 할 것이다. 그럼에도 해결책을 찾아내기 위해 어떤 전략을 핵심 전략으로 삼아야 하고 어떤 전략을 도우미로 적절하게 사용할 수 있는지 알고 싶을 때 이 플로차트가 안내자 역할을 해줄 것이다.

사고 방지 가드레일

습관 설계 디자인은 개인의 선택을 존중하면서 긍정적 변화를 생산하는 일곱 가지 전략 세트에 기본을 두고 있다. 이 전략들이 효과가 있는 이유는 인간이 타고나는 심리적 현실psychological realities, 즉 눈에 보이지 않는 마음에서 일어나는 주관적 현실을 이용하기 때문이다. 이런 사람의 마음을 움직이는 힘과 활용 가능한 전략들을 이해하면, 다양한 방법으로 이들을 결합해서 특정 행동을 촉진할 수 있다.

습관 설계 디자인을 적용하는 과정에는 유혹과 함정이 따른다. 그러므로 동시에 책임도 따른다. 디자이너의 이익과 습관 설계 디자인에

노출된 사람의 이익이 시점이나 사안별로 모두 일치할 수는 없는 법이니까 말이다. 때로 일부 디자이너와 회사는 트릭코노믹스trickonomics의 유혹에 빠지기도 한다. 트릭코노믹스란 회사가 소비자의 부주의를 이용해 속임수로 자신의 이익을 취하는 행동을 말한다.

가정이나 회사에서 습관 설계 디자인을 사용하다 문제가 생길 일은 없다(그럴 일은 없겠지만 혹시 문제가 생긴 분이 있다면 어떤 문제였고 어떤 점을 알게 됐는지 나도 들어 보고 싶다). 그럼에도 당신이 아무 문제도 일으키지 않고 습관 설계 디자인을 최대한으로 이용하는 데 도움이 될 수 있는 몇 가지 정보를 소개하겠다.

원하는 바를 명확하게 규정하고 나서 시험해 보라

당신이 달성하고자 하는 바를 솔직하고 간결하게 밝혀라. 당신이 권장하려는 행동을 단순 명료한 말로 적어 보라. 자, 이제 당신이 적은 글을 어머니 앞에서 큰 소리로 읽는다고 또는 명절에 가족들에게 보내는 카드에 글로 적는다고 상상해 보라. 아니면 당신이 쓴 글이 내일 아침 주요 일간지 1면에 실린다고 상상해 보라. 괜히 민망하고 쑥스러운 느낌이 든다면 당신이 정한 목표에 대해 다시 생각해 보라.

속이지 마라

이 두 마디가 당신의 안전을 지켜 줄 것이다. 간단히 말해서, 모든 사실을 알고 있는 합리적인 사람이라면 과연 당신이 조장하는 어떤 행동이 자신을 돕는다고 받아들일지 아니면 속인다고 생각할지 스스로 물어보라. 당신이 조장하는 행동에 대해 상대방이 지금 당장 동의하지 않을 수도 있다. 하지만 시간을 두고 생각했을 때 당신이 왜 그렇게 했는지를 이해할 수 있어야 할 것이다.

지적으로 솔직해져라

습관 설계 디자인이 요긴하고 강력한 힘을 발휘하는 것은 맞지만 그렇다고 마술처럼 늘 대성공을 거둘 수는 없다. 때로는 실망을 주기도 한다. 긍정적 효과는커녕 완전히 실패로 끝나기도 한다. 모든 전략이 401(k)에 사용된 전략만큼 대단한 효과를 불러올 수는 없지만, 그럼에도 어느 정도의 주목할 만한 효과를 거두는 전략이 많은 것은 사실이다. 행동경제학의 현실 적용은 아직 초기 단계에 머무르고 있다. 모르는 것도 많고 배워야 할 것도 많다. 그러기까지 시간이 필요하다. 그렇게 되기까지는 시험하고 학습하는 과정test-and-learn에 투자하면서 올바른 방향으로 나아가고 있는지 확인하고 새로운 아이디어를 첨가하는 작업을 반복해야 한다. 수없는 성공과 실패를 거듭했던 토머스 에디슨처럼 말이다.

습관 설계 디자인, 디지털 상호작용 그리고 빅데이터

이 책에서 소개한 일곱 가지 전략은 오프라인뿐만 아니라 온라인에서도 효과적으로 적용할 수 있다. 상호작용을 디자인하는 사람은 사용자들이 무한한 집중력을 지닌 사람이 아니며 의사결정에 대한 끝없는 열정을 소유한 사람도 아니라는 사실을 잊지 말아야 한다. 여느 사례와 마찬가지로 디지털 상호작용에도 한 가지 또는 두 가지 이상의 습관 설계 디자인 전략을 활용할 수 있다.

그럼에도 여타 적용 방식에 비해 디지털 상호작용이 월등하다고 할 수 있는 두 가지 이유가 있다. 첫째, 디지털 디자이너가 사용자 상호작용을 고치거나 바꾸기가 대체적으로 쉽고 실제로 많은 습관 설계 디자이너가 그 과정을 다시 설계하는 과정을 거친다. 예를 들어, 회사 입장에서는 고객들이 온라인에서 주문한 상품 배달 과정에서 문제가 발생할 경우를 대비해서 고객들이 전화번호를 제공해 주기를 (요구하지는 않아도) 바랄지도 모른다. 그렇다면 디자이너가 계산 과정에 개입해서, 고객이 전화번호를 제공하고 싶은지 아닌지 확인하는 과정을 새로 설계해 넣으면 고객이 자기도 모르게 전화번호 기입을 빠뜨리는 경우를 줄일 수 있다는 말이다.

둘째, 아마 가장 중요한 이유이기도 하겠지만, 디지털 상호작용에서는 행동 추적과 결과 측정이 더 쉬운 경우가 대부분이다. 습관 설계 디자인을 최대한 활용하기 위해서는 신속하고 확실한 시험 및 학습 능력을 갖추는 것이 매우 중요하다. 예를 들어, 온라인 뮤직스토어는 새로운 고객을 무작위로 추출해서 매월 서비스 사용을 자동적으로 갱신할지 말지 정하도록 하는 능동적 선택 전략을 활용하거나 또는 사용자가 거부하지 않는 이상 매달 서비스 사용이 자동적으로 갱신되도록 정하는 옵트아웃 프로그램을 적용할 수도 있다. 무작위 추출법을 사용하고 다른 방식 사이의 차이를 측정할 수 있는 능력을 갖춘 습관 설계 디자이너는 자기가 개발하는 프로그램과 해결책의 효과를 최대한 단기간에 끌어올릴 수 있다.

온라인이든 오프라인이든, 평가 내지 측정은 엄청난 양의 데이터를 만들어 낸다. 다양하고 광범위한 개인별 맞춤 정보의 활용이 증가하면서 습관 설계 디자인과 '빅데이터'의 성공적인 결합이 가능해지고 있다. 즉 다양한 형태의 대용량 데이터에 가장 난이도가 높고 정상 수준의 분석 기술이라는 고급분석Advanced Analytics이 쓰이는 것이다.

습관 설계 디자인은 빅데이터의 강력한 보완책이 되어 준다. 개인의 행동 변화를 꾀하기 위한 빅데이터 접근방식 대부분은 타게팅targeting(개입을 시도하려는 대상의 종류)과 테일러링tailoring(부분 집합에게 사용하기 위해 과정을 수정하는 방법)에 대해 새로운 시각을 제공한다. 하지만 일반적으로 사용하는 개입은 설득이나 특가판매같이 고전적인 마케팅 방식을 벗어나지 못하고 있다. 습관 설계가 제안하는 해결책은 완전히 다른, 새로운 형태의 개입이다. 대부분의 사람들 마음속에 이미 존재하는 좋은 의도를 활성화하기 위해 디자인 된 개입 방식이다.

마찬가지로, 빅데이터도 습관 설계 디자인의 훌륭한 보완책이 되어 준다. 고급분석 방법의 사용은 습관 설계 전략들 중 어떤 전략(또는 어떤 결합의 전략)이 개인별 수준에서 가장 큰 효과를 거둘 수 있는지 결정할 수 있는 가능성을 제공한다. 간단히 말해서, 습관 설계 디자인은 효율적으로 사용할 수 있는 개입의 범위를 넓혀 줌으로써 빅데이터가 지닌 힘을 향상시켜 주고, 빅데이터는 측정 결과를 토대로 개인 수준에 따라 어떤 접근방식이 더 효과적인지 단서를 제공해 줌으로써 습관 설계 디자인의 효과를 증대시킬 수 있다.

빅데이터와 습관 설계 디자인의 결합이 환상적인 조합이 될 수 있다는 사실을 보여 준 사례가 있다. '복약 불이행medication nonadherence'문제를 해결할 때였다. 약물 복용 불이행은 의사의 처방을 받지 않거나 처방된 약을 복용하지 않는 행위, 약을 처방보다 너무 많이 또는 적게 복용하는 행위, 그리고 일정한 복용 기간 및 간격을 지키지 않는 행위를 말한다. 익스프레스 스크립츠에서 개발한 스크린알엑스ScreenRx는 습관 설계 디자인의 파워와 빅데이터의 파워를 함께 활용하는 방법이다.

약물 복용 불이행 문제를 해결하기 위해서는 습관 설계 디자인의 시각으로 문제를 바라보는 것이 매우 중요했다. 왜냐하면 습관 설계 디자인은 부주의와 타성이 어떻게 약불 복용 불이행 행위를 유도할 수 있는지에 초점을 맞추고 있기 때문이다. 인간이 부주의와 타성 때문에 골치를 앓고 있다는 사실을 이해하면 결국 망각과 뒤로 미루는 습관이 약물 복용 불이행 행위를 유발하는 주범이라는 사실도 이해할 수 있다. 실제로, 앞에서도 언급했지만, 약물 복용을 제대로 이행하지 않는 사람들 중 70퍼센트에 달하는 사람들이 망각과 뒤로 미루는 버릇을 이유로 들었다. 약을 복용해야 한다는 사실을 잊거나 약을 다시 채워 넣거나 새 처방전을 받아야 한다는 사실을 깜박하고, 리필하러 가고 처방전 받으러 가기를 계속 미루는 습관이 가장 큰 이유였다는 말이다.

하지만 이유를 아는 것만으로는 문제가 해결되지 않는다. 알아보니, 사람들의 약물 복용 행위는 시간이 지나면서 이행과 불이행을 거듭하는 것으로 나타났다. 어느 기간 동안 약물 복용을 제대로 하지 않는 사람들 중 15~25퍼센트는 다음 기간 동안 약물 복용을 제대로 지키는 행동을 보인다. 아무런 개입이 없었는데도 말이다. 그와 반대로, 지금은 약물 복용을 제대로 지키는 사람들 중 15~25퍼센트는 다음 기간 동안 약물 복용 불이행 행동을 보일 것이다. 바꿔 말하면, 과거에 약물 복용 불이행 행동을 보였던 환자들에게 초점을 맞춰 개입을 시도하는 것은 효율성이 떨어진다. 이들 중 많은 사람들이 아무런 도움 없이도 스스로 나아지는 행동을 보일 테니까 말이다(이들을 대상으로 하는 개입은 시간과 노력의 낭비인 셈이다). 하지만 한편으로는 개입을 하면 도움을 받을 수 있지만 개입을 하지 않아서 도움을 받지 못하는 사람들도 많이 발생한다는 문제가 있다.

이 결점을 메워 주는 것이 빅데이터다. 스크린알엑스의 핵심에는 엄청난 자료, 즉 빅데이터의 매우 정교한 분석에 기반을 둔 예측 모델 predictive model 세트가 자리하고 있다. 이 모델들은 매우 중요한 역할을 한다. 12개월 후에 약물 복용 불이행 행동을 벌일 확률을 환자 개인별로 아주 정확하게 예측해 내기 때문이다. 구체적으로 말하면, 예측 모델들은 현재 치료 지시를 잘 따르지 않고 있지만 나중에 혼자 내버려 둬도 결국 지시를 따를 확률이 높은 환자는 물론이고, 현재 치료 지시를 잘 따르고 있지만 앞으로 지시를 따르지 않을 확률이 높은 환자도 파악할 수 있다. 이렇게 빅데이터 분석과 습관 설계 디자인을 결합해 활용하면서 익스프레스 스크립츠에서는 앞으로 곤란을 겪게 될 환자들에게만 자원을 집중한 다음에, 이미 환자들 마음속에 자리한 좋은 의도를 자유롭게 드러내 주는 방식으로 개입할 수 있게 된 것이다.

이 프로그램이 어떻게 실행되는지 살펴보자. 익스프레스 스크립츠는 위험에 처한 환자(약물 복용 불이행에 '양성 반응'을 보인 사람들)와 접촉해 복용 이행을 가로막을 잠재적 장애물이 무엇인지 파악한다. 습관 설계 관점에서 이미 파악하듯이, 대부분의 환자들은 좋은 행동을 보이려는 의도를 지녔지만 이를 실행에 옮기지 못하고 있다. 약물 복용 행위를 가로막는 주범은 역시 망각과 뒤로 미루는 버릇이므로, 가장 효과적인 해결 방안은 자발적 잠금 전략을 통해 마음의 밑바탕에 깔린 좋은 의도를 활성화하는 것이다. 약물을 복용해야 한다는 사실을 잊어

버릴 위험이 있는 환자들에게는 약 먹을 시간이 됐음을 알려 줄 수 있는 간단한 기구를 제공한다. 리필을 자주 미루는 버릇이 있는 환자에게는 가정배달로 구입처를 바꾸도록 하고 환자가 원하면 자동적으로 약을 리필해서 보내 주도록 한다. 비용 때문에 주저하는 환자에게는, 더 저렴한 비용으로 약물 구입이 가능하다면 프로그램에서 환자의 담당 의사와 협조해 처방전을 다시 받도록 한다. 만약 약물 복용 불이행이 임상적 문제 때문이라면(약효가 없거나 부작용이 나타난다거나 또는 환자가 약물 복용 방법을 제대로 숙지하고 있지 못한다거나 하는 이유) 회사에서 제공하는 전문 약제사specialist pharmacist의 도움을 받을 수 있도록 한다.

똑똑한 선택을 이끌어 내는 더 나은 방법

인간은 행동을 개선하기 위해, 그것이 자신의 행동이든 아니면 타인의 행동이든, 다양한 분야에서 오랜 기간에 걸쳐 노력해 왔다. 다만 인간이 최적의 행동을 따르지 못하는 근본 이유를 서로 다른 요인에서 찾는 바람에 각 분야마다 내놓는 해결책도 다를 수밖에 없다. 교육자들은 이해력 부족을 근본 이유로 생각하면서, 해결책으로 보다 나은 교육을 제시한다. 고전 경제학자들은 빈약한 유인과 정보의 비대칭성information asymmetry에 문제가 있다고 보고, 더욱 강력한 유인을 제공하고 정보가 한쪽으로만 쏠리지 않게 골고루 전달되어야 한다고 주장한다. 마케팅 전문가들은 소비자의 잘못된 구매 행태가 문제라고 지적한다. 따라서 예전에는 존재하지 않았던 어떤 욕구를 이끌어 내기 위해 기발한 방법으로 소비자를 끌어들여야 한다고 한다. 종교 지도자들의 입장에서는 인간이 지닌 원죄와 나약한 도덕심이 문제를 일으키는 주된 요인이므로 더욱 강력한 존재에게 복종하고 엄격한 규칙을 엄수하며 살아가야 한다고 주장한다.

습관 설계 디자인은 이들과 완전히 견해를 달리한다. 따라서 행동 개선을 위해서도 새로운 해결책을 과감히 제시한다. 습관 설계 디자인의 관점에서는, 인간이 제대로 된 교육을 받지 못하고, 자신보다 더 많은 정보를 지닌 누군가에게 속아 넘어가고, 적절한 유인을 받지 못하고, 변화에 저항하며, 도덕성에 문제가 있다는 주장에 동의하지 않는다. 대신에 습관 설계 디자인은 한 가지 과학적인 사실에 주목한다. 인간의 뇌는 진화의 산물이므로 환경에 어울리도록 적응했다. 그런데 뇌가 적응했던 당시 환경은 급속도의 변화를 겪으며 많은 부분이 달라지고 현재는 더 이상 존재하지 않는 부분도 많다. 그래서 인간의 뇌는 급격하게 변한 환경에 적응하지 못하고 물 밖에 나온 물고기처럼 이상한 행동을 보일 때가 너무도 많은 것이다. 불행히도, 저 먼 옛날 외떨어진 곳에 잘 적응한 인간의 본능이 당시를 살아가는 데는 큰 도움이 되었지만 이제는 인간을 엇나간 길로 자꾸 인도한다. 오늘날의 세상은 더욱 주의를 기울이고 더 많은 의사결정을 내리라고 요구하는 데 인간의 뇌는 부주의와 타성에서 벗어나지 못하고 있다. 이런 뇌의 한계성 탓에 내면이 지향하는 바와 외면으로 나타나는 행동 사이에 지속적인 틈이 벌어진다.

습관 설계 디자인은 인간의 자멸적 행동을 야기하는 원인을 다른 분야와는 완전히 다른 곳에서 찾아냄으로써 완전히 새로운 해결책을 제시한다. 다른 접근방식들과는 달리, 습관 설계 디자인은 대부분의 인간이 내면에 좋은 의도를 지니고 있다는 사실을 받아들인다. 사실 이 관점에 동의하지 않는 사람은 거의 없다. 우리는 더 많이 절약하고, 올바른 식습관을 지니고, 더 많이 운동하고, 더 많은 도움을 베풀고 싶어한다. 문제는 인간이 지향하는 이 좋은 의도가 방출되지 못하고 대부분 휴화산처럼 잠들어 있다는 데 있다. 따라서 습관 설계 디자인의 목표는 사람들의 마음을 변화시키는 것이 아니다. 사람들의 습관을 리모델링해서 이미 존재하는 좋은 의도를 활성화하는 것이 목표다. 그리고 앞에서 봤듯이, 이 새로운 전략들은 목표 달성에 큰 효과를 발휘한다.

나는 개인적으로 오랫동안 습관 설계 디자인을 사용하고 있는데, 행동 개선에 얼마나 큰 도움이 되는지 습관 설계 디자인을 생각할 때마다 놀라움을 금할 수 없다. 이러니 습관 설계 디자인을 열렬히 지지하지 않을 수가 없다. 하지만 내가 습관 설계 디자인을 좋아하는 이유는 또 있다. 습관 설계 디자인이 기본적으로 사람들이 좋은 의도를 지니고 행동한다는 사실을 인정하고 받아들이기 때문이다. 텔레마케팅이나 사람들이 원하지도 않는 광고용 메일처럼 설득하려는 태도로 사람들의 마음을 바꾸려 하지 않는다. 그런 방식들보다 훨씬 더 낙관적이고 훨씬 덜 냉소적인 시각으로 사람들을 바라보기 때문이다. 습관 설계 디자인은 속임수도 아니고 비밀도 아니다. 사람들 마음속에는 올바른 일을 하려는 의지가 존재하고 조금만 도움을 주면 그 좋은 의도를 행동에 옮길 수 있다는 깊은 믿음에서 시작하는 것이 습관 설계 전략이다.

더욱 중요한 점은, 습관 설계 디자인이 디자인의 적용을 받는 사람뿐만 아니라 디자인하는 사람에게도 도움이 된다는 사실이다. 인간의 행동을 더 깊이 이해하는 동시에 인간의 내면이 지향하는 좋은 의도를 희망적이고 긍정적인 눈으로 바라보면서 일할 수 있다면 일의 효율성도 올라갈 수밖에 없다. 디자이너는 인간 행동을 변화시킬 수 있는 더욱 효과적인 방법을 알아낼 수 있을 뿐만 아니라 스스로도 자신의 일에 대해 더 많은 보람을 느낄 것이다. 한번 생각해 보라. 행동 변화 전문가로서, 당신은 매일 아침 눈을 뜨면서 설득과 유도로 상대방을 강요하는 힘든 하루를 맞이하고 싶은가 아니면 사람들의 긍정적인 내면을 이끌어 내면서 그들을 도와줄 수 있는 하루를 맞이하고 싶은가? 가정에서, 누구 말이 옳은지 그른지 배우자와 다투며 지내고 싶은가 아니면 당신이 사랑하는 사람이 결정을 앞두고 훗날 이익이 되는 방향으로 나아갈 수 있도록 자연스럽게 도와주고 싶은가? 또 당신이 자신의 행동을 개선하기 위해 노력할 때, 스스로 절제력이 부족한 인간이란 자괴감에 빠져 자책하면서 노력하고 싶은가 아니면 자신이 올바른 의도를 지니고 있다는 사실에 용기를 얻으며 노력할 것인가?

만약 세상에서 가장 긴급한 문제를 풀어야 할 상황을 맞이했다고 하자. 그렇다면 문제를 해결하는 방법은 인간의 행동을 촉발하는 것이다. 사회 지도자라면 사람들이 자리에서 일어나 투표에 동참하는 행동을 이끌어 낼 것이다. 건강 문제를 해결해야 하는 상황이라면(나의 경우처럼), 사람들에게 생활 속에서 더 많이 운동하고 적절한 식단을 따르며 약을 효과적으로 사용하게 해야 한다. 미래의 우리 자신과 우리의 후손은 우리가 자연을 깨끗이 보존하고 후세에 물려주는 행동을 하기를 바란다. 우리가 속한 지역사회는 우리가 좀 더 참여적으로 목소리를 내고 행동할 필요가 있다고 한다. 인간관계에서는 일이 먼저가 아니라 사랑하는 사람들을 좀 더 돌보는 행동을 요구한다.

더 나은 행동을 취하지 않으면 개인이나 가족, 조직, 지역사회 그리고 인류의 입장에서 우리에게 중요한 모든 것을 달성할 수 없다. 습관 설계 디자인이 우리가 성공을 거두는 데 중요한 역할을 해주기를 바라고, 또 그렇게 되리라 믿어 의심치 않는다.

감사의 글

익스프레스 스크립츠 동료들, 특히 연구해결 팀원들에게 깊이 감사드린다. 혁신적인 그룹을 한결같은 마음으로 이끈 마크 비니Mark Bini와 우리가 방향을 잃고 헤매지 않게 객관적인 분석을 제공해 준 샤론 프레이지Sharon Frazee에게 고맙다는 말을 꼭 전하고 싶다.

한 발 앞서가는 고객들 덕분에 프로그램을 발전시키는 노력에 박차를 가할 수 있었다. 가정배달 선택 프로그램의 첫 고객이 되어 준 밥 아이흐리Bob Ihrie와 환자 건강증진을 위한 우리의 노력에 끝까지 힘을 실어 준 로저 메릴Roger Merrill에게 무한한 감사를 느낀다.

내가 익스프레스 스크립츠에서 이룬 성과 뒤에는 래리 자린Larry Zarin의 역할이 컸다. 상관이자 코치였고, 조력자이면서 친구이기도 했던 래리는 전략적인 스토리텔링이 얼마나 강력한 힘을 발휘하는지, 도를 지나치지 않는 것이 얼마나 중요한지 알려 주었고, 끈기가 무엇인지를 몸소 보여 주었다. 책 곳곳에 래리의 노고가 깃들어 있지만 무엇보다 리프레이밍 전략에 관한 장에서 큰 도움을 받았다.

이 글을 쓰는 내내 가족과 친구들에게 많은 빚을 졌다. 언제나 기꺼이 손을 내밀고 세심히 조언을 해준 댄 애리얼리Dan Ariely, 웨인 보차드Wayne Bouchardt, 크리스티나 버켈Christina Buckel, 마크 엥겔Mark Engel, 브래드 앱스테인Brad Epstein, 피터 케네디Peter Kennedy, 데이비드 레입슨David Laibson (미루기의 수학적인 측면을 창의적으로 설명해 주기도 했다.), 크리스 메이어Chris Mayer, 보니 만Bonnie Mann, 스티브 밀러Steve Miller, 제이슨 올슨Jason Olsen, 피터 오재그Peter Orszag, 론 핍스Ron Pipes, 사라 프로엘Sarah Proehl, 샌디 스첸크Sandy Schenk, 글렌 스테틴Glen Stettin, 제니 스톡버거와 크리스 스톡버거Jenny and Chris Stockburger, 팀 웬트워스Tim Wentworth, 하워드 웨이스먼Howard Weissman에게 진심으로 고마움을 표하고 싶다. 데이비드 브래그David Bragg와 메건 웨인그래드Meghan Weingrad가 이 글의 주제인 일곱 가지 전략의 틀을 잡는 데 결정적 의견들을 제공해 준 점에 대해 매우 고맙게 생각한다.

아버지 밥 니스 시니어는 내가 호기심을 보이기만 하면 항상 격려해 주었다. 문법이 어긋나면 끊임없이 고쳐 주기도 했는데, 집필기간 동안에는 더욱더 전폭적인 지원을 아끼지 않았다. 힘들 때마다 따뜻하게 응원의 말을 건네준 헬렌 달링Helen Darling, 댄 길버트Dan Gilbert, 버지니아 오브라이언Virginia O'Brien에게도 머리 숙여 감사드린다.

두서없이 쓴 초고를 통해 잠재력을 봐준 열정적이고 능력 있는 에이전트 길스 앤더슨Giles Anderson과 뛰어난 실력으로 글이 보다 잘 읽히게끔 다듬어 준 하퍼콜린스 출판사의 홀리스 헤임보우크Hollis Heimbouch는 헤아릴 수 없을 만큼 크나큰 도움을 주었다.

내 아들 바비와 빌리는 행동과학에 대한 대화를 고맙게도 수년간이나 참을성 있게 이어 주었다. 장인어른인 론 세쿠라Ron Secura가 수고를 감수하며 몸과 정신 건강을 챙겨 주어 프로젝트를 무사히 마무리할 수 있었다.

아내 지나에 대해서는 말로 표현하기엔 모자랄 정도다. 내 꿈을 무작정 받아들이기만 한 게 아니라 실제로 이루어질 수 있게 뒷바라지해 준 점에 감사한다(덕분에 강아지들 걱정 없이 연구와 집필의 긴 항해가 편안했다). 당신은 최고의 친구이자 하늘이 내려 준 짝이다. 모험으로 가득 찬 동행 길에 행운이 함께하길 바랄 뿐이다.

이 책『습관의 경제학』은 여기 거론된 분들 외에도 많은 사람들의 힘으로 싹이 트고 꽃을 피우게 되었다. 그렇지만 실수나 결함은 전적으로 내 잘못임을 밝힌다.

주석

들어가는 글

016 **잭이 보여 준 불쾌한 행동.** 그날 저녁식사 자리에서 잭이 보여 준 못마땅한 행동에 대해 여러 사람들과 이야기를 나누면서 그런 행동을 막을 수 있는 방법에 대해 많은 조언을 들었다. 전통적인 경제학자들로부터는 각자 자기 식사에 대한 비용을 지불해야 한다는 조언이 주를 이뤘다. 윤리학자와 인류학자들은 잭에게 태도를 바꾸지 않으면 앞으로 저녁식사에서 배제시키겠다는 경고를 해야 한다고 충고했다. 심리학자들 중에는 참석한 사람들이 돌아가면서 한 번씩 모든 식사비용을 지불하게 해서 책임을 돌아가면서 나누어야 한다고 말해 준 사람도 있었다. 하지만 내가 가장 마음에 들었던 조언은 술을 마시지 않는 어떤 남자가 해준 말이었다. 그는 매번 동료들과 식사할 때마다 다른 사람들이 마시는 와인과 맥주 값의 상당 부분을 나눠서 지불해야만 했다고 한다. 술을 입에 대지도 않는 자신이 늘 술값을 나눠 내야 한다는 생각에 화가 난 남자는 어느 날 식사 후 디저트로 케이크 한 판을 시켰다. 그리고 한 조각을 잘라 먹은 다음 남은 케이크를 몽땅 집에 싸 왔다. 그다음부터는 동료들이 술값을 나눠 내라는 소리를 하지 않는다고 한다.

021 **사용자 중심 디자인은 사용자의 편의에 집중한다.** 하지만 사용자들 사이에서는 정확히 사용자 중심 디자인이 무얼 말하는지 의견이 분분하다. 이 부분에 대해서 내가 한 설명은 도널드 노먼Donald Norman이 이전에 한 설명과 맥을 같이한다. (D. A. Norman. "Cognitive Engineering," *In User Centered Systems Design*, ed. D. A. Norman and S. W. Draper [Hillsdale, NJ: Lawrence Erlbaum Associates, 1986] 참조할 것).

1장 : 습관이라는 자동 조종 모드

033 **초당 1,000만 비트.** 뇌에 입력되는 초당 1,000만 비트의 정보량은 인간의 오감(시각, 청각, 후각, 미각, 촉각)을 통해 뇌로 정보를 전달하는 신경세포의 수를 근거로 추산한 것이다. 시각 정보 처리visual processing를 통해 보내는 정보량이 초당 대략 1,000만 비트니까(K. Koch, J. McLean, R. Segev, M. A. Freed, M. J. Berry Ⅱ, Balasubramanian, and P. Sterling. "How Much the Eye Tells the Brain," Current Biology 2006; 16(14):1428-34) 이것만으로도 추산 근거는 충분하다. 피부 신경세포를 통해 뇌로 전달되는 정보도 초당 100만 비트가 된다. 청각, 후각, 미각을 처리하는 신경세포는 그리 많지 않으므로 전달되는 정보의 양 또한 시각이나 촉각에 비해 훨씬 적다. 어쨌든 오감을 통해 뇌로 전달되는 정보량을 다 합치면 초당 1,000만 비트가 넘으므로 내가 추산한 1,000만 비트는 적게 잡은 수치라 할 수 있다. 의식적 처리 과정을 통하는 정보량을 측정하기는 쉽지가 않다. 토르 노레트랜더스Tor Nørretranders는 The User Illusion: Cutting Consciousness Down to Size(New York: Penguin Non-Classics, 1999)에서 1960년 초반 또는 그 이전에 실시한 다양한 연구를 통해 증거를 수집해서 정리해 놓았다. 인간의 의식 처리 과정이 얼마나 빨리 이루어지는지를(예를 들어, 다양한 자극을 구분하는 능력 또는 상징을 해석하는 최고 속도) 측정한 연구들이었다. 연구를 통해 알아낸 인간의 의식적 처리 과정의 속도는 초당 2~44비트 사이였다. 노레트랜더스의 연구 결과에 따르면 내가 추산한 50비

트는 오히려 과대평가된 수치라 할 수 있다. 그러므로 설사 내가 추산한 수치가 실제와 약간의 차이가 있다 해도 이 책에서 설명한 내 주장의 요점이 흔들릴 이유는 없다고 본다. 인간 뇌의 의식 부분은 간단히 말해, 일어나는 모든 일에 주의를 집중하고 항상 이성적인 결정을 내릴 만큼 깨어 있을 능력이 없다. 이에 관해 더 깊이 있는 설명을 원한다면 대니얼 카너먼Daniel Kahneman의 저서 『생각에 관한 생각Thinking, Fast and Slow』 (New York Farrar, straus & Giroux, 2011)을 참조할 것.

034 지금 당장 중요한 일이나 재미있는 일에 집중하는 게 사람이다. 인간의 뇌가 받아들이는 정보 중에서 처리하는 정보는 고작 50비트라는 한계성 때문에 완전히 다른 유형의 문제를 맞이하기도 한다. 어떤 일을 되풀이해서 생각하게 만드는 반추 때문에 밤에 잠을 이루지 못하는 사람이 많다. 인간은 자신의 힘으로 어쩔 수 없는 과거의 일 또는 앞으로 다가올 일에 대해 신경을 쓰느라 귀중한 50비트의 주의집중력을 유용流用할 때 반추 현상을 겪는다. 스스로 생각을 곱씹는 이런 행동은 건강하지 못한 습관으로 이어지기도 하고 심하면 우울증으로 발전하기도 한다. 만약 지난 일을 돌이키며 후회하고 괴로워하는 마음 때문에 잠을 이루지 못하는 사람이 있다면 다음의 방법이 수면을 청하는 데 도움이 될지도 모르겠다. 인간의 주의력이 50비트밖에 안 된다는 점을 이용하는 방법이다. 자꾸 생각나는 일이 아닌 다른 일에 마음을 집중하면 쉽게 잠들 수 있다. 먼저 가상의, 결과가 좋지 않아도 상관없는 일을 하나 정한다. 나는 잡생각 때문에 잠이 오지 않을 때면 국기에 대한 맹세를 생각한다. 그리고 처음부터 한 글자씩, 띄어쓰기까지 포함해서 국기에 대한 맹세를 쓰거나 타이핑하는 상상을 한다. 되도록 자세하게 처음부터 하나씩 해나간다. 온전히 이 일에 집중하고 있으면 딴 생각을 하기 힘들다. 즉 다른 일을 걱정할 여력이 없다. 이 상상을 하다 다시 걱정하는 일로 마음이 가거든 국기에 대한 맹세를 처음부터 다시 시작하도록 한다. 이 방법은 인간이 타고난 인지적 능력의 한계를 이용해 반추 사이클을 끊어 버리는 것이다. 우리의 50비트를 해가 되지 않는 문제에 집중해서

소비함으로써 수면을 방해하는 문제에 신경 쓸 수 있는 능력을 남겨 놓지 못하도록 하는 것이 이 방법의 핵심이다.

034 존 레논. "우리가 다른 계획을 세우느라 바쁘게 지내는 동안 우리에게 일어나는 게 바로 인생이야Life is what happens to you | When you are busy making other plans"는 존 레논의 노래 'Beautiful Boy (Darling Boy)'에 나오는 가사지만, 원래는 알렌 손더스Allen Saunders가 〈리더스 다이제스트Reader's Digest〉 1월호에 쓴 글에 나오는 구절이다.

037 환자들이 약을 제대로 복용하지 않는 이유가 완전히 달라진다. 자세한 내용은 S. G. Frazee, S. B. Miller, R. Nease, and G. Stettin, *2011 Drug Trend Report*, Express Scripts Research & New Solutions Lab, April, 2012 참조할 것.

038 '평생 계속되는 캠핑 여행'. 코스미데스와 투비는 http://www.cep.ucsb.edu/primer.html에서 진화심리학을 이해할 수 있는 매우 뛰어나면서도 쉬운 글을 소개하고 있다.

038 자신이 두려워하는 게 뭔지 생각해 보라. 뱀에 물려 사망한 사람에 관한 자료는 A. Kasturiratne, A. R. Wickremasinghe, N. de Silva, N. K. Gunawardena, A. Pathmeswaran, R. Premaratna, L. Savioli, D. G. Lalloo, and H. J. de Silva, "The Global Burden of Snakebite: A Literature Analysis and Modelling Based on Regional Estimates of Envenoming and Deaths," *PLoS Medicine*, November 4, 2008, doi:10.1371/journal.pmed.0050218 참조할 것. 거미에게 물려 사망한 사람에 관한 추정 자료는 R. L. Langley, "Animal Bites and Stings Reported by United States Poison Control Centers, 2001-2005," *Wilderness Environental Medicine* 19, no. 1(2008)를 근거로 추정했음. 자전거 관련 사망 자료는 미국 교통국의 "Traffic Safety Facts, 2010 Data: Bicyclists and Other Cyclists," DOT HS 811 624, June 2012에서 찾았음. 심장병으로 인한 사망자 추정은 2012년 12월 26일, 미국 질병통제예방센터가 제공한 "FastStates-Leading Causes of Death," http://

www.cdc.gov/nchs/fastats/lcod.htm에 나온 자료를 근거로 함.

039 **인간의 생활 수준은 인류 역사 내내 빈곤의 수렁을 벗어나지 못했다.** 그레고리 클라크Gregory Clark가 쓴, 논란이 있긴 하지만 아주 흥미로운 글, *A Farewell to Alms: A Brief Economic History of the World* (Princeton University Press, 2007)는 산업혁명의 결과로 나타난 경제 및 사회복지 분야의 심오한 변화에 대해 눈을 떼기 힘들 정도로 흥미진진한 이야기를 전해 준다.

040 **예측 가능한 비이성적 행동 아니면 합리적인 행동.** 댄 애리얼리의 저서 『상식 밖의 경제학Predictably Irrational: The Hidden Forces That Shape Our Decisions』 (New York: HarperCollins, 2008)에서는, 인간의 행동이 예측 가능할 정도로 비이성적이라고 주장하면서 "흥분 상태/ 냉정 상태"에서 성적 행위에 대해 내린 결정 사항에 대해 설명한다. 팀 하포드의 저서 『경제학 콘서트 2The Logic of Life』 (New York: Random House, Inc., 2008)는 일단 작용하는 유인을 이해하고 나면 많은 행동들이 이성적인 판단에 의해 이뤄지는 것으로 보인다는 점을 강조하면서 십대들의 성적 행위가 비용에 따라 어떻게 달라지는지 예를 들고 있다.

044 **신체에서 가장 많은 에너지를 사용하는 장기가 뇌다.** 더 자세한 내용을 알고 싶으면 Nikhil Swaminathan, "Why Does the Brain Need So Much Power?" *Scientific American*, April 29, 2008, [Internet, cited 2012 Dec 26]; Available from: http://www.scientificamerican.com/article.cfm?id=why-does-the-brain-need-s 그리고 M. E. Raichle and D. A. Gusnard, "Appraising the Brain's Energy Budget," *Proceedings of the National Academy of Sciences* 99(16):10237-39 참조할 것.

047 **조명이 희미한 방에서 부정행위.** 이 멋진 연구에 대해 더 자세한 내용을 알고 싶다면 C. B. Zhong, V. K. Bohns, and F. Gino, "Good Lamps Are the Best Police: Darkness Increases Dishonesty and Self-Interested Behavior," *Psychological Science* 2010; 21(3):311-14 참조할 것.

050 **프라이밍을 통해….** 벨기에 사람들의 성과 직장에 관한 연구 결과는 F. Anseel,

W. Duyck, "Unconscious Applicants : A Systematic Test of the Name-Letter Effect," *Psychological Science* 2008 ; 19(10):1059-61에 게재되었음. B. W. Pelham, M. C. Mirenberg, J. T. Jones는 "Why Susie Sells Seashells by the Seashore : Implicit Egotism and Major Life Decisions," *Journal of Personality and Social Psychology* 2002 ;82(4):469-87에서 사람들은 자신의 이름처럼 아주 작은 요소에도 하는 일과 일하는 장소에 상당한 영향을 받는다는 놀라운 증거를 제공한다. 배고픔, 관대함, 빈곤의 연관 관계에 대한 연구는 B. Briers, M. Pandelaere, S. Dewitte, L. Warlop, "Hungry for Money : the Desire for Caloric Resources Increases the Desire for Financial Resources and Vice Versa," *Psychological Science* 2006 ;17(11):939-43에 게재되었음. 프라이밍을 포함한 무의식적인 행동에 관해 전반적인 내용을 알고 싶다면 John Bargh의 "Bypassing the Will" *in The New Unconscious* (R. R. Hassin, J. S. Uleman, J. A. Bargh, editors : New York : Oxford University Press, 2006) 참조할 것.

2장 : 세 가지 지름길의 유혹 : 집단 추종, 손실 회피, 현재 가치 선호

04 **오늘날 인간의 행동은 세 가지 지름길의 흔적이 나타난다.** 이 세 가지 생각의 지름길은 모든 개인에게 적용되는 확정적이고 결정적인 규칙이 아니라 사람들의 전반적인 성향을 반영한다. 물론 이런 지름길 행동과 반대로 행동하는 사람들도 있다 : 자기가 어떤 집단에 속하는지 아닌지 전혀 신경 쓰지 않는 사람들이 있고 위험을 자초하는 사람들도 있다. 또 미래에 나타날 결과를 현재의 결과만큼, 때로는 더 중요하게 생각하는 사람들도 있다. 실제로 큰 성공을 거둔 사람들 중에는 세 가지 지름길을 택하지 않는 이들이 있다. 비전을 지닌 사람들은 무리에 속해 어울리는 것을 그리 중요하게 생각하지 않고 목표를 달성하기 위해 모든 걸 잃을 각오가 되어 있으며 미래의 성공을 위해 현재에 많은 시간과 노력을 들인다. 하지만 일반적인 규칙에서 극단적으로 벗어날 경우 병적 증세

를 보이는 사람들도 있다. 반사회적 인격 장애자가 되거나 죽음에 대한 동경을 갖거나 또는 현실과 완전히 동떨어진 삶을 살기도 한다.

055 **프리우스 구입.** http://www.nytimes.com/2007/07/04/business/04hybrid. html에서 M. Maynard가 2007년 7월 4일자 *The New York Times*에 기고한 "Say 'Hybrid' and Many People Will Hear 'Prius'" 참조.

056 **녹색혁명의 '후광'이 프리우스 차량 판매에 끼친 영향.** 이 재치 있는 연구에 대해 자세한 내용을 알고 싶다면 S. E. Sexton, A. L. Sexton, "Conspicuous conservation: The Prius Halo and Willingness to Pay for Environmental Bona Fides." *Journal of Environmental Economics and Management* 2014;67(3):303-17 참조할 것.

056 **환경을 중시하는 사람들의 비율.** 볼더 카운티와 웰드 카운드의 대선 투표 결과 자료는 "2012 Washington Presidential Results," *Politico*, http://www. politico.com/2012-election/results/president/colorado/에서 발췌. 정치적 성향과 환경을 대하는 자세 사이의 연관 관계에 대해 더 자세한 정보를 알고 싶으면 M. E. Kahn, "Do Greens Drive Hummers or Hybrids? Environmental Ideology as a Determinant of Consumer Choice and the Aggregate Ecological Footprint," *Social Science Research Network*, eLibrary, http://papers.ssrn.com/sol3/papers.cfm?abstract_id=940033 참조할 것.

059 **e-쿠키 프로젝트.** 이 프로젝트에 대해 더 많은 정보를 알고 싶으면 2012년 미국 걸스카우트 연차 보고서 참조할 것.

062 **일반적으로 사람들은 더 많은 어려움을 겪는다.** 여기 나온 문제들은 웨이슨 선택 과제Wason selection task 유형을 따른 것이다. 이런 과제 유형들은 사람들이 문제를 풀면서 사용하는 메커니즘을 실험하기 위해 오래전부터 사용되어 왔다. 레다 코스미데스Leda Cosmides와 존 투비John Tooby는 이 과제에 복합적 변수를 활용해서, 대부분의 사람들이 잠재적 사기꾼을 탐지할 수 있는 능

력이 있다는 점과 동시에 사기성과 연관 없이 단순히 논리만을 요구하는 문제를 푸는 데 더 많은 어려움을 겪는다는 사실을 보여 주었다. 이들의 연구에 대해 더 많은 정보를 알고 싶으면 L. Cosmides, "Deduction or Darwinian Algorithms? An Explanation of the 'Elusive' Content Effect on the Wason Selection Task" (박사학위 논문, Department of Psychology, Harvard University, 1985). University Microfilms, #86-02206 그리고 L. Cosmides "The Logic of Social Exchange: Has Natural Selection Shaped How Humans Reason? Studies with the Wason Selection Task," *Cognition* 1989;31(3):187-276 그리고 L. Cosmides and J. Tooby "Evolutionary Psychology and the Generation of Culture, Part II: Case Study: A Computational Theory of Social Exchange," *Ethology and Sociobiology* 10, no. 3(1989):51-97 그리고 J. H. Barkow, L. Cosmides, J. Tooby 가 편집한 *The Adapted Mind: Evolutionary Psychology and the Generation of Culture* (New York: Oxford University Press, 1992), 163-228에 있는 L. Cosmides, J. Tooby, "Cognitive Adaptations for Social Exchange" 참조할 것.

068 **이득과 손실 중 어떤 부분을 위주로 결과를 설명했느냐에 따라 선택 결과 또한 극명하게 갈렸다.** 이 효과에 관해 가장 초기 연구 중 하나이자 가장 영향력 있는 연구인 Amos Tversky and Daniel Kahnemans, "The Framing of Decisions and the Psychology of Choice," *Science* 1981;211(4481):453-58 참조할 것.

070 **프로 골퍼들도 손실 회피 성향을 보인다.** 이 분석에 관해 자세한 내용을 알고 싶으면 D. G. Pope, M. E. Schweitzer, "Is Tiger Woods Loss Averse? Persistent Bias in the Face of Experience, Competition, and High Stakes," *Social Science Research Network*, June 13, 2009, http://papers.ssrn.com/sol3/papers.cfm?abstract_id=1419027 참조할 것.

070 **핵심 목표와 관련된 손실 회피.** D. Pope, U. Simonsohn, "Round Numbers as Goals: Evidence From Baseball, SAT Takers, and the Lab," *Psychological Science* 2011:22(1):71-79 참조할 것.

071 **동메달을 딴 선수가 은메달을 딴 선수보다 더 행복해 보였다.** 이 멋진 연구에 대해 더 알고 싶으면 V. H. Medvec, S. F. Madey, T. Gilovich, "When Less is More: Counterfactual Thinking and Satisfaction Among Olympic Medalists," *Journal of Personality and Social Psychology* 69, no. 4(1995):603-10 참조할 것.

074 **실내 운동기구를 구입한 사람들….** 〈컨슈머 리포트〉는 가정용 운동 기구를 소유한 사람들을 대상으로 조사를 실시한 후 2011년 8월에 "By the Numbers: Home Exercise Equipment"라는 제목으로 결과를 발표했다. 운동 장비의 접근성이 운동 행동에 미치는 효과에 관한 연구에 대해 더 알고 싶으면 D. M. Williams, B. A. Lewis, S. Dunsiger, J. A. Whiteley, G. D. Papandonatos, M. A. Napolitano, B. C. Bock, J. T. Ciccolo, B. H. Marcus, "Comparing Psychosocial Predictors of Physical Activity Adoption and Maintenance," *Annals of Behavioral Medicine* 36, no. 2(2008): 186-94 참조할 것.

076 **할인율, 미국 정부.** 앞서 언급했듯이, 경제적으로 타당성을 갖추기 위해서는 미래 세대에게 혜택을 주는 장기 프로젝트에 더 낮은 할인율이 요구될 수 있다. 복리의 효과로 작은 투자도 시간이 지나면서 큰 액수가 될 수 있듯이, 현재의 동등한 가치를 결정하기 위해 보통의 할인율을 적용한다 해도 먼 미래에 발생하는 혜택은 크게 줄어든다. 그 결과, 경제의 관점에서 보면, 먼 미래에 혜택을 발생시키는 프로그램은 그 프로그램에 들어가는 비용이 발생하는 현재 시점에서 타당성을 증명하기가 힘들다. 할인율 사용에 대한 미국 정부의 지시사항에 대해 알고 싶으면 Office of Management and Budget, Circular A-4, 2003년 9월 17일, http://www.whitehouse.gov/omb/circulars_a004_a-4/ 참

조할 것.

078 **하이퍼볼릭 디스카운팅.** 돈의 가치는 시간의 흐름에 따라 인플레이션 등에 의해 변화되는데, 할인율이란 미래의 가치를 현재의 가치와 같게 하는 비율이다. 하이퍼볼릭 디스카운팅에서는, 하이퍼볼릭 커브의 모양이 시간이 지나면서 할인율이 감소한다. 좀 더 자세한 (그리고 거창한 수학적 계산에 대한) 설명을 원한다면 다음의 획기적인 기사 D. Laibson, "Golden Eggs and Hyperbolic Discounting," *Quarterly Journal of Economics* 111, no. 2(1997): 443-78 참조할 것.

081 **대뇌변연계가 환해졌다.** S. M. McClure, D. L. Laibson, G. Loewenstein, J. D. Cohen, "Separate Neural Systems Value Immediate and Delayed Monetary Rewards," *Science* 306, no. 5695(2004):503-7 참조할 것.

3장 : 능동적 선택 전략

090 **오바마의 우세를 예측한 보도는 단 하나도 없었다.** 17개 뉴스 방송에서 주별로 대선 예측 결과를 내놓았다. 인디애나 주와 관련해서, 한 뉴스에서는 매케인의 당선을, 일곱 곳에서는 공화당의 우세를, 아홉 곳에서는 반반의 승률을 예상했다.

미국이 경제적으로 유달리 힘들었던 시기-2007년부터 2011년까지 경기 침체기에 대한 자세한 내용을 보고 싶으면 http://data.bls.gov/timeseries/LNS14000000의 미국 노동부 노동 통계청의 발표 자료, http://www.bea.gov/national/에 나온 미국 상무부 노동청 자료 참조할 것. 기부금 감소에 대한 글은 http://www.reuters.com/article/2012/06/19/us-usa-charity-idUSBRE85I05T20120619에서 M. Nichols가 2012년 6월 19일자 로이터 *Reuters*에 쓴 기사 "U. S. Charitable Giving Approaches $300 Billion in 2011" 참조할 것.

092 **펫스마트 체러티스.** 2007년과 2011년의 연차 보고서를 비교해 보면, 최근의 경

기 침체 시기를 거치는 동안 펫스마트 체러티스가 거둔 성공은 놀라움 그 자체라 할 수 있다. 하지만 이런 놀라운 성장에도 불구하고 2012년 연차 보고서의 기록에 따르면 개인별 기부금은 3,990만 달러로 약간 감소했다. '집 없는 애완동물 구조에 도움을help save homeless pets'이라는 매장 캠페인 구호가 총 개인 기부금에 얼마나 많은 기여를 했는지는 확실하지 않다.

098 **사무실의 사탕 접시.** 완싱크의 연구는 인간의 식습관이 대부분 의식적인 자각 없이 이루어지며 오해에 의해 형성된다는 사실을 강력하게 제안한다. 사무실 사탕 접시에 대한 더 자세한 내용은 B. Wansink, J. E. Painter, Lee, "The Office Candy Dish: Proximity's Influence on Estimated and Actual Consumption, *International Tournal of Obesity* 2006;30(5):871-75. 참조할 것.

4장 : 자발적 잠금 전략

114 **SMarT 프로그램은….** S. Benartzi, R. Thaler, "Save More Tomorrow: Using Behavioral Economics to Increase Employee Saving," *Social Science Research Network*, January 26, 2004, http://papers.ssrn.com/abstract=489693 참조할 것.

115 **학생들에게 제출기한을 스스로 정하게 하다.** 대부분의 학생들이 스스로를 규제하는 마감일을 정했다는 사실은 사람들이 자신의 의도와 행동(특히 미래 이득을 얻기 위해서는 현재 비용이 발생하는 행동) 사이에 차이가 있다는 점을 인지하고 있음을 다시 한 번 확인시켜 준다. 학생들이 최적의 마감 기한을 선택하지 못했던 것은 자신들이 선택한 마감 기한이 최적인지 아닌지 몰랐거나 아니면 현재의 욕구와 미래의 자신 사이에서 갈등했기 때문일 수 있다. 자세한 내용은 D. Ariely, K. Wertenbroch, "Procrastination, Deadlines, and Performance: Self-Control by Precommitment," *Psychological Science* 2002;13(3):219-24 참조할 것.

119 미국 식품의약국FDA이 호르몬 피임약을 승인한 지 50주년이 되는 해. N. Gibbs, "The Pill at 50: Sex, Freedom and Paradox," *Time*, April 22, 2010 참조할 것.

120 경구 피임 실패율. 경구 피임약이 매우 효과적인 것은 사실이지만 이는 처방에 따라 정확히 복용했을 때에만 해당되는 얘기다. 실제로는 매일 정확한 시간에 복용해야 하기 때문에 다른 처방 의약품보다 규칙적으로 복용하기가 더 힘들다. '현실에서' 경구 피임약 복용 실패율에 대한 추정 자료를 (대규모 지역 사회를 대상으로 실시한 최근 연구 결과도 포함해서) 확인하고 싶다면 K. Kost, S. Singh, B. Vaughan, J. Trussell, A. Bankole, "Estimates of Contraceptive Failure from the 2002 National Survey of Family Growth," *Contraception* 2008;77(1):10-21 그리고 B. Winner, J. F. Peipert, Q. Zhao, et al, "Effectiveness of Long-Acting Reversible Contraception," *New England Journal of Medicine* 2012;366(21):1998-2007 참조할 것.

121 장기 작용 가역 피임LARC, 부주의를 이용한 기술적 해결책. R. F. Nease, S. Glave Frazee, L. Zarin, S. B. Miller, "Choice Architecture Is a Better Strategy than Engaging Patients to Spur Behavior Change," *Health Affairs (Millwood)* 2013;32(2):242-49 참조할 것. 우리는 이 논문에서, 부주의와 타성이라는 50비트의 문제 때문에 환자들의 능동적인 참여가 힘들다는 점을 주장하면서 사람들이 지닌 좋은 의도를 활성화하는 전략에 대해 더욱 깊이 있게 생각해야 한다고 강조했다.

123 StickK.com 성공률. 2013년 5월 22일, 조단 골드버그Jordan Goldberg, StickK. com LLC 최고경영자와 개인적 연락을 통해 확인한 자료임.

132 사전 조치 실행을 위한 디폴트 조항. J. D. Goldhaber-Fiebert, E. Blumenkranz, A. M. Garber, "Committing to Exercise: Contract Design for Virtuous Habit Formation" [Internet]. 미국경제연구소National Bureau of Economic Research 조사 보고서 16624, December, 2010, http://

www.nber.org/papers/w16624 참조할 것. 이 연구는 습관 설계 디자인 전략들의 성공적인 결합 사례를 보여 준다. 계약 기간과 기본 설정 기간을 연결시켜 옵트아웃 할 수 있도록 만든 강력한 사전 조치 전략의 예라 할 수 있다.

5장 : 디폴트 세팅 전략

133 **도미노 익스체인지.** M. Wollan, "The Great American Kidney Swap," *New York Times*, April 4, 2015, http://www.nytimes.com/2015/05/03/magazine/the-great-american-kidney-swap.html 참조할 것.

138 **(401(k) 가입을) 실행에 옮기는 사람은 거의 없었다.** J. J. Choi, D. Laibson, B. C. Madrian, A. Metrick, "Defined Contribution Pensions: Plan Rules, Participant Decisions, and the Path of Least Resistance," 미국경제연구소 조사 보고서 8655, December 2001, http://www.nber.org/papers/w8655 참조할 것.

142 **바람직한 대안을 디폴트로 설정하면서.** R. F. Nease, S. Glave Frazee, L. Zarin, S. B. Miller, "Choice Architecture Is a Better Strategy than Engaging Patients to Spur Behavior Change," *Health Affairs (Millwood)* 2013;32(2):242-49 참조할 것.

147 **언제 능동적 선택을 실행하고, 언제 옵트아웃을 실행하는 게 좋을까?** 결국 핵심 주제가 무엇이냐를 따져야 하겠지만 가장 중요한 점은 의사결정 과정을 간단하게 만들어야 한다는 것이다. 두 방식의 잠재적 비용과 혜택에 대해 더 자세히 알아보고 싶다면 www.fiftybits.com을 방문할 것.

6장 : 흐름에 올라타기 전략

156 **아침식사 대용으로 먹는 시리얼 시장은 엄청난 사업이다.** A. De Angelis, "General Mills and Kelloggs Continue to Dominate the US Breakfast Cereals Market," *Companies & Markets*, April 29, 2013, http://www.

companiesandmarkets.com/News/Food-and-Drink/General-Mills-and-Kelloggs-continue-to-dominate-the-US-breakfast-cereals-market/NI7060 참조할 것.

157 **페이싱과 진열 위치가 중요하다.** P. Chandon, J. W. Hutchinson, E. T. Bradlow, S. H. Young, "Does In-Store Marketing Work? Effects of the Number and Position of Shelf Facings on Brand Attention and Evaluation at the Point of Purchase," *Journal of Marketing* 2009;73(6):1-17 참조할 것.

163 **캐슬린 시벨리우스.** mHealth Summit에서 한 기조연설, December 5, 2011, http://www.fiercehealthit.com/press-release/mhealth-summit-speech-kathleen-sebelius 참조할 것.

164 **모바일 헬스라는 멋진 신세계를 바라보는 토폴의 시선.** 2013년 1월 24일, 에릭 토폴 박사와 낸시 스나이더만Nancy Snyderman 박사가 NBC와 나눈 인터뷰에서 발췌했음. "The Key to Better Health Care May Already Be in Your Pocket... and It's Not Your Wallet," http://rockcenter.nbcnews.com/_news/2013/01/24/16677207-the-key-to-better-health-care-may-already-be-in-your-pocket-and-its-not-your-wallet. 스마트폰이 의학계에 혁명을 불러올 것이라는 토폴 박사의 믿음에 대해 더 자세히 알아보고 싶다면 그의 저서 *The Patient Will See You Now* (New York: Basic Books, 2015) 읽어볼 것.

165 **조기 발견이 반드시 좋은 것인지.** 웰치 박사는 과잉 실험과 과잉 진단에 관한 문제를 명쾌하게 지적했다. 이 문제는 주로 무작위 대조연구randomized controlled trials를 사용한 (집단을 대상으로 한 건강 진단에서 정밀검사를 필요로 하는 요주의자를 가려내는) 선별검사screening test를 제대로 평가하지 못하기 때문에 발생하며, 이 때문에 선별검사의 효능에 대한 잘못된 믿음을 심어줄 수 있다. 예를 들어, 어떤 사람이 병 진단을 받고 나서 생존한 기간을 성공의 기준으로 삼는다

고 하자. 조기 검사를 통해 병을 일찍 발견할 수는 있다. 하지만 병 진단 후부터 사망까지 생존 기간이 길다고 해서 반드시 조기 진단이 더 효과적인 치료로 이어졌다고 단정 지을 수는 없다. 이에 관한 문제들에 대해 이해를 넓히고자 한다면 H. G. Welch, L. Schwartz, S. Woloshin, *Overdiagnosed: Making People Sick in the Pursuit of Health* (Boston ; Beacon Press, 2011) 참조할 것.

7장 : 리프레이밍 전략

179 **중요한 것은 당신이 무엇을 말하느냐가 아니다.** 프레이밍과 의사소통에 관해 좀 더 해박해지고 싶다면 프랭크 런츠F. I. Luntz의 저서 『먹히는 말Words that Work: It's Not What You Say, It's What People Hear』 (New York : Hyperion, 2007) 읽어볼 것. 조지 레이코프George Lakoff는 그의 저서 『도덕, 정치를 말하다Moral Politics : How Liberals and Conservatives Think』 (Chicago : University of Chicago Press, 2002)를 통해 정치에서 진보와 보수에 대한 새로운 시각을 제공하면서 프레이밍의 중요성을 일깨워 준다.

184 **선택을 재구성하는 방법 중 하나는 사회규범을 리프레이밍하는 것이다.** 골드스타인의 호텔 수건 연구는 N. J. Goldstein, B. R. Cialdini, V. Griskevicius, "A Room with a Viewpoint : Using Social Norms to Motivate Environmental Conservation in Hotels," *Journal of Consumer Research* 2008 ; 35 (3) : 472 - 82에 게재되었음. 에어즈 교수가 실시한 사회규범과 전력 사용 연구에 대해 자세한 내용을 알고 싶다면 I. Ayres, S. Raseman, A. Shih, "Evidence from Two Large Field Experiments that Peer Comparison Feedback Can Reduce Residential Energy Usage," 미국경제연구소 조사보고서 15386, September 2009, http://www.nber.org/papers/w15386 참조할 것. 401 (k) 참여를 늘리기 위해 사회규범을 활용한 (그리고 일부 직원들에게 역효과를 불러일으킨) 베시어스Beshears의 연구는 J. Beshears, J. J. Choi, D. Laibson, B. C. Madrian, K. L. Milkman, "The Effect of Providing

Peer Information on Retirement Savings Decisions," RAND 조사 보고
서 WR-800-SSA, 2010, http://www.rand.org/pubs/working_papers/
WR800.html 참조할 것. 전력 사용을 줄이기 위한 사회규범 활용에서 '역효
과'가 난 사례는 D. L. Costa, M. E. Kahn, "Energy Conservation 'Nudges'
and Environmentalist Ideology: Evidence from a Randomized
Residential Electricity Field Experiment," *Social Science Research
Network*, April 2010, http://papers.ssrn.com/sol3/papers.cfm?abstract_
id=1594573 참조할 것.

190 **신비한 '미끼' 효과.** 음식점 추천 연구에 대해 더 자세한 내용을 알고 싶다
면 J. Huber, J. Payne, C. Puto, "Adding Asymmetrically Dominated
Alternatives: Violations of Regularity and the Similarity Hypothesis,"
Journal of Consumer Research 1982:9(1):90-98 참조할 것. 여러 다른 환경에
서 반복 실험했음에도 미끼 효과가 정확히 어떤 원리에 의해 작용하는지는 확
실하게 밝혀진 바가 없음.

8장 : 업혀 가기 전략

199 **'어 스푼풀 오브 슈거'.** 리처드 셔먼이 미국연방예술진흥기금National Endowment
for the Arts의 조세핀 리드와 나눈 인터뷰에서 이 노래를 비롯해 〈메리포핀스〉
에 나오는 다른 노래들에 대해서 밝힌 내용임. http://arts.gov/sites/default/
files/Sherman-podcast.mp3에서 들을 수 있음.

200 **목표물 조준하기.** 리처드 탈러와 캐스 선스타인은 '소변기의 파리' 아이디어에
대해 설명하면서 소변기 밖으로 튀어 나가는 소변의 양을 줄이는 데 얼마나 효
과가 있었는지 그들의 저서 『넛지Nudge: Improving Decisions About Health, Wealth,
and Happiness』(New Haven: Yale University Press; 2008)에서 밝히고 있다.

204 **로또 게임의 부산물.** 환자들의 혈액 희석제 순응도를 높이기 위해 로또 게임
을 활용한 연구는 S. E. Kimmel, A. B. Troxel, G. Loewenstein, C. M.

Brensinger, J. Jsakowiak, J. A. Doshi, M. Laskin, K. Volpp, "Randomized Trial of Lottery-Based Incentives to Improve Warfarin Adherence," *American Heart Journal* 2012;164(2):268-74 참조할 것. 체중 감소에 관한 연구는 K. G. Volpp, L. K. John, A. B. Troxel, L. Norton, J. Fassbender, G. Loewenstein, "Financial Incentive-Based Approaches for Weight Loss: A Randomized Trial," *Journal of the American Medical Association* 2008;300(22):2631-37, 그리고 L. K. John, G. Loewenstein, A. B. Troxel, L. Norton, J. E. Fassbender, K. G. Volpp, "Financial Incentives for Extended Weight Loss: A Randomized, Controlled Trial," *Journal of General Internal Medicine* 2011;26(6):621-26에서 찾을 수 있음.

9장 : 간이화 전략

214 **버락 오바마는 인기 대결에서 존 스튜어트를 뒤쫓고 있었다.** 퍼레이드닷컴Parade.com의 "팝 컬처 섬머 서베이PopCulture Summer Survey"가 2008년 오바마 당시 상원의원과 텔레비전 프로그램 진행자인 존 스튜어트의 인기도를 조사한 결과, 존 스튜어트가 55퍼센트를 차지했다. (http://blogs.reuters.com/world-wrap/2008/07/11/shocker-simon-cowell-most-obnoxious-celeb-paradecom/ 참조할 것.)

215 **웨인 저디스가 우승했다.** 처음 열린 '세계 연료 절약 선수권대회World Fuel Economy Championship'는 주로 일반인들이 참가하는 대회였다. 대회 결과는 http://www.cleanmpg.com/forums/showthread.php?t=12620에서 찾아볼 것.

215 **하이퍼마일링hypermiling을 그해 최고의 신조어로 선정했다.** 옥스퍼드 유니버시티 프레스Oxford University Press의 블로그 항목에서 올해의 선정 단어를 찾을 수 있는데, 2008년 신조어는 http://blog.oup.com/2008/11/hypermiling/에서 찾을 수 있음.

215 **하이브리드 차량 판매.** 하이브리드닷컴hybridcars.com의 "Market Dashboard"에서 발표한 판매 기록임. 2008년 4월의 수치는 http://www.hybridcars.com/april-2008-hybrids-defy-recession/, 2007년 5월의 수치는 http://www.hybridcars.com/may07-overview/ 참조할 것.

218 **갤런당 마일… 우리의 관심을 잘못된 방향으로 이끄는 행위다.** 갤런당 마일 표기법과 이로 인한 계산적 오해에 대한 연구는 R. P. Larrick, J. B. Soll, "The MPG Illusion," *Science* 2008;320(5883):1593–94 참조할 것.

222 **직원들이 네모 칸 안에 체크만 하면 됐다.** 레입슨과 동료들이 근로자들의 401(k) 플랜 가입률을 높이기 위해 사용한 단순화하기 방식에 대해 자세히 알고 싶다면 J. Beshears, J. J. Choi, D. Laibson, D. C. Madrian, "Simplification and Saving," *Journal of Economic Behavior* & *Organization*, 2013 95(C), 130–45 참조할 것(전미경제연구소National Bureau of Economic Research 웹 사이트 http://www.nber.org/papers/w12659에서도 볼 수 있음).

223 **신경과학자와 심리학자들은 이를 유창성이라 한다.** D. M. Oppenheimer, "The Secret Life of Fluency," *Trends in Cognitive Science* 2008;12(6):237–41에서 이 주제에 대해 잘 요약해서 설명하고 있음.

223 **유창성을 조작할 수도 있다.** 활자체가 도시에 대한 느낌에 미치는 영향에 관한 연구에 대해 알고 싶으면 A. L. Alter, D. M. Oppenheimer, "Effects of Fluency on Psychological Distance and Mental Construal (or Why New York Is a Large City, but New York Is a Civilized Jungle)," *Psychological Science* 2008;19(2):161–67 참조할 것. 이 두 사람은 또한 자국 통화와 외국 통화의 가치 인식에 대한 연구도 실시했음. A. L. Alter, D. M. Oppenheimer, "Easy on the Mind, Easy on the Wallet: the Roles of Familiarity and Processing Fluency in Valuation Judgments," *Psychonomic Bulletin* & *Review* 2008;15(5):985–90 참조할 것.

223 **유창성은 우리가 짓는 이름에도 영향을 받는다.** 회사 이름이 상장 첫날 주가에 미

치는 영향에 대해 알고 싶다면 A. L. Alter, D. M. Oppenheimer, "Predicting Short-Term Stock Fluctuations by Using Processing Fluency," *Proceedings of the National Academy of Science* 2006;103(24):9369-72 참조할 것. 익숙하지 않은 활자체로 적은 요리법을 준비하는 데 시간이 얼마나 걸리는지를 놓고 활자체의 가독성과 판단 관련성을 연구한 결과는 H. Song, N. Schwarz, "If It's Hard to Read, It's Hard to Do: Processing Fluency Affects Effort Prediction and Motivation," *Psychological Science* 2008;19(10):986-8 참조할 것. 발음하기 힘든 이름의 롤러코스터가 더 위험하게 느껴진다고 한 연구는 H. Song, N. Schwarz, "If It's Difficult to Pronounce, It Must Be Risky," *Psychological Science* 2009;20(2):135-38 참조할 것.

224 **선택 과정을 더 어렵게 만드는 게 더 나을지도 모른다.** '모세의 방주'와 '루이 암스트롱의 달 착륙'을 소재로 한 연구는 T. D. Erickson, M. E. Mattson, "From Words to Meaning: A Semantic Illusion," *Journal of Verbal Learning and Verbal Behavior* 1981;20(5):540-51, 그리고 M. Shafto, D. G. MacKay, "The Moses, Mega-Moses, and Armstrong Illusions: Integrating Language Comprehension and Semantic Memory," *Psychological Science* 2000;11(5):372-8에 게재되었음. '교묘한' 질문을 읽기 더 어렵게 만드는 것이 어떻게 정답 비율을 상승시키는지 자세히 알고 싶으면 H. Song, N. Schwarz, "Fluency and the Detection of Misleading Questions: Low Processing Fluency Attenuates the Moses Illusion," *Social Cognition* 2008;26(6):791-99 참조할 것.

10장 : 똑똑한 선택을 이끄는 습관 설계의 힘

231 **예기치 않은 임신 … 막대한 희생을 치러야 한다.** 이 문제의 심각성에 대해 주요 내용을 알고 싶으면 A. Sonfield, "What Women Already Know:

Documenting the Social and Economic Benefits of Family Planning,"
Guttmacher Policy Review, Winter 2013, https://www.guttmacher.
org/pubs/gpr/16/1gpr160108.html, 그리고 Guttmacher Institute, "Fact
Sheet: Unintended Pregnancy in the United States," Guttmacher
Institute, February 2015, http://www.guttmacher.org/pubs/FB-
Unintended-Pregnancy-US.html 참조할 것.

233 **금전적 접근만으로는 충분하지 않다.** 가족계획 프로그램인 패밀리 팩트에서
발표한 결과는 D. G. Foster, M. A. Biggs, J. Malvin, M. Bradsberry,
P. Darney, C. D. Brindis, Cost-Savings from the Provision of
Specific Contraceptive Methods in 2009," *Women's Health Issues*
2013;23(4): e265-e271에서 찾아볼 것. 미국 건강보험개혁법에서 직원의 건
강보험 적용 항목에 피임을 포함시키도록 한 후의 피임 청구 데이터claims data
와 그전의 데이터를 비교한 결과 대형 영리 보험에 든 사람들 중에서 LARC 방
식 사용에는 거의 차이가 없었다(2014년 8월 18일에 프레이지S. Frazee와 개인적인
연락을 통해 얻은 정보).

235 **선택 프로그램은 단계별 카운슬링을 사용했다.** 선택 프로그램 직원들이 참가자들
을 어떤 식으로 상담했는지 더 알고 싶다면 G. M. Secura, J. E. Allsworth, T.
Madden, J. L. Mullersman, J. F. Peipert, "The Contraceptive CHOICE
Project: Reducing Barriers to Long-Acting Reversible Contraception,"
American Journal of Obstetrics and Gynecology 2010;203(2):115.e1-115.
e7 그리고 T. Madden, J. L. Mullersman, K. J. Omvig, G. M. Secura, J.
F. Peipert, "Structured Contraceptive Counseling Provided by the
Contraceptive CHOICE Project," *Contraception* 2013;88(2):243-9 참조할
것.

237 **가정에서 성병 감염 여부 확인.** 선택 프로그램의 직원들이 실시한 무작위-
비교 연구Randomized-Controlled Study에서 이 접근방식이 큰 효과가 있었

던 것으로 나타났다. A. S. Graseck, G. M. Secura, J. E. Allsworth, T. Madden, J. F. Peipert, "Home Screening Compared With Clinic-Based Screening for Sexually Transmitted Infections," *Obstetrics & Gynecology* 2010;115(4):745-52 참조할 것.

237 습관 설계 디자인을 활용한 선택 프로젝트는 깜짝 놀랄 만한 결과를 이끌어 냈다. G. M. Secura, T. Madden, C. McNicholas, et al, "Provision of No-Cost, Long-Acting Contraception and Teenage Pregnancy," *New England Journal of Medicine* 2014;371(14):1316-23 참조할 것.

역자의 글

『습관의 경제학』에 따르면 인간의 뇌는 초당 1,000만 비트의 정보를 처리하지만, 이중 실제로 인식하는 정보량은 고작 50비트에 불과하다. 쉽게 말해, 의식의 체에 한 컵 가득 찬 설탕을 쏟아 붓는다면 다 빠져나가고 다섯 알갱이 정도만 걸러진다는 뜻이다. 50비트의 주의집중 영역에 들지 못한 나머지 정보들은 습관이라는 자동 조종 장치에 따라 무의식적으로 처리된다. 그런데 우리 뇌의 이 자동 조종 장치는 제때 업그레이드되어 있지 않아서 수시로 오작동을 일으킨다. 따라서 사람들을 자멸적 선택으로 이끄는 나쁜 습관들을 50비트의 주의집중 영역으로 끌고 와서 교정한다면 바람직한 결과를 얻을 수 있다는 것이 이 책의 주장이다.

우리 생활의 대부분이 습관이라는 자동화 프로그램에 따라 처리되고 있다니, 처음에는 선뜻 동의하기 힘들었다. 그래도 우리는 호모사 피엔스, 즉 생각하는 인간 아닌가. 하지만 작업을 하면 할수록 저자의 주장에 수긍하지 않을 수 없었다. 아무리 좋은 미래 계획을 세웠다고 한들, 우리는 현재의 게으른 습관에 쉽게 굴복하고 만다. 사회생활 초 창기에 누구나 하나씩 드는 적금에 많은 돈을 모으지 못하는 것도 다 게으른 습관 때문이다. 이익은 먼 미래에 오지만, 허리띠를 졸라매는 어려움은 지금 당장 치러야 하기 때문이다. 이는 『습관의 경제학』에서 말하는 현재 가치 선호의 편향이다. 하지만 대부분 보험은 장기 가입 상태를 유지한다. 여유가 생겨서도, 예전보다 합리적인 인간이 되어 서도 아니다. 오직 자동이체 때문이다. 보험회사에 전화를 걸어 계약 을 해지할 만큼 부지런하지 못한 사람들의 게으름 덕분이다. 『습관의 경제학』에 따르면, 여기에는 사람들의 좋은 의도를 활성화하는 몇 가 지 습관 설계 전략이 사용되었다. 자동이체라는 '자발적 잠금 전략'과 옵트아웃해야만 납입을 중단할 수 있는 '디폴트 세팅 전략', 이 두 가 지가 어우러져 멋진 결과를 만들어 낸 것이다. 우리는 이처럼 의도적 이든 아니든, 습관 설계자가 만든 디자인을 경험하거나 스스로가 디 자이너가 되기도 한다.

　『습관의 경제학』은 몇 년 전부터 크게 주목 받아 온 행동경제학 관 련 도서들의 연장선상에 있다. 그러나 단순히 인간 행동에 대한 해부 에서 그치지 않고 우리의 일상생활을 바꿀 수 있는 구체적인 전략을 제시했다는 점에서 여느 책들과는 다르다. 이 책은 행동경제학을 응용과학에 접목해서 구체적인 습관 설계 전략으로 도출해 냈다. 저자 밥 니스가 일했던 익스프레스 스크립츠는 행동경제학자들로 구성된 소비자 행동 자문위원회라는 자문기구를 두었는데, 내가 예전에 번역했던 『당근과 채찍』의 저자 이언 에어즈 예일대 교수도 자문위원으로 있었다는 점이 작업에 흥미를 더했다. 이 위원회에는 『설득의 심리학』의 저자 로버트 치알디니의 제자 노아 골드스타인 교수도 참여했다고 하니 익스프레스 스크립츠가 소비자 행동 변화에 얼마나 큰 공을 들였는지는 이로써 미루어 짐작할 수 있다. 이러한 노력의 결과가 이 책에 고스란히 담겨 있다. 덕분에 『습관의 경제학』은 만만치 않은 통찰을 담은 재미있는 사례와 실용적인 전략들로 가득해졌다.

브라질 올림픽이 개막했다. 선수들이 펼치는 각본 없는 드라마도 재미있겠지만 나는 시상대에 오른 선수들의 표정이 더 궁금하다. 정말 은메달리스트가 동메달리스트보다 아쉬운 표정을 짓는지, 인간의 손실 회피 성향을 확인해 보고 싶기 때문이다. 그리고 인수라는 이름을 가진 내가 영어(잉글리시) 번역가가 된 것은 우연일지 아니면 'ㅇ'이라는 자음에 프라이밍priming 된 무의식의 작용 때문일지 사색해 보고 싶다.

김인수
옮긴이, 『스마트한 성공들』 『당근과 채찍』 역자

습관의 경제학

초판 1쇄 인쇄 2016년 8월 25일
초판 1쇄 발행 2016년 8월 30일

지은이 | 밥 니스
옮긴이 | 김인수

발행인 | 정상우
교정교열 | 김좌근
디자인 | 이석운, 김미연
인쇄 · 제본 | 두성 P&L
용지 | 진영지업사(주)
펴낸곳 | 라이팅하우스
출판신고 | 제2014-000184호(2012년 5월 23일)
주소 | 서울시 마포구 월드컵북로 400, 문화콘텐츠센터 5층 10호
주문전화 | 070-7542-8070 팩스 | 0505-116-8965
이메일 | book@writinghouse.co.kr
홈페이지 | www.writinghouse.co.kr

ISBN 978-89-98075-30-9 (03320)